예비교사들에게 던지는 10가지 질문
고려대학교 교육대학원생들이 예비교사를 위해 쓴 교직안내서

교육 대전환 시대,
우리 잘 적응할 수 있겠죠?

이인수 · 배현순 · 정종덕 · 곽내영 · 정미래 · 성도광 · 이태경
장예서 · 최하늘 · 차정은 · 이혜진 · 이지아 · 최보승

감사의 글

내가 받았던

타인의 사랑을 새삼 느껴본다.

그들의 사랑을 함부로 버린 적도

있었을 것이다. 지난 10여 년의 세월 속에

많은 사람을 떠나보냈다. 과연 나는 내가 가진

모든 것을 준 적이 있었던가. 그들에게 받은

사랑을 내가 진정으로 감사하다고

느꼈던가.

- 나태주, 이영문의 《시가 내 마음에 들어오면》 중에서 -

흔히 '교육의 질은 교사의 질을 뛰어넘을 수 없다.'고 한다. 이 말에서 강조하는 바는 교육의 질을 높이는 데에는 교사의 역할이 가장 중요하다는 것이다. 최근 들어 교육현장에 불어닥친 AI·에듀테크 디지털 전환과 학령인구 감소 등이 촉발한 급격한 변화와 더불어 작년 '서이초 교사' 사건은 교직에 대한 기존의 직업 선호도 1위로서의 위상에 큰 변화를 초래했다. 이러한 상황에서 예비교사의 양성과 임용, 그리고 이후 교직 적응은 당사자인 예비교사뿐만 아니라 교육학자, 연구자, 교육행정가, 현장 실천가 등 교육과 관련된 분들이라면 누구나 관심을 가져야 할 것이다. 이러한 취지에서 본 책은 예비교사를 위한 교직 입문서의 성격으로 대표 저자를 포함한 공저자 13명의 집단지성과 교육에 대한 열정으로 세상에 빛을 보게 되었다.

본 책이 나오기까지 많은 분의 노력과 도움이 있었다. 지면을 빌어 인사드리는 점을 너그럽게 양해해주시길 바란다. 우선, 공저자들께 진심으로 감사드린다. 공저자 협의회, 출판 계약, 편집, 교정 마무리까지 헌신적으로 애써준 정종덕 팀장, 공저자 협의회 초기 방향을 제대로 잡지 못해 난관에 봉착했을 때 강한 의지와 열정으로 솔선수범해준 곽내영 부팀장, 공저자 협의회 중반 이후 책의 방향성 모색과 최종 편집 과정에서 질적인 부분까지도 함께 챙겨준 배현순 부대표저자, 그리고 각자 맡은 챕터를 전체 일정에 맞게 성실하게 집필해 준 공저자들이 있었기에 본 책이 나올 수 있었다.

다음으로 박영스토리 임직원분께도 감사드린다. 우선 계약 단계에서부터 편집 전 단계까지 친절하게 안내하고 기획해 준 조정빈 대리, 마지막 5차 교정까지 힘든 과정을 한땀 한땀 정성으로 작업해 준 편집부 배근하 차장, 그리고 이 모든 출간 과정을 물심양면으로 지원해 준 안상준 대표까지 모든 분들의 도움이 없었다면 본 책은 출간되기 어려웠을 것이다.

끝으로, 2025년 을사년(乙巳年) 새해, 본 책을 통해 새롭게 자신의 역할을 찾게 될 예비교사, 그리고 대한민국 교육의 미래를 걱정하고 있는 분들께 미리 감사드리고 싶다. 이분들이 계셔서 본 책이 비로소 세상에 나올 수 있었기 때문이다.

- 2025년 새해 첫날 아침, 저자를 대표하여 이인수 씀

들어가며

교육 대전환 시대,
예비교사가 예비교사를 위해 던지는 질문

① 왜 이 책을 쓰게 되었나요?

　최근 학교에는 인공지능(Artificial Intelligence, 이하 AI)·디지털 전환, 에듀테크 도입 등 변화의 바람이 거세게 불어오고 있습니다. 이러한 변화는 '공교육의 혁신', 혹은 '교실 혁명'이라는 이름으로 우리에게 다가오고 있습니다. 생성형 AI인 ChatGPT의 발달 속도가 무섭고, 다양한 에듀테크의 도입으로 교실에도 변화의 파고 또한 거세다고 할 수 있습니다. 이는 현직교사는 물론 예비교사에게도 중요한 의미로 다가오는 문제일 것입니다.

　그동안 AI 시대를 대비한 융합교육 등 새로운 시대 변화에 대응하기 위한 학교현장을 소개한 책들이 다수 출간되었습니다. 특히 AI·에듀테크 관련 교원 연수와 다양한 책들이 봇물 터지듯 쏟아져 나오고 있지만, 예비교사의 관점에서 예비교사를 위하여 예비교사가 직접 집필한 책은 없었습니다. 최근 학교현장의 변화를 반영하여 '예비교사를 위한 책을 한번 써보자!'라는 마음으로 예비교사들이 의기투합했습니다. 이렇게 모인 공저자 첫 모임의 이름이 '예비교사가 마주하게 될 교육정책과 학교현장(이하 예마교학)' 입니다.

　본 책의 집필에 가장 큰 동기부여가 된 책이 하나 있는데, 파시 살베리(Pasi Sahlberg) 등이 엮은 「하버드 교육대학원생들이 논한 21세기 교육의 7가지 쟁점(Hard Questions on Global Educational Change: Policies, Practices, and the Future of Education)」입니다. 이 책은 파시 살베리(Pasi Sahlberg)가 2014년 하버드대 객원교수로 취임해 2015~2016년에 개설한 '세계 교육 변화에 관한 난제들'이라는 강의에서 발전한 것이라고 합니다.

또한, 이 책은 대표 저자에게 강한 동기부여가 되었는데, 그 이유는 올해로 6년 차 고려대 겸임교수로 있으면서 고려대 교육대학원생들도 하버드 교육대학원생들 못지않게 충분한 실력과 경험, 교육에 대한 열정을 갖고 있다는 생각을 해오고 있었기 때문입니다. 다만, 공저자들이 아직은 많은 양의 교직 관련 분야를 탐색하고 연구해야 하는 교육대학원 석사과정생이기에, 각자 맡은 주제를 충분히 소화하기에 전문성이 다소 부족할 수도 있다고 생각합니다. 하지만 '집단 지성'의 힘을 믿고, 이들의 강점을 최대한 독려하여 함께 공부하고 토론하면서 각자 맡은 주제에 천착한다면 전혀 불가능한 일이 아니라고 보기에 과감히 용기를 내었습니다. 여러 어려운 여건에도 불구하고 끝까지 집필의 집념을 불태운 공저자들에게 깊이 감사드립니다.

끝으로, "이 책은 정말 재미있는 책이 될 것 같아요." 라며 우리의 원고를 아낌없는 관심과 조언으로 책의 완성도를 높여준 교육행정 및 학교현장 전문가들에게도 감사의 말씀을 전합니다.

❷ 공저자는 어떤 사람들인가요?

공저자의 대다수는 고려대학교 교육대학원 석사과정생입니다. 2024년 1학기 교직 필수 과목인 「교육행정 및 교육경영」에서 자발적으로 '예마교학' 집필을 희망한 수강생들 중심으로 공저자를 꾸렸습니다. 공저자 모집 안내는 대표 저자의 2024년 1학기 「교육행정 및 교육경영」강의계획서에 포함시켰고, 첫 수업인 오리엔테이션에서 자세히 설명하였습니다. 처음 모임에 6~7명이 모였고, 이후 학교현장을 조금이라도 아는 교사 혹은 해당 주제와 관련하여 도움을 요청할 수 있는 동료를 공저자로 추천하는 방식으로 대표 저자의 심사를 거쳐 합류하도록 했습니다. 공저자 중에는 타 강의로 수강 정정하였음에도 불구하고 첫 수업에 참여한 후 집필 참여 의사를 밝힌 경우도 있었습니다.

지난 한 학기 동안 다양한 주제의 수업을 함께 하면서 예비교사가 교육정책과 학교현장을 이해하는 데 도움이 될 만한 내용을 엄선하였습니다. 이후 각 주제별 저자들은 예비교사의 관점에서 고민하고, 토론하면서 원고를 수정·보완했습니다.

한편, 현장 전문가의 원고 검토 과정에서 '생태전환교육' 관련 주제를 이 책에서 다루기를 바라는 의견이 있었습니다. '예마교학'은 이를 반영하여 해당 분야 전문가를 초 빙하고 집필 작업을 함께 하였습니다.

③ 이 책의 제목과 주제, 목차 구성은 어떻게 정했나요?

이 책의 제목은 3월 초 대표 저자가 임의로 「예비교사가 마주하게 될 교육정책과 학교현장(이하 예마교학)」으로 정했습니다. 원고 작업을 해오던 중 6월 말, 주제별 원고 개요와 초안을 바탕으로 교육행정 및 학교현장 전문가들에게 원고 검토를 받으면서, 주제별 간 연계성이 약하다는 다수의 의견을 받았습니다. 이에 대한 해결책을 논의하 던 차에 현재의 제목인 「교육 대전환 시대, 우리 잘 적응할 수 있겠죠? -예비교사들에 게 던지는 10가지 질문-」으로 수정하였습니다.

이 책은 총 3개 영역과 10개의 주제별로 구성하였습니다. 영역별 주제는 수업 시간 에 다룬 내용이거나 저자의 관심사가 반영되었습니다. 영역별로 저자들은 자신의 집 필한 주제를 직접 선정하였으며, 공저자들 간의 협의를 통해 지속적으로 논의하고 수 정·보완하는 방식으로 집필 작업을 진행했습니다.

④ 영역별 주제와 내용은 무엇인가요?

이 책은 예비교사가 학교현장을 가기 전에 반드시 알아야 할 내용을 담았습니다. 목차이기도 한 3개의 영역별 아래에 구성된 주제를 살펴보면 다음과 같습니다.

1부에서는 '교육 대전환과 예비교사' 영역으로 3개의 주제를 구성했습니다. 먼저 1 장(저자: 이인수) '교육 대전환 시대, 예비교사가 마주하게 될 학교는 어떨까요?'에서는 예 비교사의 관점에서 최근 교육의 변화와 학교 혁신 이야기를 다룹니다. 교육 패러다임 전환이 필요한 이유에 대해 살펴보고, 교사의 새로운 역할에 대한 탐색과 함께 예비교 사의 준비도에 대한 논의가 이루어집니다.

2장(저자: 성도광·이태경) '스스로 질문하는 능력, 왜 중요할까요?'에서는 예비교사와 학생들이 어떻게 하면 자신에게 필요하고 유용한 정보를 탐색하고 자신의 것으로 만들어 내기 위해 스스로 질문할 수 있는지 그 방법을 안내합니다. 예비교사와 학생들에게 스스로 질문하는 능력이 왜 중요한지, 또 이를 위해 질문을 구성하는 기초적인 방법과 학생들이 질문할 수 있도록 촉진할 수 있는 교사의 역할에 대해서 순차적으로 소개합니다.

3장(저자: 장예서·최하늘) '읽과 삶의 연결고리 문해력, 어떻게 기를 수 있을까요?'에서는 단순히 읽고 쓰는 것을 넘어, 오늘날의 정보화 사회에서 우리가 생각하고 문제를 해결하며 소통하는 데 필수적인 능력인 문해력에 관해 이야기합니다. 나아가 문해력이 왜 이렇게 중요한지, 그리고 어떻게 학생들이 더 나은 학습과 삶을 위해 문해력을 키울 수 있는지를 탐구합니다. 이 장을 통해 예비교사에게 문해력의 본질을 깊이 이해하고, 효과적인 교육 전략을 개발하여 학생들에게 큰 영향을 미칠 수 있도록 도와줄 것입니다.

2부에서는 'AI, 디지털 전환과 학교 교육' 영역으로 4개의 주제를 구성했습니다.

4장(저자: 차정은·이혜진) 'AI 에듀테크, 정말 학생들에게 도움이 될까요?'에서는 교육 현장에서 적극적으로 활용되는 AI 에듀테크에 대해 다룹니다. 첫째, '에듀테크와 AI 에듀테크'에서는 각 용어의 개념에 대해 다룹니다. 둘째, 'AI 에듀테크 어떻게 활용하면 좋을까요?'라는 큰 제목으로 'AI 코스웨어', '생성형 AI'의 활용 사례와 이용 시 유의 사항이 전개됩니다. 마지막으로, '학생학습역량과 AI 활용 교육'에서는 AI 에듀테크가 학습자에게 정말 도움이 되는지 점검할 수 있습니다. 예비교사는 이 장을 통해 앞으로 AI 에듀테크를 어떻게 활용해야 할지 고민할 수 있으며, 앞으로 학습자에게 도움이 되는 수업을 구성하기 위한 발판이 되어 줄 것입니다.

5장(저자: 이지아) '메타버스, 포스트 코로나 시대에도 여전히 유용한가요?'에서는 팬데믹으로 인하여 비대면 수업이 주를 이루게 되면서 교육현장 속 메타버스의 등장과 활성화를 다룹니다. 그리고 포스트 코로나 시대에 접어들면서 메타버스의 전망 및 한계에 대해 예비교사의 관점에서 살펴봅니다.

6장(저자: 곽내영) '1인 1디바이스, 교실 수업에서 제대로 활용하려면?'에서는 디지털 전환 시대에 예비교사들이 학교현장에서 필요한 역량을 키우는 데 중점을 두고 있습니다. 빠르게 변화하는 교육환경 속에서 단순한 기술 습득을 넘어서, 교육의 본질을 재구성하고 학생들에게 더 나은 학습 경험을 제공하는 방법을 탐구합니다. 이를 통해 예비교사들이 디지털 시대의 교육혁신을 이해하고, 실제 학교현장에 적용할 수 있는 능력을 기를 수 있도록 돕는 길잡이가 될 것입니다.

7장(저자: 정종덕) 'AI 디지털교과서, 잘 적응할 수 있을까요?'에서는 AI 디지털교과서가 교실에 어떠한 변화를 가져올지 AI 디지털교과서의 도입 배경과 과정, 주요 기능과 특징, 그리고 국내·외의 다양한 목소리들에 대해서 살펴봅니다. 이를 통해 예비교사들은 내년(2025년)부터 도입 예정인 AI 디지털교과서를 어떻게 자신의 교실 수업에 반영할 것인지, 잘 적응할 수 있을지 등에 대해 미리 생각해 보는 기회를 제공해 줄 것입니다.

3부에서는 '예비교사와 주요 교육정책' 영역으로 3개의 주제를 구성했습니다.

8장(저자: 최보승) '고교학점제, 얼마나 알고 있나요?'에서는 교육정책 중 고교학점제 시행에 대한 교사와 학생의 입장에 대한 이야기를 풀어갑니다. 나아가 정책의 변화에 따라 변화하고 있는 학교환경을 이해하고, 교사가 가져야 할 역량에 대해 고민합니다. 예비교사들은 이 장을 통해 고교학점제의 큰 틀을 이해하고, 학교현장을 대비할 수 있을 것입니다.

9장(저자: 정미래) '학교폭력 예방 및 대응, 관련 교사들만의 과제일까요?'에서는 학교폭력을 둘러싼 여러 정보를 제공하며, 학교폭력에 대처하는 교사의 역할을 다룹니다. 먼저 학교폭력의 최근 경향, 정의 및 유형 등을 차례로 다루고, 학교폭력과 관련된 정책과 법을 살펴봅니다. 아울러, 학교폭력 문제를 다루는 교사들의 역할 및 태도를 안내하며, 교사들을 지원해 주는 방안을 제시합니다. 예비교사들은 이 장을 통해 복잡한 사안 처리의 과정을 큰 흐름으로 이해할 수 있으며, 실질적인 도움책을 알게 됨으로써 학교폭력 업무의 부담감을 일부 덜 수 있을 것입니다.

10장(저자: 배현순) '미래를 위한 생태전환교육, 어떻게 해야 할까요?'에서는 생태전환교육의 개념과 이해, 그리고 학교현장에서 AI를 활용한 생태전환교육의 사례를 살펴봅니다. 지속가능한 삶을 추구하기 위한 마중물로서의 생태와 전환을 이해하고, 학교현장의 생태전환교육 현 주소를 알아봅니다. 아울러, 두 얼굴의 AI를 통해 앞으로 학교현장에서 진행되는 생태전환교육의 방향성을 모색합니다. 예비교사들은 이 장을 통해 인간과 자연의 공존과 지속가능한 생태문명을 빚어낼 수 있는 '생태적 사고' 스위치를 켜는 데 계기가 될 것입니다.

⑤ 이 책의 전체를 아우르는 공통 질문이 있나요?

이 책의 제목과 목차를 질문 형태로 유지하면서 책 전체의 일관성을 보완하기 위해 다음과 같은 공통된 질문을 선정한 후 주제별 원고를 작성하였습니다.
첫째, 최근 학교의 변화는 어떠한가? 교육정책 전반의 트렌드는 무엇인가?
둘째, AI시대, 우리는 어떤 교사가 되어야 하는가?
셋째, 예비교사가 교직 입문을 위해 준비해야 할 것은 무엇인가?

⑥ 공저자협의회 및 원고 검토 과정은 어떻게 진행했나요?

2024년 3월 초부터 8월 말까지 총 7회의 공저자협의회를 가졌습니다. 6차례에 걸쳐 온라인 공저자협의회와 1번의 대면 협의회를 거쳤습니다. 또한 6월 말에 원고 초안이 완성되었을 때 4명의 교육행정 전문가(권경만, 윤혜원, 정양순, 정용주 박사)에 의해 1차 원고 검토를 마쳤습니다. 7월에 1차 원고 검토를 수정·보완한 원고를 현장 전문가인 4명의 초·중등학교 교사(강진아, 김민규, 박혜경, 신은영 선생님)에게 의뢰하여 원고의 방향성과 주제, 그리고 학교현장 적합성 관련 내용 등을 중심으로 2차 원고 검토 및 피드백을 받았습니다. 이후 마지막 협의회인 7차 공저자협의회를 거쳐 최종 수정 방향을 정한 후, 8월 말까지 각 주제별 원고를 공저자 중심으로 교차검토하여 최종 원고를 마감하였습니다.

목차

PART 1

교육 대전환과 예비교사

CHAPTER 1

교육 대전환 시대,
예비교사가 마주하게 될 학교는 어떨까요?

이인수

바야흐로 '교육 대전환 시대'입니다. 2024년 초, 스위스 다보스(Davos)에서 열린 '세계경제포럼(World Economic Forum, 이하 WEF)'에서 인공지능(Artificial Intelligence, 이하 AI)이 핵심 주제 중 하나로 떠올랐습니다. 이때 다양한 주제 중 교육 분야의 AI 논의는 전 세계 국가들의 디지털 교육에 대한 관심을 확인할 수 있었습니다. 교육부에 따르면, 국제 학업성취도평가(PISA) 상위권 국가들이 디지털 기반 교육혁신에 적극적으로 나서고 있다고 합니다. 특히 아시아 국가들(싱가포르, 일본 등)에서 디지털 교육 전환이 빠르게 이뤄지고 있다고 합니다.

따라서 이 장에서는 디지털 대전환 시대를 맞아 우리나라에 불고 있는 AI·에듀테크 등 디지털 대전환과 이로 인한 최근 교육의 변화와 학교 혁신에 대한 이야기로 시작하고자 합니다.

① 예비교사, 무엇을 준비해야 할까요?

지금이 AI 시대라고 하여도 우리가 목적지로 이동하려면 여전히 자동차를 타야 하고, 또한 한 끼의 식사를 해결하기 위해서는 음식은 만들어서 먹어야 합니다. 그렇더라도 대중교통 수단을 알아볼 때 지도 앱의 안내 기능을 사용하고, 택시를 부를 때는 카카오택시나 우티 같은 택시 호출 앱을 사용하며, 자동차 운전은 내비게이션과 자율주행 기능을 이용하는 등 생활 전반에서 점차 디지털 의존도가 높아지고 있습니다(이지은 외, 2023).

교육도 예외는 아닐 것입니다. 디지털 기술의 급격한 발달에 따라 교육도 미래 교육체제로 빠르게 전환하고 있습니다. 현재 교육기관에서 가장 많이 쓰는 단어는 '미래교육'이라고 합니다(유영식, 2023). 특히 2025년은 공교육의 혁신적 변화 시기로 AI 디지털교과서가 일부 교과(수학, 영어, 정보)에서 처음 적용되는 시기이자 「2022년 개정 교육과정」, 고교학점제, 성취 평가제, 서울 「디벗」 세대의 고교 입학 등이 맞물리는 시기이기도 합니다.

한편, 대학은 초·중·고보다 앞서서 엄청난 변화를 겪고 있는 곳이기도 합니다. 특히 우리나라 교육 문제와 관련하여 가장 큰 쟁점인 대학입시에서 항상 논쟁의 중심에 있는 곳은 서울대학교일 것입니다. 서울대학교가 최근 우리 사회의 의대 진학 열풍으로 인해 예전엔 상상도 못한 신입생 모집 현황 및 중도 탈락자 발생 등의 문제를 놓고 스스로 대학의 위기 진단과 반성을 솔직하게 공개하여 화제가 되기도 하였습니다. 이번에 공개된 서울대 보고서는 서울대만의 반성이 아닌 대학을 대표해서 쓴 대학의 반성문이자 미래를 위한 계획이라고 평가한 글(유신열, 2022)만 보더라도 특정 대학만의 문제로 치부해서는 안 될 것입니다.

「서울대학교 중장기 발전계획 보고서」 작업에 참여한 관계자들에 따르면 미래 환경의 변화를 크게 ① 기후 위기, ② 기술 변화와 디지털 대전환, ③ 국제정세와 지정학적 변화, ④ 사회적 가치 패러다임 부상, ⑤ 저출산, 고령화의 심화, ⑥ 추격에서 혁신선도로의 전환 필요성 증대를 들고 있습니다(서울대학교, 2022).

이 중에서 예비교사의 입장에서는 ② 기술 변화와 디지털 대전환과 ⑤ 저출산, 고령화의 심화 정도를 우선 생각해 볼 수 있을 것입니다. 왜냐하면 이미 전국의 대부분 초·중·고에서는 3년여 기간 동안 코로나19 이후로 AI·에듀테크 등이 이미 도입되어 디지털 대전환이 일어나고 있으며, 게다가 최근 들어 학령인구의 감소까지 더해져 통·폐합되는 학교의 숫자가 해마다 증가추세에 있기 때문입니다.

이와 관련한 내용은 서울시교육청의 「AI 기반 융합 혁신미래교육 중장기 발전계획 (2021~2025)」에서 살펴볼 수 있습니다(서울시교육청, 2021). 서울시교육청의 중장기 발전

계획안에 따르면, 지능정보시대에 AI, 데이터 등 첨단 과학정보기술을 포용하고, 인간의 존엄성 및 감성을 이해·공감하는 미래지향적 인재를 육성하기 위하여 추진된다고 합니다. [그림 1-1]은 이를 잘 나타내주고 있습니다.

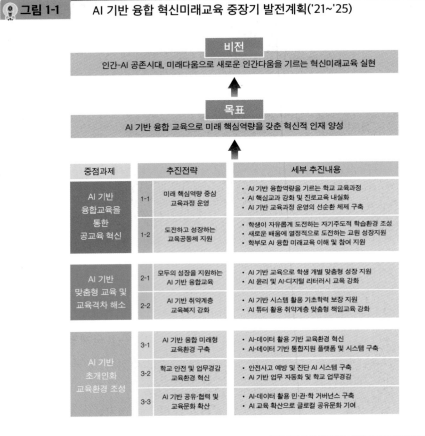

그림 1-1   AI 기반 융합 혁신미래교육 중장기 발전계획('21~'25)

출처: 서울시교육청(2021).

[그림 1-1]은 AI로 변화되는 미래사회에 빠르게 적응하고 생존하기 위해 인간성 중심의 사고·배려·포용의 따뜻한 마음과 자기주도적 역량을 갖추고, AI 관련 신산업의 급속한 성장에 기여할 수 있는 전문가뿐만 아니라, AI 소양을 갖춘 절대다수의 일반적, 교육공동체를 위한 교육정책을 담고 있습니다.

한편, 교육부의 디지털 기반 교육혁신 발표 자료에 따르면, 디지털 시대 교육의 대전환 방향에 대해 다음 [그림 1-2]와 같이 소개하고 있습니다(교육부, 2023). 이는 앞으로 예비교사가 마주하게 될 학교현장의 변화를 엿볼 수 있는 좋은 자료라고 볼 수 있습니다.

그림 1-2   디지털 시대 교육의 대전환 방향

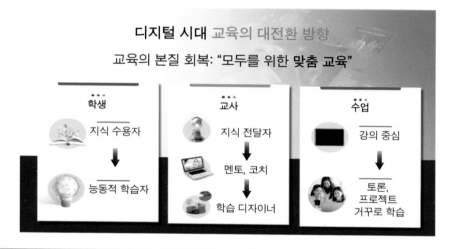

출처: 서울시교육청(2021).

또한, 학령인구 감소는 미래교육의 수요와 관련하여 교원수급계획에도 중요한 영향을 미치는 요인으로 예비교사에게는 매우 민감한 사안이기도 합니다. 최근 교육부의 '미래교육 수요를 반영한 중장기(2024~2027년) 교원수급계획 발표' 보도자료를 통해 학령인구의 감소 추세를 비교적 명확하게 확인해 볼 수 있습니다(교육부, 2023). 다음 [그림 1-3]은 이를 잘 나타내주고 있습니다.

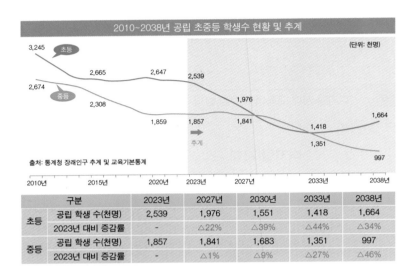

그림 1-3 공립 초·중등 학생수 현황과 추계(2021~2038년)

2010~2038년 공립 초중등 학생수 현황 및 추계

(단위: 천명)

출처: 통계청 장래인구 추계 및 교육기본통계

구분		2023년	2027년	2030년	2033년	2038년
초등	공립 학생 수(천명)	2,539	1,976	1,551	1,418	1,664
	2023년 대비 증감률	-	△22%	△39%	△44%	△34%
중등	공립 학생 수(천명)	1,857	1,841	1,683	1,351	997
	2023년 대비 증감률	-	△1%	△9%	△27%	△46%

출처: 교육부(2023), 통계청(2021).

[그림 1-3]에서 알 수 있듯이 초등학교는 '23년부터 학생 수 감소가 심화되어 '33년까지 약 백만 명(약 43.9%) 이상 감소, 중등학교는 초등학교와 5~6년의 시차를 두고 학생 수가 감소되어 '26년부터 지속 감소하고 있음을 알 수 있습니다. 한편, 2021년 통계청 장래인구추계에 따르면 공립 초·중등 학생 수는 2023년 대비 2027년까지 약 58만 명(약 13%)이 감소하고, 이후 감소 폭이 확대되어 2038년까지 초등 약 88만 명(약 34%), 중등 약 86만 명(약 46%)이 감소할 것으로 예상됩니다.

이상에서 살펴본 바와 같이 최근 우리 사회에서는 'AI·디지털 대전환'과 '학령인구 감소'라는 두 개의 커다란 변화의 물결이 흐르고 있습니다. 교육환경도 예외는 아니어서 새로운 변화를 요구하고 있는데, 이러한 상황에 마주한 예비교사들은 낯선 학교현장에 잘 적응하기 위해 지금부터 무엇을 준비해야 할까요?

이를 위해 이번 장에서는 교육 대전환 시대를 맞이하여, 독자들의 이해를 돕기 위해 첫째, 교육 패러다임 전환이 필요한 이유에 대해 살펴본 후 둘째, 교사의 새로운 역할이 무엇인지에 대해 탐색하고, 셋째, 예비교사가 무엇을 준비해야 할지를 차례대로 논의해 보고자 합니다.

❷ 왜, 교육 패러다임의 전환이 필요한가요?

 AI시대, 교육 현안 조사를 통한 교육발전 중요 과제

새로운 교육 패러다임 중 하나로 AI와 관련하여 'AI 교육'에서는 학생들이 무엇을 배워야 할까?라는 질문은 미래교육을 논할 때 자주 등장하는 중요한 질문입니다. AI 교육은 AI 기술을 잘 활용하도록 하는 것과 더 발전된 AI를 만들어내는 전문 교육을 포함합니다. 모든 학생이 AI 전문가가 될 필요는 없습니다. 소수 AI 전문가를 키우는 것도 중요하지만, 다수의 학생들이 AI 시대를 행복하게 살도록 필요한 내용을 교육하는 것도 중요합니다(이주호 외, 2021).

최근 실시한 국가교육위원회의 교육 현안 인식조사에 따르면, 미래교육에 영향을 미치는 요인을 꼽는 항목에서 저출산·고령사회 본격화(62.7%), 수도권 집중 및 지방소멸 위기(45.1%), 사회 양극화 및 갈등의 심화, 사회통합의 약화(36.2%), 인공지능 등 첨단 과학기술 발달(25.4%) 순으로 나타났습니다(국가교육위원회, 2024). 한편, 여기서 과학기술 발달은 과거와 다른 양상을 보여주고 있습니다(김대석, 2024). 지금까지의 과학기술 발전은 주로 신체적, 물리적 분야에 영향을 미쳤다면, 오늘날 생성형 AI로 대변되는 최근 과학기술 발전은 인지 및 사고의 영역에까지 큰 영향을 미치고 있습니다. 향후 AI와 로봇이 결합하면 일상적이고 반복적이거나 위험한 작업에 대해 인간을 대신해서 수행할 것입니다. 모든 분야(산업생산, 농업, 의학, 금융, 과학, 기술, 마케팅, 의료, 교육 등)가 AI를 어떻게 수용하고 적용할 것인가에 대해 고민하고 있으며, 교육 또한 예외는 아닙니다.

또한, 교육발전을 위한 중요과제로 ① 학습자 적성을 살리는 교육, ② 교육격차 완화, ③ 디지털 전환 대비 교육체제 개편 순으로 중요하다고 답변하였습니다. 이는 [그림 1-4]의 도표로 잘 나타나 있습니다. 여기서 특징적인 것으로는 디지털 전환 대비 교육체제 개편이 최우선 순위에 해당하지 않는다는 것입니다. 이보다 우선하여 교육

발전을 위해서는 학습자의 적성을 살리는 교육과 교육격차 해소가 더 중요하다는 것을 국민 대다수가 인식하고 있다는 점입니다. 이는 예비교사로서 학교현장에 나가면서 반드시 숙지하고 있어야 할 중요한 대목이라고 할 수 있습니다. 왜냐하면 최근 사회 전반적으로 급격한 변화를 선도하고 있는 AI·디지털 대전환이 교육에 적용되었을 때 교육의 본질적인 부분보다 각종 기술 발전에 따른 기기 활용이나 교수·학습 방법에만 치우쳐서는 안 될 것이기 때문입니다.

그림 1-4 **교육발전을 위한 중요과제**

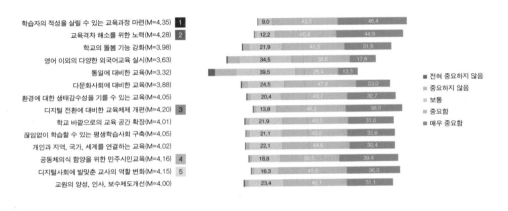

	전혀 중요하지 않음
	중요하지 않음
	보통
	중요함
	매우 중요함

학습자의 적성을 살릴 수 있는 교육과정 마련(M=4.35) [1] — 9.0 / 43.5 / 46.4
교육격차 해소를 위한 노력(M=4.28) [2] — 12.2 / 40.8 / 44.9
학교의 돌봄 기능 강화(M=3.98) — 21.9 / 41.5 / 31.5
영어 이외의 다양한 외국어교육 실시(M=3.63) — 34.5 / 38.6 / 17.6
통일에 대비한 교육(M=3.32) — 39.5 / 28.4 / 13.3
다문화사회에 대비한 교육(M=3.88) — 24.5 / 47.8 / 23.0
환경에 대한 생태감수성을 기를 수 있는 교육(M=4.05) — 20.4 / 43.7 / 32.7
디지털 전환에 대비한 교육체제 개편(M=4.20) [3] — 13.8 / 46.2 / 38.0
학교 바깥으로의 교육 공간 확장(M=4.01) — 21.9 / 45.5 / 31.0
끊임없이 학습할 수 있는 평생학습사회 구축(M=4.05) — 21.1 / 43.2 / 32.6
개인과 지역, 국가, 세계를 연결하는 교육(M=4.02) — 22.1 / 44.6 / 30.4
공동체의식 함양을 위한 민주시민교육(M=4.16) [4] — 18.8 / 39.5 / 39.4
디지털사회에 발맞춘 교사의 역할 변화(M=4.15) [5] — 16.3 / 45.6 / 36.0
교원의 양성, 인사, 보수제도개선(M=4.00) — 23.4 / 42.1 / 31.1

출처: 국가교육위원회(2024).

끝으로, 예비교사가 알아두면 좋을 국민 다수가 인식하는 미래 교사상은 ① 주도적인 삶 개척을 위한 재능을 발굴해주는 교사(57.2%), ② 개별 학생들에게 관심을 쏟으며 인간적으로 이해하고 소통하는 교사(40.7%), ③ 학생들의 핵심역량을 길러주는 교사(34.7%), ④ 규칙·예의·질서를 강조하는 교사(26.2%) 순으로 나타났습니다. 이러한 결과를 바탕으로 예비교사는 어떤 교사가 될 것인가에 대해 진지한 성찰 과정을 거쳐 자신만의 교육철학을 확립할 필요가 있습니다.

② AI 기술 발전과 교육적 가능성, 그리고 한계

학교 교육에서 AI의 활용에 주목하는 이유는 그동안 교육에서 해결되지 못한 다양한 문제를 극복할 수 있다는 기대감 때문입니다. 하지만 현실적으로 개인별 피드백을 제공하기 어려운 학급당 인원수, 과도한 행정업무, 비정형 데이터 수집의 어려움 등 학교 교육에는 기존의 제도나 기술로 극복하기 어려운 문제가 상존하기도 합니다. 이에 AI는 이러한 문제들의 일부 또는 전체를 획기적으로 해결할 수 있어 미래교육의 대안으로 주목받고 있습니다. 이상에서 언급한 AI의 가능성을 정리하면 다음과 같습니다(이동국 외, 2023).

첫째, 개별화 교육의 가능성입니다. AI 기술의 가장 큰 특징은 빅데이터를 기반으로 학습, 추론, 예측한다는 점입니다. 이러한 기술적 특징을 교육에 적용할 경우 학습자의 학습과정, 결과, 개별 특성에서 얻은 데이터를 바탕으로 학생 개인에 맞는 개별화된 처방이 가능합니다.

둘째, 교수·학습 경험을 확장합니다. 고비용, 고위험, 많은 시간 소요 등으로 교실에 접목하기 어려웠던 교육 활동을 가능하게 합니다. 이때 교사들은 AI가 제공하는 확장성을 이용해 기존의 교육 내용과 방법을 개선하고 새로운 교수 전략을 찾을 수 있습니다. 아울러, 학생들은 시·공간의 제약에서 벗어나 다양한 학습자원에 접근하고, 다른 학습자들과 소통하며 협력할 수 있습니다. AI와 다양한 에듀테크 기술이 결합되면서 교육의 경계가 확장되고, 새로운 교육적 기회가 무한히 창출될 것으로 기대됩니다. 이를 통해 교육의 질과 접근성이 높아지면 보편적 교육이 이루어질 수 있습니다.

셋째, 업무 자동화 및 효율화를 가능하게 합니다. AI는 학교에서 단순하고 반복적으로 수행하는 업무를 자동화하고 개선해 교사가 교수학습에 집중할 수 있는 환경을 조성합니다. 사회적 요구에 따라 학교에 기대하는 역할이 커져 행정 업무량이 지속적으로 증가하고 있습니다. 따라서 AI를 활용해 행정 업무 자체를 줄일 방안을 모색해야 합니다. 다만 이때, 교사는 학교에서 발생한 비정형 데이터를 효과적으로 수집, 분석할 수 있는 여건과 AI를 충분히 활용할 수 있는 역량이 필요합니다.

넷째, 행위 유발성이 있는 교육환경을 조성합니다. 교육환경에서 AI는 예측모델을 통해 학습자의 학습 행위를 지원하고, 위험 요소를 통제함으로써 안전한 교육환경을 제공합니다. 교사와 학습자의 활동을 분석해 이를 지원할 수 있는 AI 시스템을 갖춤으로써 교수·학습에 보다 능동적으로 참여할 수 있는 기회가 마련됩니다.

다섯째, 증거 기반의 정책 도출을 가능케 합니다. 증거 기반 정책이란 정책과정에 있어 오류를 피하도록 하는 과학적 증거를 증시합니다. AI를 통해 수집된 데이터를 과학적으로 분석해 정책을 깊이 있게 평가하고, 여기서 도출된 인사이트를 바탕으로 더 나은 정책을 제안할 수 있습니다.

반면, 빛이 있으면 그림자가 있듯이 AI의 가능성에는 일정한 한계도 있습니다. 이러한 한계에는 AI의 교육적 활용에 대한 윤리적, 사회적 문제와 함께 기술적 한계와 위험도를 고려해볼 수 있습니다. 구체적인 예시는 다음과 같습니다(이동국 외, 2023).

첫째, AI가 교사를 대체할 것이라는 우려가 있습니다. 하지만 AI는 교사들이 교육 활동에 보다 집중할 수 있도록 지원하는 보조 수단으로 활용될 것이라는 기대가 더 우세합니다. 예컨대, 학습자들이 ChatGPT를 통해 이미지를 구별하는 코드를 산출했다면, 교사와의 수업에서는 이것의 가치 있는 활용, 윤리적 활용 방법 등을 토의하는 방식으로 수업할 수 있을 것입니다. 이로써 학습자들이 다양한 고차원적인 사고활동에 참여하는 기회가 증가할 것으로 예상됩니다. 이를 위해서는 교사의 역할 변화와 더불어 역량 개발이 필요하기도 합니다. 예컨대, AI를 활용한 교수학습 도구 사용법, 수업 사례, 윤리 문제, 그리고 AI기술에 의해 변화할 학교환경 등에 대한 전문 지식을 배울 기회가 있으면 적극 활용해야 할 것입니다.

둘째, AI 활용이 교육격차를 심화시킬 우려가 있습니다. 부모의 사회·경제적 배경에 따라 학생들이 사용할 수 있는 AI 콘텐츠와 서비스의 질이 달라질 수 있어 교육격차 심화의 문제가 내재되어 있기도 합니다. 양질의 AI 서비스는 유료인 경우가 많으므로 이에 접근할 수 있는 사용자는 제한적일 것입니다. 특히 경제적 소외 계층일수록 양질의 AI 서비스를 사용할 가능성이 낮아져 정보 격차와 학습 격차가 더욱 커질 수 있습니다. 또한 AI 기반의 사교육 시장이 성장하면서 사교육비 지출이 늘어날 수도 있습니다.

셋째, AI의 교육적 활용은 데이터 수집의 한계로 제한될 수 있습니다. 교육적 상황에서 발생하는 데이터는 대부분 비정형 데이터로, 이를 수집하고 분석하는 데 어려움이 있습니다. 교사와 학생 간의 대화, 수업, 발표, 판서, 필기 등 학교에서 만들어지는 대부분의 비정형 데이터를 전처리하고 분석, 해석할 수 있는 AI 기술 개발이 필요합니다. 또한 데이터와의 상관관계 및 인과관계에 대한 규명도 필요합니다. 하지만 현재 AI 기술은 일부 영역과 사교육에 주로 집중되어 있어 공교육에 도입되기까지는 시간이 더 소요될 수도 있습니다. 왜냐하면 공교육에서 AI의 데이터 수집 과정에서 개인정보 및 사생활 침해 문제가 발생할 수 있기 때문입니다.

넷째, AI의 자료 편향성과 차별적인 결과 도출 가능성이 있습니다. AI는 데이터를 기반으로 학습하기 때문에 주어진 데이터에 따라 편향성을 가질 수 있다는 문제가 있습니다. 특히 AI의 알고리즘에 의한 의사결정은 오류 가능성이 있을 뿐만 아니라 편향성과 차별적 결과를 보인다는 연구결과도 있습니다. 예컨대, 2020년 10월 6일 공정거래위원회에서는 네이버㈜에 대해 자사의 검색 알고리즘을 인위적으로 조정·변경한 것에 대한 시정 명령과 함께 약 267억의 과징금을 부여하였습니다. 공교롭게도 같은 날 미국 하원에서도 아마존, 애플, 페이스북, 구글 등 4대 온라인 업체에 대해 디지털 시장에서 지배력 남용을 비판하는 보고서를 발표하였습니다. 우리나라 디지털 시장을 사실상 독점하고 있는 네이버는 이미 뉴스 배치의 편향성과 관련하여 지속적으로 논쟁의 대상이 되어 왔다는 점에서 이번 사태는 디지털 거대 기업의 공정성에 대해 시사하는 바가 적지 아니합니다(정원섭, 2020). 이 같은 알고리즘에 의한 편향성 문제는 청소년들의 경우, 오랜 기간 특정 데이터에 편향적으로 노출될 경우 잘못된 신념과 태도를 형성할 수 있다는 점에 유의해야 할 것입니다. 교사들 역시 신뢰성이 떨어지는 AI를 교수·학습에 적용함으로써 잘못된 지식을 전달하거나 공정하지 않은 교육 상황을 만들 수 있습니다. 따라서 데이터 수집 및 활용 과정에서 모집단 편향성, 데이터 편향성, 데이터 객관성, 데이터 공정성 등의 문제를 명확하게 인식하고 규명하는 것이 중요하다고 할 수 있습니다.

다섯째, AI가 모든 교육적 문제를 극복하게 해줄 만병통치약이라는 착각에서 벗어나야 합니다. 실제 교육현장에서 활용 가능한 AI의 종류는 아직까지 한정적이며 지능형 설계 수준도 높지 않으므로, 과도한 기대감을 경계해야 합니다. 보다 안전하고 공정한 활용 대책이 마련되지 않은 상태에서 섣불리 교육 분야에 도입할 경우 혼란을 야기할 수도 있으므로 파급 효과를 고려하여 신중하게 접근해야 할 필요가 있습니다.

3 AI · 디지털 전환이 촉발한 '교육 대전환'

지금 우리는 역사적 변화의 변곡점에 서 있다고 해도 과언이 아닐 것입니다. 디지털 기술의 급격한 발전과 AI로 대변되는 4차 산업혁명이 우리 삶의 모든 영역에 깊숙이 들어와 있기 때문입니다. 이는 단순히 기술적 변화에 국한되지 않고 경제, 사회, 문화 전반에 걸친 대대적인 패러다임 전환을 예고하고 있습니다(정제영 외, 2024). 특히, 4차 산업혁명이 교육에 미치는 영향은 에듀테크를 주제로 하는 교육의 일부 영역에만 국한되지 않습니다. 이는 교육의 모든 영역, 모든 교과목에 변화를 요구합니다. 그동안 우리는 테크놀로지를 '어떻게(HOW)' 잘 활용할 수 있을까에 초점을 두었습니다. 즉, 기존 교육의 목적과 내용을 달성하는 데 있어서 AI를 포함하는 새로운 테크놀로지를 '어떻게' 하면 잘 활용할 수 있을까에 초점을 두었습니다(김대석, 2024). 이러한 경향은 매우 협소한 인식으로 교육 패러다임의 전환이 필요하다고 할 수 있습니다.

디지털 대전환은 디지털 기술의 활용으로 비즈니스 모델이 확산되고 생산성이 향상되는 것을 의미한다고 볼 수 있습니다. 초기에는 디지털 인프라 구축을 통한 전산화 단계에 머물렀다면, 이후 인터넷 상거래와 마케팅이 활발해진 디지털화 단계를 거쳐, 이제는 산업 전반에서 혁신을 요구하는 디지털 대전환 단계가 도래한 것입니다. 코로나 19 팬데믹 이후에 '디지털 우선(digital first)' 단계로 변화했다면, 현재는 전 인류의 일상적 삶을 모두 바꿀 수 있는 '모든 영역의 디지털화(digital everywhere)'라는 혁명이 가속화되고 있다고 합니다(송영근 외, 2022).

이러한 변화의 소용돌이 속에서 급격한 변화에 대응하고 이를 주도하기 위해서는 디지털 및 AI 관련 소양이 필수적입니다. 디지털 소양은 다양한 디지털 정보를 다루고, 디지털 기술을 활용하여 소통하고 창의적인 산출물을 만들어내며, 디지털 세계에서 안전하고 윤리적으로 행동할 수 있는 역량을 의미합니다. 한편, AI 소양은 AI의 기본 원리를 이해하고, AI 기술을 활용하며, AI가 야기하는 사회적, 윤리적 문제를 비판적으로 사고할 수 있는 능력을 포함합니다. 또한 이러한 맥락에서 볼 때 학교 교육의 혁신 또는 혁명은 이제는 필수가 되어버렸습니다(정제영 외, 2024).

ChatGPT와 같은 생성형 AI가 발달해가는 현재와 미래사회의 변화는 학교 교육에서 단순히 교육방법의 혁신만을 요구하는 것은 아닙니다. 즉, 에듀테크를 '어떻게' 잘 활용하여 기존의 교육 내용을 잘 가르치고 교육목적을 달성할 수 있을까? 정도의 단순한 혁신을 요구하는 것이 아닙니다. 그것은 교육의 모든 영역, 모든 교과에서 혁신을 요구합니다(김대석, 2024). 이것은 기존의 교육과정의 인재상, 역량, 교과의 목표 및 성취기준, 교과내용 등 모든 영역에서 변화를 요구한다는 말과 일맥상통합니다. 이상에서 언급한 내용을 정리하면 [그림 1-5]와 같습니다.

🗣 그림 1-5   패러다임 전환: How에서 What으로

How		What
기존의 교육목적과 교육내용을 유지한 채, 단순히 AI를 어떻게 하면 잘 활용하여 교육목적과 교육내용을 달성할 것인가?	패러다임의 전환 →	• 새롭게 추구할 교육의 목적은 무엇인가? • 새롭게 추구할 핵심역량과 기술은 무엇인가? • 새롭게 도입할 교육내용과 성취기준은 무엇인가? • 기존 교육과정에서 변화될 필요가 있는 교육내용과 성취기준은 무엇인가? • 새로운 핵심역량과 기술을 어떻게 교육할 것인가? • 학생의 어떤 측면(어떤 역량과 기술)을 평가할 것인가?

출처: 김대석(2024: 169).

AI·에듀테크 기술 발달 관련 디지털 대전환으로 촉발된 교육 대전환 시대는 이미 그 서막이 올랐으며, 우리는 이 거대한 변화의 흐름을 어떻게 하면 잘 대응하여 새로운 문명의 가치를 창조해 나갈 것인가 하는 막중한 책임과 역할이 주어져 있다고 보면 될 것입니다.

3 교육 대전환 시대, 새로운 교사의 역할은 무엇인가요?

최근 AI · 디지털 기술이 우리 삶의 일부분이 되어가고 있는 것을 부인할 사람은 아무도 없을 것입니다. 이런 현실에서 우리는 AI · 디지털 기술의 급격한 발전 속도에 대한 기대감과 동시에 불안감을 느끼고 있습니다. 하지만 소비자의 입장에서만 보면 오히려 소비자는 자신의 삶이 이전보다 더 편리해지고 있으며, 전문가만 할 수 있던 것을 일반인도 할 수 있게 된 시대라고 할 수 있습니다(박남기, 2024). 예컨대, 넘쳐나는 유튜브 방송 채널이나 다양한 앱들이 이에 해당합니다.

교육 대전환 시대, AI · 디지털 기술이 예비교사에게 요구하는 것은 해당 분야의 기초 지식과 기능, 그리고 자기만의 세상을 구축하는 바탕이 될 폭넓은 지식과 세계관입니다(박남기, 2024). 예컨대, 교과 수업에서는 기존의 수업에서 한발 더 나아가 활용 가능한 다양한 AI 프로그램을 소개하고, 이를 사용하여 수업을 진행하고, 학생들이 이를 사용할 수 있는 역량을 길러주며, 나아가 이를 활용하여 보다 풍요로운 삶을 영위할 수 있게 도와주는 일을 수행하는 것입니다. 이 장에서는 교육 대전환 시대를 맞아 예비교사가 향후 학교에 입직하게 될 때 교사로서 새롭게 수행해야 할 역할에는 무엇이 있는지에 대해 구체적으로 살펴보도록 하겠습니다.

1 교사와 학생의 역할 모두 변해야

교사의 경우, 다양한 AI를 직접 찾고 익혀서 가르치는 데 한계가 있을 것입니다. 수업 중에 활용 가능한 AI 교육 프로그램을 교육부나 시 · 도 교육청 차원에서 연수 프로그램을 통해 교육하고 관련 자료를 제공하는 등 지원이 뒷받침될 필요가 있습니다. 이 경우 모든 교사에게 의무적인 연수 참여를 강요하는 것보다 교과의 특성이나 교사의 희망 여부 등을 종합적으로 고려하여 필요로 하는 교사들에게 우선적으로 연수가 제공된다면 수업 중에 더욱 널리 사용될 수 있을 것입니다.

이때 단위학교에 AI 교육 프로그램을 자유롭게 활용할 수 있는 교육 인프라 구축이 선행되어야 할 것입니다. 이러한 인프라 구축은 행 · 재정적 지원과 더불어 지속적인 예산 확보가 뒤따라야 할 사안이므로 단위학교 자체적으로 해결하기보다는 교육부나 시·도 교육청 차원에서 보다 적극적인 관심을 갖고 지원해야 할 것입니다.

이러한 인프라 구축과 교사 연수 등 지원을 통해 교사가 AI 교육 프로그램을 수업 중에 활용하게 되면 교사뿐만 아니라 학생들의 수업 활동도 보다 풍부해질 것이며, 또한 수업의 질도 높아질 것입니다. 특히, 최근 ChatGPT의 등장과 더불어 생성형 AI의 급속한 발전은 다양한 AI 프로그램을 배워야 하는 부담을 크게 줄여주었으며 편리성과 효율성 덕분에 사용자 수가 나날이 늘고 있는 것도 고려해 볼 필요가 있습니다.

해당 분야를 업(業)으로 삼는 전문가가 되고 싶은 사람에게는 자기 분야의 AI 발달이 전문직을 위협하는 것이 아니라, 오히려 기존 인간의 한계를 뛰어넘는 전문가가 될 기회를 제공하기도 합니다(박남기, 2024). 예컨대, 2019년 AI와 인간이 협업으로 빚어낸 세계 최초의 작품의 작가로 유명해진 아티스트 두민[1] 작가는 독도를 소재로 AI와 협업한 작품을 통해 국내에서 AI와 교감한 미술품의 첫 사례가 되었으며, 건축 및 건설 프로젝트 역량을 높이는 다양한 AI도 속속 등장하고 있습니다. 이러한 AI는 도시계획, 모듈러 건설, 내부 레이아웃 자동화를 위한 도구가 되고 있습니다.

이를 학교 교육에 적용해보면 기존의 교육과정에 학생들의 AI와의 협업 역량을 강화하는 방향으로 수업을 설계하고 평가하는 시스템을 도입하는 등 새로운 방안을 모색하는 기회가 될 수 있을 것입니다. 즉 AI 발달이 궁극적으로 교사가 스스로 교육과정의 새로운 변화를 준비하게 하여, 가르치는 내용과 교수법, 평가 방법 등의 변화를 촉진시킬 것입니다. 또한 자기 주도성을 지닌 능동적인 학습자와 만나 AI·에듀테크 교육 환경에서 이루어질 미래형 교실 수업의 모습을 기대해 볼 수도 있을 것입니다.

하지만 AI를 학교 교육에 활용할 때 교사와 학생 모두 유의해야 할 것도 있는데, AI 의존도 심화로 인해 교사의 교육력과 학생의 학습 역량이 약화될 수 있다는 점입니다. 예컨대, 정보통신기술(Information & Communications Technology, ICT) 활용 교육 초기에 일부 교사가 소위 '클릭 교사'로 전락했다는 비판을 받았던 것을 반면교사로 삼을 필요가

---

1 두민은 '예술인가? 화가인가?'라는 두 가지 질문이 회자하는 시대를 살아가는 화가라고 본인을 소개합니다. 최근 세계 최초로 인간 화가와 AI 화가가 협업해 독도를 그린 '코뮌 위드(Commune With…)' 작품을 선보이면서 대중의 평가를 받았습니다. 세계 최초로 AI 화가와 협업한 인간 화가가 바로 아티스트 두민 작가입니다. (IT조선: https://it.chosun.com)

있습니다(박남기, 2024).

그러므로 AI시대 교사는 기존의 교육 내용뿐만 아니라 교육철학, 학교폭력 예방 지도와 학교 부적응 학생에 대한 생활지도, 각종 진로진학 상담을 포함한 학급경영 역량과 학습 동기 유발을 비롯한 교수학습 설계 등에 대해서도 더욱 관심을 가질 필요가 있습니다. 학생 또한 AI 의존형 인간이 아니라 AI 활용형 인간이 되기 위해 자신의 역량을 강화해야 할 것입니다.

 ## 하이터치 하이테크(High Touch High Tech, HTHT) 교육

AI를 활용한 교육은 학생들이 각자 필요로 하는 수준의 학습을 지원함으로써 개별화 학습을 구현할 수 있습니다. 미래교육은 이러한 다양한 에듀테크를 활용한 방식으로 지식을 학습하고, 하이브리드 학습(hybrid learning)을 통해 창의·융합 교육으로 나아갈 것을 기대하고 있습니다(정제영 외, 2023). 이는 하이터치 하이테크 교육의 원칙과 AI 기술을 결합하여 교사와 학생이 함께하는 교육을 제안하고 있는 것입니다. 이러한 접근법은 학생 중심 교육을 지향하며 생성형 AI 등 다양한 기술이 교사를 지원하는 역할을 수행할 것으로 예측해 볼 수 있습니다.

하이터치 하이테크 교육은 첨단 기술을 활용하여 개인 맞춤형 창의·융합형 학습을 이끌어내는 방식으로 제안되었습니다(이주호, 정제영, 정영식, 2021). 이는 교사가 주체가 되어 에듀테크 기술을 활용하고 개인별 맞춤형 지식교육을 설계하여 이를 기반으로 창의적 활동과 연계하는 수업을 의미합니다. 이때 하이테크 교육은 학생들의 학습 데이터를 기반으로 학생 개인 수준과 학습 속도에 맞춰 개별화된 맞춤형 지식 이해 교육을 구현하는 것이라고 이해하면 됩니다. 하지만 지식 이해 교육은 지식을 이해하는 것만으로는 학생의 주도성을 확보할 수 없기에 배운 지식을 활용하여 다양한 활동과 경험을 제공하고 이를 통해 역량을 키울 수 있도록 해야 합니다.

교사가 주도하는 하이터치 교육은 프로젝트와 토론 등의 다양한 창의적 활동을 통해서 학생들의 동기를 자극하고, 지식을 활용한 경험을 하도록 이끌어주어야 합니다. 이를 바탕으로 하이테크 교육이 뒷받침될 때 비로소 학생들의 주도성과 역량이 향상될 수 있을 것입니다. 이를 가리켜 수업 혁신이라고 부를 수 있습니다(정제영 외, 2023).

하이터치 하이테크 교육을 구현하기 위해서 학교는 기존 학습관리시스템(LMS)을 확장하여 AI와 빅데이터 기반 지능형 튜터링 시스템(ITS)의 원리를 적용한 'AI 디지털 교과서 시스템'으로 재설계할 필요가 있습니다. 우리나라는 2025년부터 본격적으로 AI 디지털교과서 도입을 예정하고 있으므로, 교육부가 제시한 AI 디지털교과서 개발 가이드라인을 참고하여 학생, 교사, 학부모 모두를 위한 서비스, 학생을 위한 서비스, 교사를 위한 서비스에 대해 각각 해당 내용을 잘 살펴보면 도움이 될 것입니다. 좀 더 깊은 내용을 탐색하고픈 예비교사들은 7장의 'AI 디지털교과서, 잘 적용할 수 있을까 요?'를 참고하시기 바랍니다.

④ 교육 대전환을 위해 예비교사는 무엇을 준비해야 할까요?

예비교사란 교사가 되기 위해 준비하고 있거나 교원 임용 시험에 합격하여 발령을 기다리고 있는 사람을 일컫는 말입니다. 한마디로 이들은 학교현장으로 발령받기 전 단계의 교사로 교원 자격증은 가지고 있으나, 이론과 실무를 모두 겸비했다고 보기엔 다소 미흡한 상태에 있다고 볼 수 있습니다. 예비교사들 중 초등의 경우 교육대학교를 졸업했으며, 중등의 경우 사범대학 혹은 교직 이수 과정, 교육대학원 등의 다양한 양성 과정을 거쳐 교직에 필요한 교육과정을 이수하고 2급 정교사 자격증을 취득한 사람이 라고 할 수 있습니다.

교원 임용고사를 준비 중이거나 응시하여 합격한 사람도 교직 수행 관련해 이론적 으로만 준비가 되었을 뿐 학교현장에 대한 이해나 교직실무에 대해서는 경험이 부족 한 것이 현실입니다. 그래서 이러한 교원 양성 체제의 문제점으로 인해 비판의 목소리 가 나오고 있기도 합니다. 왜냐하면 졸업 전 4주간의 교육실습만으로는 학교 행정업 무를 익히기에 부족하고, 교과수업을 준비하기에도 매우 부족하기 때문입니다. 여기 에 더하여 최근 학교현장은 학령인구 감소로 인한 학교 통·폐합 문제와 AI·에듀테크 도입 등으로 인한 디지털 대전환의 물결이 거세게 몰아치고 있어, 이전과는 차원이 다 른 교육환경에 직면하고 있기도 합니다. 이러한 교육 대전환 시대의 학교는 예비교사가 입직하기 전부터 이미 심적 부담감과 동시에 불안감으로 다가올 수 있습니다. 이 절에서는 예비교사가 학교현장에 가서 교직을 수행하기 전에 준비해야 할 것들에는 무엇이 있는지 차분하게 살펴보고자 합니다.

 ### 1 미래 사회변화에 대응하기 위한 '변화 대응 역량'

AI 기술이 교육환경에 어떻게 적용될 것인지, 그리고 AI 기술의 출현은 어떻게 교사의 교육을 지원하고 학생의 학습을 향상시킬지 그 범위와 강도는 시시각각 변하고 있습니다. 그리고 AI가 가져오는 학교 환경의 변화가 광범위함에 따라서 교사의 역할도 전통적인 교수학습 전문가 혹은 학생 지도자를 벗어나 새롭게 요구되기 시작했습니다(신하영, 한송이, 2023). 특히 AI를 사용해서 학생들의 학습 경험을 향상시키고 학생들이 AI를 중심으로 변화하는 기술주도 사회에 적응하는 일을 돕는 지원자 혹은 촉진자(facilitator)의 역할을 기대받고 있습니다(Shen & Su, 2020).

한편, 교직 발달 이론에 따르면, 예비교사가 교직에 입직한 이후 교사로서의 생애가 새롭게 시작되고, 이후에 개발되는 역량을 강조합니다(신하영, 한송이, 2023). 이에 기반을 두고 교사의 경력에 따른 역량 성장을 '교사로서의 맥락'을 가지고 공식적/비공식적, 명시적/비명시적으로 다양하게 파악한 연구도 존재합니다(이혜정, 권순정, 신혜정, 2016). 이 연구에서는 선행연구와 연구진 중 현직 교사의 경험 등을 바탕으로 하여, 교사를 경력에 따라 4개 집단(1~4년의 저경력 교사, 5~10년의 중경력 교사, 11~25년의 1기 고경력 교사, 25년 이상의 2기 고경력 교사)으로 나누고, 이를 다시 학교 내 역할에 따라 분류하여 총 7개 집단으로 나누었습니다. 그 결과, 교사의 역량이 현재의 교직 수행을 위해 필요한 '직무 역량'과 미래 사회변화에 대응하기 위한 '변화 대응 역량'으로 구별되어 나타남을 확인했습니다(신하영, 한송이, 2023). 이 연구에서 교사에게 요구되는 대표적인 '변화 대응 역량'으로 꼽힌 것으로는 바로 AI 도입에 따른 교육환경 변화에서 선도적인 기술 활용 능력, AI 도입에 따른 교육환경에서 대면하는 윤리적 문제에 대한 개방적이고 포용적인 태도 등이었습니다.

교사의 역량을 강화하는 방법과 그 내용에 관한 연구들도 존재합니다. 김정원과 동료들(2011)의 연구에 따르면, 교사가 일반적으로 필요로 하는 공통적인 능력은 학생 이해, 교과과정 이해, 평가 이해, 조직 및 행정 시스템 이해, 대인관계 능력 등입니다. 해당 연구에서 생애주기별 요구 역량 수준을 분석한 결과 적응 기간에서 진급 고려 단계로 갈수록 능력요구 수준은 낮아지는 한편, 퇴직 준비 기간에는 교원의 능력요구가 더 높은 것으로 나타났습니다. 커리큘럼 이해, 정보 관리 및 연구 기술 등 교사의 입직 후 교직 발달단계에 따라 역할과 역량이 달라지므로 단계별 역량 강화 교육의 내용과 수준이 달라져야 함을 시사합니다(신하영, 한송이, 2023).

2 일반대학교 교직 이수 중인 예비교사의 관점 사례

예비교사의 관점에서 최근 교육환경 변화는 아마도 두려움이나 긴장 그 자체일 수 있습니다. 과연 내가 학교에 발령받아 출근하게 된다면, 잘할 수 있을까부터 시작하여 스스로 혹은 동료 교사의 도움을 받아가며 해결해야 할 과제가 많기 때문입니다.

신하영과 한송이(2023)의 연구에서는 일반대학교 교직 이수 과정에 재학 중인 학생들을 대상으로 교육 대전환의 상황에 대해 교사의 역할과 역량에 대한 인식을 조사하였습니다. 연구 결과, 교육 대전환 시기 교사의 새로운 역할과 역량에 관한 다음과 같은 시사점이 도출되었습니다.

첫째, AI 등의 기술의 발전에 따라 교육환경이 변화하고 있는 상황에서 오히려 인간 교사로서의 본질적인 기능과 역할이 더욱 중요해진다는 점입니다. 이미 교사는 교육과정 및 수업 전문가이자 동시에 생활 및 진로지도 전문가이며, 학교공동체 구성원이자 자기개발자로서의 역할을 담당하고 있습니다(교육부, 2020). 특히 최근 교사 역량과 관련한 여러 연구들에서도 분야 전문성이나 수업 역량 외에도 인성, 의사소통, 생활지도, 상담, 대인관계 등 수업 외적인 부분의 역량에 대한 중요도가 높아지고 있음이 밝혀진 바 있습니다(강성빈, 2009; 김성천·한송이, 2021; 오희정·김갑성, 2017). 연구 참여자들 또한 선행연구와 일관된 견해를 나타냈습니다.

둘째, 예비교사의 학습하는 교수 내용 지식(Pedagogical Content Knowledge, PCK)에 따라서 AI 시대에 교사가 보여줄 수 있는 '본질적인 역할'에 대한 심상(image)이 다채롭게 나타났습니다. 본 연구에서 면담에 참여한 학생들은 교육학과 교직 기본소양에 해당하는 과목을 이수한다는 점에서 예비교사라는 정체성을 공유하면서도, 한편으로는 외국어, 보건의료, 체육교육 등 서로 다른 교과교육학을 이수하고 있었습니다. 그리고 이들의 교원자격증 표시과목에 따라, 즉 이들의 전공분야에 따라서 AI가 대체 불가한 고유의, 본질적인 교사의 역할에 대한 구체적인 인식에는 차이가 존재했습니다. 예컨대, 연구에 참여한 체육교육 전공 예비교사는 웰니스(well-ness) 애플리케이션에 도입된 AI이 데이터에 기반해서 수요자 혹은 학습자에게 운동적 처방을 제공하는 것은 한계가 있다는 점을 인식하고 묘사했습니다. 그러면서 구체적인 맥락으로 "AI가 데이터에 기반을 두고 제시하는 것과 다른 답(처방)이라도 경험과 확신을 가지고 제시할 수 있는 전문성"을 교사의 본질적인 역할과 역량과 연결시켜 제시했습니다.

③ 학습자 주도성 발현을 위한 교사의 역할과 교육환경 구축

미래의 사회변화에 따라 학습자 주도성 발현을 위한 교사의 역할에도 변화가 요구되고 있습니다. 무엇보다 학교현장에 대한 이해가 부족한 예비교사는 이러한 변화를 어떻게 대비해야 할지 입직하기 전에 충분한 고민이 필요해 보입니다. 학습자 주도성(student agency)은 교사가 학습의 파트너로 존재하며, 학습의 전반적 과정의 주체는 학습자라는 점을 강조합니다(백영신, 임재일, 2021). 학습자는 학습계획을 점검 및 수정하고 학습환경의 범위를 확장시키며 학습경험을 설계하는 주체가 된다는 것을 의미합니다. 한마디로 학습자 스스로 주도하며 자신을 이끌어가는 학습 주체에 초점화되어 있습니다. 이는 OECD가 주도하는 미래교육의 지향점이기도 합니다. OECD에서도 예측하기 어려운 미래 사회의 문제를 해결하고 새로운 직업 및 기술에 대비하는 학교 교육으로서 학습자주도교육을 강조하기 때문입니다(윤종혁, 2016).

최근 OECD는 DeSeCo프로젝트[2]로 'OECD 교육 2030[3]: 미래 교육과 역량 사업

---

2 DeSeCo(Defining and Selecting Key Competencies) 프로젝트는 경제협력개발기구(OECD)에서 1997년부터 진행해오고 있으며, 성공적인 삶을 위한 핵심역량을 도출하고 있습니다. 회원국들은 학생들의 읽기, 수학, 과학 부문에서의 수준 측정을 위한 국제비교조사(PISA, 국제학업성취도조사)에 동의하여, 공통된 기준(역량 개념틀)이 필요하다는 결론에 도달했고, 역량과 관련된 선행연구조사, 다양한 전문가 및 이해 관계자로부터의 의견 수렴, 회원국 사례 분석 등 DeSeCo 프로젝트를 시작하게 되었습니다(교육부 블로그: https://blog.naver.com/moeblog/221155266506?trackingCode=blog_bloghome_searchlist).

3 OECD는 2015년 DeSeCo 프로젝트의 2.0 버전으로 볼 수 있는 'OECD 교육 2030(OECD education

(OECD Education for 2030: The Future of Education and Skills)'을 진행하면서 학습나침반을 개발하였습니다(OECD, 2019). 학습나침반 2030에서는 세 가지 '새로운 가치 만들기', '딜레마 해소하기', 그리고 '책임감 가지기'라는 변혁적 역량(transformative competencies)을 제시하고 있습니다(OECD, 2019). 이처럼 변혁적 역량이 강조되는 이유는 미래사회가 변동성(Volatility), 불확실성(Uncertainty), 복잡성(Complexity), 모호성(Ambiguity)이라는 뷰카(VUCA) 시대의 특징을 갖기 때문입니다(Bennis, W., & Nanus, B. (1985), 1985). 특히 우리나라의 교육당국이 강조하는 미래교육 담론에서도 학습자 주도교육이 핵심이며, 학습자를 중심으로 교사, 교육공간 및 교육과정 자체가 재편되어야 한다는 논리로 미래교육을 구체화하고 있습니다(조윤정 외, 2017).

한편, 학습자가 주도하는 학습자 맞춤형 교육은 기술적 뒷받침이 필요합니다(윤선인, 2022). 학습자 맞춤형 교육은 데이터 기반 학습분석, 데이터 마이닝, 빅데이터 분석, AI 등 디지털 기술의 발전으로 학습의 계획부터 평가까지 학습자 스스로 선택하고 결정하는 학습자 주도 학습이 가능한 환경을 바탕으로 실현이 가능해졌습니다(남미자 외, 2021). 실제로 학습자주도교육을 실현하기 위해서는 '개별화 및 학습자 맞춤형 교육과정 및 교수학습과 평가, 그리고 첨단 과학기술기반의 교육환경 구축'의 필요성을 강조하기도 합니다.

이때 맞춤형 교육 혹은 개인화된 교육을 실현하는 기술은 AI 기술과 관련됩니다(홍정민, 2021). 빅데이터에 기반한 AI 기술은 과거 학습이력, 진도율, 시험성적을 비롯하여 학습자의 검색 이력, 학습한 콘텐츠 이력 등 학습자의 다양한 경험에 대한 정보 분석을 포함합니다(윤선인, 2022).

그러나 유의할 점은 학습자 주도성에서 주체가 학생인 점을 고려하면, 학습자 맞춤형 교육이 반드시 학습자가 주도하는 학습이라고 보기는 어렵습니다. 모순적이게도 기술적 시스템이 자동적으로 학습자에 적용되도록 설계됨에 따라 학생에게 제시되는

2030)' 프로젝트를 다시 시작합니다. 계기는 2011년 일본에서 발생한 대지진이었습니다. OECD는 도호쿠 지역의 재건을 지원하기 위해 'OECD Tohoku Project'를 시작했는데, 학생들이 스스로 문제를 인식하고 해결해 나가도록 설계가 됐다는 점에서 기존 프로젝트와는 차별성을 지녔습니다. 이후 도호쿠 프로젝트는 역량을 극대화하는 교육혁신의 성공 사례로 인정받았고, OECD는 이를 '교육 2030(education 2030)'으로 변경하며 DeSeCo 프로젝트의 버전 2.0 사업으로 승격시켰습니다(교육부 블로그: https://blog.naver.com/moeblog/221155266506?trackingCode=blog_bloghome_searchlist).

선택지는 제약되고, 그만큼 자율성도 위축되는 측면이 있습니다(윤선인, 2022). 따라서 예비교사인 여러분들은 수업 설계 시 학습자 주도성 발현을 위한 자신의 역할에 대해 충분히 고민하고, 첨단 과학기술기반의 교육환경 구축과 더불어 학습자의 자율성이 위축되지 않게 유의해야 할 것입니다.

교육 대전환 시대, 우리 잘 적응할 수 있겠죠?

5 토론

박○○교사(▲▲중학교)가 올해 참여 중인 교육부의 '2024년 교실혁명 선도교사' 연수와 관련해 선생님들의 인터뷰 글과 교육부총리의 대화를 읽고, 나의 생각을 이야기해 봅시다.

🔦 자료 1

> "
> 교사의 노력에서 수업 혁신이 시작된다.
> 디지털 기술을 활용해 학생들에게 맞춤형 수업을 지원하고,
> 창의적인 수업을 통해 학생들이 더 큰 성장을 하도록.
> -선생님들의 인터뷰
> "

🔦 자료 2

> "
> 교실 혁명을 통해 실현하고자 하는 것은,
> AI 디지털 교과서라는 도구가 교실에 들어오면서
> 교사분들의 수업 변화에 엄청난 잠재력을 이끌어내는 것
> "

출처: 네이버 블로그 - 교육부총리 인사말(https://blog.naver.com/mingmingt/223458030899)

〈자료 2〉와 관련하여 교육부총리는 AI 디지털교과서 자체가 목적이 아니고, 교사들의 새로운 역량을 실현할 수 있는 수단이라는 것을 강조했다고 합니다. 교사 연수도 기존의 주입식 연수 방식보다는 훨씬 더 다양한 방식으로, 즐기면서 학습할 수 있는 활동들을 구성하겠다고 했는데, 과연 어떻게 진행되었을까요?

참고문헌

강성빈. (2009). 학습자, 학부모 및 교사가 기대하는 교사상 분석. 한국교원교육연구, 26(3), 417-437.

교육부. (2020). 2021년 교원 연수 중점 추진방향(안). 세종: 교육부.

교육부. (2023). 디지털 기반 교육혁신 방안(2023.02.23.). 세종: 교육부.

국가교육위원회. (2024). 대국민 교육현안 인식조사 주요결과. 세종: 국가교육위원회.

관계부처합동. (2020). 인공지능시대 교육정책방향과 핵심과제: 대한민국의 미래 교육이 나아가야 할 길. 세종: 교육부.

김대석. (2024). AI시대 학교 교육의 방향. 한국 교육학의 미래 방향과 좌표: 한국 교육학 70년 미래 설계. 한국교육학회 2024년 연차학술대회, 발표자료집(pp. 165-178). 서울: 한국교육학회.

김성천, 한송이. (2021). 충북교육청 교원임용시험 개선을 위한 요구 분석. 교육문화연구, 27(6), 23-45.

김정원, 박소영, 김기수, 정미경. (2011). 교사 생애단계별 역량 강화 방안 연구. 한국교육개발원 연구보고서(RR2011-06). 서울: 한국교육개발원.

남미자, 김경미, 김지원, 김영미, 박은주, 박진아, 이혜정. (2021). 학습자 주도성, 미래교육의 거대한 착각. 서울: 학이시습.

박남기. (2024). 생성AI시대 최고의 교수법. 서울: 천재교육.

박찬, 김병석, 전수연, 전은경, 홍수빈, 진성임, 문혜진, 김성빈, 정선재, 강윤진, 변문경, 권해연, 박서희, 이정훈. (2020). 우리 아이 AI. 서울: 다빈치books.

백영신, 임재일. (2021). 학습자 주도성 발현을 위한 교사의 역할에 대한 논의. 한국교원교육연구, 38(4), 281-304.

서울대학교. (2022). 서울대학교 중장기발전계획(2022.7.). 서울: 서울대학교.

서울시교육청. (2021). AI 기반 융합 혁신미래교육 중장기 발전계획. 서울: 서울시교육청.

송영근, 박안선, 심진보. (2022). 디지털 전환의 개념과 디지털 전환 R&D의 범위. ETRI Insight 2022-02. 대전: 한국전자통신연구원.

신하영, 한송이. (2023). 예비교사가 인식하는 AI시대의 교사 역할과 역량에 대한 기대 수준. 교육연구논총, 44(3), 35-68.

오희정, 김갑성. (2017). 사회는 교사에게 어떤 역할을 기대하는가? : 2007~2016년 신문자료 내용분석을 통한 교사 역할기대 경향 연구. 한국교원교육연구, 34(3), 139-166.

윤선인. (2022). 미래교육 담론 비판: 교사, 학생, 그리고 현재의 관점을 중심으로. 교육연구논총, 43(2), 205-235.

윤종혁. (2016). OECD '교육 2030: 미래 교육과 역량'을 위한 현황분석과 향후과제. 서울: 한국교육개발원.

이동국, 이은상, 이봉규, 김성종, 강동우, 김두일, 이은주(2023). 인공지능 활용교육. 서울: 테크빌교육.

이주연, 이근호, 이변천, 가은아. (2017). 역량기반 학교 교육과정의 실천 사례 특징 분석. 교육과정평가연구, 20(1), 1-30.

이주호, 정제영, 정영식. (2021). AI교육혁명. 서울: 시원북스.

이혜정, 권순정, 신혜정. (2016). 교사의 경력 및 역할에 따른 핵심역량 분석. 경기도 교육연구원 수시과제 연구보고서(2016-12). 수원: 경기도교육연구원.

정대홍, 손미현, 이동준, 노동규. (2023). 하이테크 교실 수업. 서울: 다빈치books.

정원섭. (2020). 인공지능 알고리즘의 편향성과 공정성. 인간·환경·미래, (25), 55-73.

정제영, 박준호, 강주원, 김동준, 김진관, 김효정, 이성강, 이성일, 이혜림, 장덕진. (2024). 교사가 이끄는 교실혁명: AI디지털교과서 100% 활용하기(초등편). 서울: 박영스토리.

조윤정, 김아미, 박주형, 정제영, 홍제남. (2017). 미래학교 체제 연구: 학습자 주도성을 중심으로. 수원: 경기도교육연구원.

홍정민. (2021). 에듀테크의 미래. 서울: 책밥.

Bennis. W., Nanus, B. (1985). The strategies for taking charge. Leaders, New York, NY: Harper & Row.

Shen, L., & Su, A. (2020). The changing roles of teachers with AI. In Revolutionizing Education in the Age of AI and Machine Learning (pp. 1-25). Hershey, PA: IGI Global.

OECD. (2019). Concept note: Transformative Competencies for 2030. Paris, France:

OECD.

교육부 블로그. (2017.12.04.). '21세기 역량 개념틀' 기반한 'OECD 교육 2030 프로젝트. https://blog.naver.com/moeblog/221155266506?trackingCode=blog_bloghome_searchlist (2024.09.08. 검색)

아시아투데이. (2024.08.26.). 세계 교육은 지금 혁신 중...디지털교육 대전환 '박차'. https://m.news.nate.com/view/20240826n28735 (2024.08.27. 검색)

한국대학신문. (2022.09.02.). [대학通] 서울대의 중장기 발전계획과 대학의 반성. https://news.unn.net/news/articleView.html?idxno=533175 (2024.08.03. 검색)

IT조선. (2019.10.26.). [AI ART, 예술의 의미를 묻다] ③두민 작가 "AI 아트, 예술인가 화가인가". https://it.chosun.com/news/articleView.html?idxno=2019102402997 (2024.09.07. 검색)

CHAPTER 2

스스로 질문하는 능력이
왜 중요할까요?

성도광 · 이태경

2장은 미래사회의 학생들, 그리고 그들과 함께할 예비교사 모두에게 '스스로 질문하는 능력'이 어떤 도움이 될지에 관한 논의를 담았습니다. 예비교사와 교실 속 학생들에게 질문하는 능력에 대한 의미를 살펴보고, 구체적으로 질문하는 방법을 알아봅니다. 그리고 질문이 있는 교실을 만들기 위해 교사의 역할을 정리해 보았습니다.

1 예비교사, 왜 질문해야 할까요?

 ### 1 들어가며

예비교사에게 도움이 되는 것은 무엇일까요? 이 질문에 대한 답을 떠올리는 일은 어렵지 않습니다. 예비교사로서 우리는 교육실습을 다녀오고, 교육봉사를 하며, 교원자격증 취득을 위해 학점을 이수하고, 학생 상담 및 디지털 리터러시 교육에 참여하며, 생성형 AI를 교육적으로 어떻게 활용할 것인지 고민하는 이 모든 과정들이 교사로서의 미래에 도움이 되는 것들이라 믿고 있습니다.

교사가 되기 위한 이 모든 준비 단계들은 결코 쉽지 않은 과정입니다. 특히 예비교사가 이 모든 것들을 알고 소화하여 충분히 내 것으로 만들기에는 현실적으로 무리가 있습니다. 즉 예비교사로서 나에게 도움이 되고 필요한 경험과 지식들을 접하게 되더라도, 그 모든 것들을 체화하는 것은 불가능에 가깝습니다. 이 지점에서 가장 먼저 등장한 질문은 형태를 바꾸게 됩니다.

"(대부분의) 예비교사에게 도움이 되는 것은 무엇일까?"

↓

"(대부분의) 예비교사에게 **확실하게 도움이**
되는 것은 무엇일까?"

무언가를 확실하다고 말하는 것은 어려운 일입니다. 그럼에도 불구하고 질문은 필연적으로 답을 찾는 과정을 동반합니다. 답을 찾기 위해서는 질문 자체에 대한 심도 있는 고민이 필요합니다.

'(대부분의) 예비교사에게'라는 질문의 전제는, 질문의 답변이 보편적으로 적용 가능해야 함을 의미합니다. 해당 저서는 예상 독자가 '일반적인 예비교사'이거나 교육에 관심이 있는 독자라고 가정하고 작성된 글이기 때문입니다. 그러나 시공간적 제약을 고려하여 모든 것을 할 수 없다는 점에서 추가된 '확실하게'라는 조건을 고려하면 답변의 범위를 조금 좁혀볼 수 있습니다.

그럼에도 불구하고, 답변의 범위는 여전히 광범위하고, 의견은 다양할 수 있습니다. 누군가는 교육현장 실습 경험이 가장 중요하고 확실하게 도움이 될 것이라고 생각할 수 있고, 다른 누군가는 대인관계 역량을 강화하는 것이 가장 확실하게 도움이 될 것이라고 생각할 수도 있습니다. 이러한 차이는 교직과 인간에 대한 관점의 차이에서 기인합니다. 현장 실습 경험이 중요하다고 생각하는 사람은 교육현장의 특수성을, 대인관계 역량 강화를 중요하다고 생각하는 사람은 여러 사람들과 소통할 일이 많은 교직의 특징을 중요하게 생각하였을 것입니다.

2장의 제목에서부터 눈치채셨겠지만, 저자가 이 질문에 대해 제시하고자 하는 답변은 '스스로 질문하는 능력'입니다. 스스로 질문하는 능력이 왜 예비교사에게 '확실하게' 도움이 되는 능력인지에 대해서 보다 자세히 이야기하고자 합니다.

2 예비교사가 마주하게 될 교육사회의 변화

예비교사로서 스스로 질문하는 능력을 검토하기 위해서는 예비교사가 마주하게 될 교육사회와 학교현장에 대한 이해가 필요합니다. 사회 전체에, 특히 교육현장에 수많은 변화가 일어나고 있다는 점은 누구에게나 자명한 사실입니다. 이러한 변화는 AI를 비롯한 핵심 기술의 발전을 동력으로 역사상 교육현장이 겪어왔던 다른 변화들보다 훨씬 빠르고 강력합니다. 이러한 변화에 개인이 교사로서 잘 적응하기 위해서는 변화의 주체가 될 필요가 있습니다. 이는 교육부에서 2024년부터 '교실혁명 선도교사'를 선발하고 육성하려는 정책 방향과 같은 맥락입니다. 변화의 주체가 되기 위해서는 변화를 인지하고 활용하여 도전해보는 것이 중요합니다. 이러한 과정에서 가장 중요한 것이 질문입니다. AI 디지털교과서의 도입이 어떤 장단점을 가지고 있을지, 내가 함께 해야 할 학생들에게는 이러한 변화가 어떻게 받아들여질지, 과목의 특수성이나 AI 디지털교과서의 장점을 잘 반영하고 있는지 등 여러 가지 질문을 통해 우리는 변화를 시도하고 점검하며 결국 스스로 변화의 주체가 될 수 있습니다.

또한, 학교현장은 수많은 학생들을 만나는 환경이라는 점에서 스스로 질문하는 능력이 더욱 강조됩니다. 사람의 수가 많아진다는 것은 필연적으로 변수, 즉 고려해야 할 점들이 더 늘어나는 것을 의미합니다. 100명의 학생 중 80명의 학생에게 좋은 영향을 미쳤던 자신의 결정도, 나머지 20명의 학생들에게는 효과가 없거나 부정적인 영향을 미칠 수도 있습니다. 모두를 완벽하게 만족시킬 수는 없겠지만, 실수나 부작용의 원인에 대해 질문하고 개선하는 과정은 반드시 필요합니다. 특히 현재의 학교현장에서는 교사 개인이 운영하거나 결정해야 하는 부분이 많은 만큼 스스로 질문하는 방법을 아는 것이 중요합니다.

3 우리는 스스로 질문하고 있나요?

따라서, 예비교사로서 우리는 스스로 얼마나 질문하고 고민하는지 점검해 볼 필요가 있습니다. 2024년 7월 교육부는 「2022년 개정 교육과정」, 디지털 기반 교육 혁신, 고교학점제 등을 통해 '교사가 이끄는 교실혁명'을 진행하고 있으며, 이를 위해 예비교사 단계에서부터 교사가 주체적으로 변화를 주도할 수 있도록 체계적인 역량 강화 지원이 필요함을 언급하였습니다. 교육현장에 어떤 변화가 필요하고, 그 속도와 방향은 어느 정도가 좋을지, 변화가 잘 이루어지고 있는지 등 교사가 스스로 고민하고 점검해야 할 점들이 점점 늘어나고 있는 것입니다. 한 인간으로서 삶을 잘 구성해나가기 위해서도 질문이 필요하지만, 교실 혁명의 주체, 즉 한 명의 교사로서 계속해서 질문해야만 합니다.

이처럼 변화와 관련된 질문을 할 때에는 당연하지 않은 것을 당연하게 보고 있지는 않은지 질문하는 것이 중요합니다. 'AI와 디지털 매체를 교육에 활용하는 것이 당연한 것인가?' 이러한 질문에 대한 완성된 답은 존재하지 않습니다. 모든 교사가 스스로 질문하고 자신만의 답을 찾아갈 수 있길 바랍니다.

 학생들은 스스로 질문하고 있나요?

1 학생들이 마주하게 될 사회의 변화

스스로 질문하는 능력은 예비교사뿐만 아니라, 학생들에게도 중요한 역량입니다. 인터넷과 생성형 AI의 발달로 우리는 이미 지식의 생산자가 아닌, 소비자의 위치에 익숙합니다. 전국 모든 학교의 급식 메뉴나, 날개 없는 선풍기의 작동 원리 같은 정보도 언제든지 바로 접근할 수 있는 것처럼, 우리는 궁금한 것이 있다면 언제 어디서나 원하는 정보에 접근할 수 있습니다. 하지만 그만큼 잘못된 정보나, 허위 정보도 많이 증가하였습니다. 이런 사회에서 우리는 지식의 단순 소비자가 아닌, 구성자로서의 지위를 유지해야 합니다. 즉 교육은 질문할 수 있는 능력과 질문하려는 태도를 모두 갖추고 지식을 재구성할 수 있는 능력을 제공해야 합니다(이기재, 2019). 학생들은 과연 이러한 교육을 제공받고, 스스로 질문하는 삶을 살아가고 있을까요? 교육현장은 학생들에게 스스로 질문하는 삶을 살아가도록 돕고 있을까요?

② 학생들은 스스로 질문하고 있나요?

학습자가 질문자로 여겨져 온 역사는 오랜 과거로부터 이어집니다. 서양 철학의 창시자로 불리는 고대 그리스의 철학자인 소크라테스는 문답법(산파술)을 활용한 대화법으로 유명합니다. 그는 수많은 제자들로부터 존경받는 스승이었지만, 제자들에게 일방적으로 지식을 흡수하도록 하기 보다는, 그들이 직접 질문에 대한 답을 찾아가도록 하였습니다. 고대 그리스부터 시작된 학생들이 질문하는 교육 문화는 유대인의 하브루타 학습법으로 이어집니다. 하브루타는 히브리어로 '친구'를 뜻하는 '하베르(Haver)'라는 단어에서 유래하였으며, 친구와 질문을 주고받으며 토론을 통해 답을 찾아가는 소통과 과정 중심의 교육법입니다(심재민, 2024). 소크라테스식 대화법은 학생들이 다양한 질문에 노출되도록 유도했다면, 하브루타 학습법은 학생들이 자연스럽게 질문을 도출해내도록 유도합니다.

하브루타 학습법은 특히 우리나라에서 큰 관심을 받았습니다. 교육을 통해 아주 적은 인구로도 세계적인 인재를 대거 양성한 유대인의 역사는, 특유의 교육열로 빠른 성장을 이룩한 유사한 역사를 가진 우리나라 교육계에 아주 흥미로운 선례였을 것입니다. 이러한 관심은 그저 하부르타 학습법의 유행에 그치지 않고 구체적 정책으로 이어졌습니다. 서울특별시교육청의 「2016년 주요업무계획」으로 시작된 '질문이 있는 교실'이 바로 그 예시입니다. 이 정책은 경쟁과 소외에서 벗어나 정답추구의 학습을 지양하고, 함께 탐구하고 질문하는 과정에서 흥미를 찾는 능동적 배움 추구, 학생 참여 중심수업을 지향합니다(신혜진, 2016). 저자가 계속해서 강조한 것과 같이 스스로 질문함으로써 시작하는 교육을 목표로 하는 이 정책은 전국 11개 교육지원청 차원에서도 받아들여져 수업, 평가, 교원 연수 등 학교의 다양한 구성요소에 영향을 끼쳤습니다. 그러나 서울특별시교육연구정보원 교육정책연구소에 의해 이 정책의 실제적인 추진 여부를 확인한 결과, 정책과 현실에는 조금의 차이가 있었습니다. 전체적으로 고등학교 교사들이 중학교 교사들보다 수업에서의 질문 활용에서 훨씬 더 많은 어려움을 겪고 있었으며, 특히 과정 중심 평가 등 다양한 평가 요소의 활용이 가장 미흡한 상황이었습니다. 즉 우리 사회에서 교육의 가장 궁극적인 목표로 여겨지는 평가의 거대한 영향력하에서, 교실 속 학생들은 질문하는 과정에 온전히 몰입하기 어려운 상황임을 확인할 수 있었습니다.

'질문이 있는 교실' 정책이 언급된 지 10년이 지난 지금도 여전히 우리는 학생이 주도하는 수업의 필요성을 이야기하고 있습니다. 그렇지만 그 논의는 결국 공정한 평가 방식은 무엇인가, 효율적인 입시 제도는 무엇인가에 대한 논의에 묻혀버리곤 합니다. 학생들은 계속해서 질문하는 방법보다는 질문에 대한 답에 더 많은 관심을 가집니다.

 ## 3 질문이 있는 교실

그럼에도 불구하고 교사들은 계속해서 질문하고, 학생들이 질문할 수 있는 교실을 만들어가야 합니다. 위에서 언급한 서울특별시교육연구정보원의 정책연구(2016)는 교과목별, 학교급별 차이를 구체적으로 보여주고 있습니다. 영어 교과의 경우 타 교과에 비해 논술형 평가의 활용도가, 수학 교과의 경우 집단 프로젝트의 활용도가 높게 나타나는 등 각각 교실마다의 특색 있는 모습으로 질문하는 교실이 만들어지고 있었습니다. 개별 교실현장의 구체적인 모습은 모두 다르더라도, 개별 교사의 질문과 고민이 쌓여 각각의 고유한 질문이 있는 교실을 만들어갈 수 있는 것입니다. 학생들이 스스로 질문할 수 있도록, 교사 먼저 스스로 질문해야 합니다.

물론 질문이 있는 교실을 만들어가는 일은 교사 혼자만의 힘으로는 어려운 일입니다. 김미정(2017)은 광주광역시교육청 소속 교원들을 대상으로 '질문이 있는 교실' 정책에 대한 인식을 조사한 결과로 수업연구 시간의 확보, 행정 업무의 축소, 수업중심의 업무 재구조화, 수업 컨설팅 지원, 학교 환경의 개선 등 다양한 정책적 지원이 필요함을 지적하였습니다. 이런 정책적 지원이 부족한 상황에서도 질문이 있는 교실을 만들어가는 시작점은 결국 교사입니다. 또한 교사를 도울 수 있는 존재 또한 교사입니다. 광주광역시교육청은 '질문이 있는 교실' 정책의 구현을 돕기 위해 교원 수업나눔운동을 기획하여, 교사들이 질문이 있는 교실의 구성에 있어 겪는 어려움을 공유하고 교육과정 재구성 역량을 함양할 수 있는 기회를 제공하였습니다. 더하여 교육부 차원에서도 교사 개개인이 만든 양질의 수업 자료 및 수업 혁신 아이디어를 전국적으로 공유할 수 있는 기회를 제공하기 위해 '수업 나눔 광장'을 마련할 계획을 밝히기도 하였습니다 (교육부, 2024). 개별 교실현장의 구체적인 모습이 모두 다르다는 것은 결국 개별 교사의 질문과 고민이 쌓여 각각의 고유한 질문이 있는 교실을 만들어갈 수 있다는 뜻이기도 합니다. 학생들이 스스로 질문할 수 있도록, 교사가 먼저 자신만의 질문하는 교실을 만들어야 합니다.

❸ 예비교사의 질문법: 어떻게 질문해야 할까요?

2절에서 언급한 것과 같이, 언제 어디서나 원하는 정보에 접근할 수 있는 시대에 단순한 정보추구형 질문만으로는 성장할 수 없습니다. 그렇다면 우리는 어떤 방식으로 질문을 구성해야 하는 걸까요? 질문을 구성하는 가장 기본적인 관점을 통해 예비교사는 어떻게 스스로 질문해야 하는지, 학생들에게는 어떻게 스스로 질문하도록 할 수 있을지 살펴봅시다.

❶ 메타인지 활용하기

본질적으로 질문은 '내가 모르는 것'에 대해 알고자 구성하는 것입니다. 소크라테스는 '나는 내가 아무것도 모르는 것을 안다'는 뜻인 [무지의 지]라는 개념을 통해 당대 다른 지식인인 소피스트들과의 논쟁에서 승리를 거뒀습니다. 내가 '모르는 것'이 무엇인지 아는 것은 내가 '아는 것'이 무엇인지 아는 것보다 더욱 어려운 일이기 때문입니다.

소크라테스가 이야기하는 '무지의 지'가 바로 현대의 메타인지입니다. 질문의 구성에 메타인지를 활용하는 것은 보통 자연스럽게 이루어집니다. 예를 들어, '껄끄럽다'라는 표현을 처음 본 학생은 자신이 이 단어의 의미를 모른다는 것을 자연스럽게 알게 됩니다. 이는 바로 '이게 무슨 뜻이지?'라는 질문을 형성하게 되고 주변 친구들이나 교사, 학습자료를 통해 여러 예시 상황을 접하고 상상하며 '아, 이런 상황에서 겪는 감정을 껄끄럽다고 하는구나' 하고 알게 됩니다. 질문은 내가 무엇을 모르는지를 아는 것에서 시작하게 됩니다.

㉛ 새로운 관점 활용하기

앞서 언급했듯이 내가 모르는 것이 무엇인지 아는 것은 중요합니다. 하지만 이를 알아채는 것은 대단히 어렵습니다. 많은 사람들, 특히나 가르치는 입장에 흔히 놓이는 교사 및 예비교사 혹은 부모들은 학습자가 자신보다 못하거나, 모르는 것이 있고 이를 알려줘야 한다고 생각하기 쉽습니다. 자신이 잘 모르는 것에 대해서 알아차리기도, 인정하기도 대단히 어려운 위치에 있는 것이죠.

내가 모르는 것이 무엇인지 알기 쉬운 방법이 있습니다. 해당 내용을 잘 모르는 누군가에게 자세히 설명하거나 내가 잘 알고 있다고 생각하는 분야와 전혀 다른 분야의 사람들과 대화하는 것입니다. 이러한 과제를 무사히 수행하기 위해서는 가장 기본적인 용어나 표현부터 다시 점검하여 설명하는 과정이 필요합니다. '1+1=2'라는 내용을 설명하기 위해서 '하나'라는 개념을 왜 1로 표현하는지부터 다시 고민해야 하는 것과 같은 이치입니다. 내가 알고 있다고 생각하는 분야에 대해 전혀 모르는 사람에게 설명하는 것은 무척이나 어렵지만, 그렇기에 나에게 그동안 보지 못했던 새로운 관점을 제시해줄 수 있습니다.

앞서 소개한 것과 반대로, 내가 알고 있다고 생각하는 분야에 대해 매우 잘 아는 사람과 대화하는 것도 내가 모르는 것이 무엇인지 아는 방법이 될 수 있습니다. 관습적인 교사-학생 간 학습을 위한 대화가 이와 같은 방법으로 진행됩니다. '비유'라는 표현법만 아는 학생에게 직유법과 은유법을 구분할 수 있게 설명해주는 상황이 대표적인 예시가 될 수 있습니다. 하지만 예전에는 교사나 부모가 담당했던 설명의 영역이 현재는 인터넷 혹은 AI에 의해 대부분 대체되고 있습니다. AI는 누구보다 빠르고 정확하게 직유법과 은유법의 차이를 설명해줄 수 있습니다.

마지막으로 교사가 지식과 관련된 질문이 아닌, 자신이 구성한 고민이나 그 고민의 과정을 공유하는 것도 하나의 방법이 될 수 있습니다. 양성평등을 위한 대책에 대해 고민하는 교사가 이러한 질문에 고민해볼 수 있도록 수업이나 활동을 구성하는 것이 그 예시입니다. 이는 학생이 고민할 수 있도록 기회를 제공하기는 하지만 스스로 구성한 질문은 아닙니다. 교사는 이러한 질문의 답을 고민할 기회를 충분히 제공하면서도, 학생이 스스로 새로운 질문을 구성할 수 있도록 독려해야 합니다.

③ **질문하는 수업: 개념기반 탐구 학습**

지금껏 소개한 질문하는 방법들은 다소 거시적인 방법들입니다. 보다 구체적인 수업 방법으로, 최근 2022 개정 교육과정 및 국제 바칼로레아(IBO)의 교수·학습 방법으로써 주목을 받고 있는 개념 기반 탐구학습을 소개하고자 합니다.

개념 기반 탐구학습에서 말하는 '개념'이란 단편적인 지식이나 사실들의 집합으로서, 더 나은 방향으로 확장 가능성을 가집니다. 따라서 개념 기반 탐구학습에서는 사실을 습득하기 위한 질문, 호기심을 촉진하기 위한 질문보다도 개념적 질문, 즉 학생들의 탐구를 촉진하고 새로운 상황으로의 전이를 가능하게 하는 질문이 중요합니다(노진규 & 강현석, 2022). 이를 활용한 수업에서의 교사는 지식과 사실을 정확하게 전달하는 것보다도, 어떻게 학생들에게 맥락에 적합하며 탐구를 이끌어낼 수 있는 질문을 제시하여 다양한 상황에서 핵심 개념을 적용할 수 있을지를 고민해야 합니다. 학생들은 스스로 단원의 '빅 아이디어'를 발견하고, 그를 중심으로 개념 간의 관계를 이해하고 전이할 수 있어야 합니다(정민수, 2024). 2022 개정 교육과정에서 강조하는 '깊이 있는 학습'은 단순히 사실을 전달하고 습득하는 과정에 멈추는 것이 아니라 습득한 정보를 실제 학생들의 삶에 적용할 수 있는 전이 가능한 수업을 말한다는 점에서 개념 기반 탐구학습과의 연결고리를 가집니다(조호제 외, 2024).

Marschall와 French(2018)가 제시한 개념 기반 탐구학습 모델은 '관계 맺기, 집중하기, 조사하기, 조직 및 정리하기, 일반화하기, 전이하기, 성찰하기'의 총 7개 단계를 거칩니다. 구체적으로 K광역시 A초등학교 2학년 학생들을 대상으로 2주간 5차시에 걸쳐 진행된 메타버스 연계 SW 수업에서의 활용 사례를 통해 개념 기반 탐구학습의 5단계를 구체적으로 소개하고자 합니다(강설주, 2023).

① 관계 맺기

'관계 맺기'는 학생들의 지적, 감정적 참여를 유도하기 위해서 학생들의 질문을 유도하며 사전 지식을 끌어내는 과정입니다. 실제 사례에서 학생들은 메타버스 환경에서 인공지능을 체험하는 단계에서부터 시작합니다. 이 과정에서 학생들의 사전 경험과 관련한 질문을 유도하여 인공지능과 데이터에 대한 지식을 촉진합니다.

② 집중하기

'집중하기'는 본격적으로 개념 형성을 위한 단계로, 학생들이 주도적으로 개념을 이해할 수 있도록 관련 예시를 제공하는 등의 과정을 거칩니다. 실제 사례에서는 인공지능의 기초원리인 '인공지능은 데이터를 기준으로 생각하고 행동한다'는 원리를 배우고, 이를 기반으로 '인공지능은 여러 데이터를 종합하여 생각하고 행동한다'는 확장적 이해로 나아가며 인공지능에 관한 개념을 잡을 수 있게 됩니다.

③ 조사하기

'조사하기'는 '집중하기'에서 형성한 개념과 관련한 사례 및 연구를 더 알아보는 탐구 및 조사활동을 중심으로 이루어집니다. 실제 사례에서, 학생들은 '집중하기' 단계의 수업에서 직접 수집한 데이터를 인공지능에 적용시켜 봄으로써 인공지능의 기초원리를 좀 더 직관적으로 이해하게 됩니다.

④ 조직 및 정리하기

'조직 및 정리하기'는 앞선 단계들에서 살펴본 구체적 사례들 속에 존재하는 일반적 패턴들을 살펴보면서 개념적 수준의 이해로 뻗어나가는 단계입니다. 실제 수업 사례에서 학생들은 이전 수업 차시들에서 직접 인공지능과 데이터에 대해 쌓은 구체적 경험에 기반하여 '우수한 인공지능을 만들기 위해 어떤 부분에 유의해야 할까'를 주제로 토의를 진행하며 인공지능에 대한 사실적 이해를 넘어 개념적 이해에 도달할 수 있도록 하였습니다.

Marschall와 French의 7단계 모델에 의하면 '일반화하기', '전이하기', '성찰하기' 단계까지 수업을 이어나갈 수 있지만, 위의 사례에서는 1~5단계를 활용하였습니다. 이와 같이 구체적인 실현 방식은 각 교과의 특성, 수업의 목적, 외부적 요인(수업 시수, 학사 일정 등)에 따라 달라질 수 있습니다. 이 또한 교사가 스스로의 수업에 대해 질문하고, 학생들에게 어떻게 질문할지 고민하고 스스로 답을 찾아가는 과정에서 달라지는 것입니다. 좋은 질문을 하는 것도, 질문의 물음표를 찍을 수 있는 것도 오로지 자기 자신뿐입니다.

④ 어떤 교사가 질문하는 학생을 키울 수 있을까요?

예비교사로서 스스로 질문하는 것도 중요하지만, 학생들 또한 스스로 질문하는 능력과 태도를 갖출 수 있도록 촉진해야 합니다. 단순히 나의 질문과 과정을 공유하는 것만으로 학생들이 질문할 수 있을까요? 질문하는 학생을 길러내기 위해서는 어떤 교사가 되어야 할까요? 이에 대한 답을 찾기 위해서는 자신이 질문을 구성할 때 외부 환경이나 타인에게 어떤 영향을 받는지 살펴볼 필요가 있습니다.

인간은 같은 내용의 메시지를 전달받더라도, 그 전달자가 누구인지에 크게 영향을 받습니다. '서울 집값이 상승한다'와 같은 메시지를 정부 관계자, 부동산 전문가, 경제 유튜브, 주변 친척 등 다양한 전달자가 전할 수 있지만 상대방이 지각하는 신뢰도는 크게 달라지는 것이 대표적인 예시입니다. 이러한 인간의 지각적인 특성을 기반으로 생각해보면 '전달자의 신뢰도'가 가지는 중요성을 알 수 있습니다. 학생들이 질문하는 능력과 태도를 갖출 수 있도록 돕기 위해서 혹은 최소한 학생들이 잠시라도 질문을 떠올릴 수 있게 하기 위해서, 교사는 학생들에게 신뢰할 수 있는 사람이 되어야 합니다. 성공적인 심리 상담을 위해서는 반드시 우호적인 라포(관계) 형성이 필요하듯이 교사-학생 간의 상호작용을 위해서도 안정적인 관계 형성이 필요합니다. 즉, 신뢰 관계를 형성하는 것이 교사가 학생의 질문을 촉진할 수 있도록 하는 시작점입니다.

지금까지 예비교사의 입장에서 보는 '스스로 질문하는 능력'에 대한 이야기였습니다. 3장부터는 교육이 마주한 변화에 대해 다른 저자들이 질문의 형태로 여러 정보와 관점을 제시하는 내용이 이어집니다. 각 장에서 다루고 있는 주제에 대해 스스로 어떤 질문을 하고 있는지, 또 어떤 새로운 질문을 구성할 수 있을지 고민하며 읽어보시면 내용을 자신의 것으로 체화할 수 있을 것입니다.

5 토론

앞에서 다룬 것과 같이 정답보다 질문에 집중하는 수업의 필요성을 충분히 느낀다 할지라도, 기존의 방식에서 벗어나기는 쉽지 않습니다. 특히 매일매일 수업, 행정업무, 생활지도 등 수많은 일들을 처리해야 하는 교사에게는 질문하는 수업으로의 변화는 시간적으로도, 체력적으로도 도전일 것입니다.

아래 이OO 교사의 예시는 교사라면 누구나 한 번쯤 처하게 될 수 있는 상황입니다. 이러한 상황에서 우리는 교사로서 스스로에게 어떤 질문을 할 수 있을지, 또 학생들에게는 어떻게 질문하도록 촉진하는 수업을 할 수 있을지에 대해 함께 생각해봅시다.

사례

고등학교 영어 교사인 이OO 교사는 올해로 교직에서 10년째 일하고 있습니다. 학생들을 능동적으로 수업에 참여시키며 학생들이 즐거워하는 수업을 만들고 싶지만, 막상 눈앞에 닥친 중간고사 일정을 생각하면 시험범위 진도를 나가기에 급급할 뿐입니다. 분명 초임 교사 시절에는 학생들이 주도하는 참여형 수업을 적극 활용하곤 했는데, 고등학생들을 대상으로 한 수능 영어 지문 중심 수업을 많이 맡게 되자 자신이 일방적으로 강의하는 시간을 줄이기가 쉽지가 않습니다. 칠판 앞에 서서 강의할 때 꾸벅꾸벅 조는 학생들, 상담에서 '그냥 선생님이 답만 빨리빨리 알려주고 넘어가시면 좋겠다'고 말하는 학생들을 보면 교사로서 자신의 자격이 부족하기만 한 느낌입니다.

참고문헌

교육부. (2024). 2024년도 교원양성과정 개선대학 지원 사업 기본 계획. 세종: 교육부.

강설주. (2023). AI 인식 개선을 위한 메타버스 연계 개념 기반 탐구학습 프로그램의 개발 및 적용. [석사학위, 대구교육대학교 교육대학원].

김미정. (2017). 수업혁신정책에 대한 교원의 인식 분석: 광주광역시교육청 "질문이 있는 교실" 정책사례 중심으로. [석사학위, 한국교원대학교 교육정책전문대학원].

노진규 & 강현석. (2022). 창의성 교육에서 개념 기반 탐구학습의 재개념화. 교원교육, 38(5), 147-166.

백희정. (2023). 질문에 대한 질문들 : 생성형 인공 지능 시대, 지식의 창조자가 되는 법. 노르웨이숲.

신혜진. (2016). '질문이 있는 교실' 정책: 학생 중심 수업. 서울교육 이슈페이퍼, 66(256).

이재기. (2019). 질문 그리고 읽기 전략으로서의 국어 교과서 '날개'분석-중학교 국어 교과서 읽기 단원을 중심으로. 청람어문교육, 69, 77-114.

정민수. (2024). 개념기반 역량혁성 수업의 단원 설계 실행연구. 학습자중심교과교육연구, 24(15), 239-263.

조호제, 김정윤, 김혜숙, 박은하, 박일수, 백혜조, 이지은, 임유나, 임재일, 최한올, & 한진호. (2024). 개념기반 수업, 이렇게 한다!. 박영스토리.

Marschall, C., & French. R. (2018). Concept based inquiry in action: strategies to promote transferable understanding. Corwn.

대한민국 정책브리핑. (2024.03.11.). 교사가 이끄는 '교실 혁명'... 혁신 리더 교사 100명 선발한다. https://www.korea.kr/news/policyNewsView.do?newsId=148926867&call_from=naver_news (2024.08.31. 검색)

시선뉴스. (2024.06.10). 질문에서 답을 찾는 '하브루타'... 유대인 전통교육이 '챗GPT'와 유사한 이유. https://www.sisunnews.co.kr/news/articleView.html?idxno=211411 (2024.08.31. 검색)

CHAPTER 3

앎과 삶의 연결고리 문해력,
어떻게 기를 수 있을까요?

장예서 · 최하늘

영화 아바타에서 두 남녀 주인공이 "I see you"라고 말하는 부분이 있습니다. 이는 '나는 당신을 봅니다'로 해석되지만, '보다'라는 단어 안에는 더 다양하고 복합적인 의미가 내포되어 있답니다. 아마도 '나는 당신의 내면, 본질을 안다'는 의미일 것입니다. 문해력도 마찬가지입니다. 단지 '글'을 읽고 쓰는 것이 아닌 '삶'을 읽고 쓰는 것이 바로 문해력입니다. 낱말의 의미를 조합하고, 문장을 이해하고, 문맥을 읽으면 맥락을 알게 되면서 점차 세상을 읽게 됩니다. 나의 삶을 제대로 이해하기 위해서 꼭 필요한, 앎과 삶을 연결해주는 문해력에 대해 알아봅시다.

❶ 문해력은 읽고 쓰는 것만을 의미할까요?

최근 '문해력'이라는 말을 많이 들어보셨으리라 생각합니다. 문해력이 중요하다고 얘기하지만, 정확히 문해력이 무엇인지 설명하는 사람은 드물지요. 이 장에서는 문해력의 개념과 필요성에 대해서 살펴보도록 하겠습니다.

① 문해(literacy)의 개념

단순히 읽고 쓰는 능력을 문해력이라고 알고 계신 분들이 많습니다. 그래서 문해력은 국어 교사가 책임지는 영역이라고 생각하실 수 있습니다. 물론 문해력이 읽고 쓰는 능력인 것은 맞지만, 그 능력만을 문해력으로 지칭하기에는 문해력이라는 단어에는 많은 의미가 내포되어 있습니다. 문해력은 'Literacy'라는 영어 단어에서 출발했습니다. 처음에는 문식성(文識性)이라는 말로 사용되다가 문해력(文解力), 문식력(文識力), 그리고 영어 단어의 발음을 그대로 가지고 와 리터러시라는 용어로도 사용되고 있습니다. 국어 교육학 사전에서는 문해력을 의사소통을 목적으로 하는 문자 언어의 사용 능력, 즉 모어를 읽고 쓸 수 있는 능력을 가리킨다고 정의합니다. 여기서 읽고 쓸 수 있는 능력이란 자소를 음소로, 음소를 자소로 바꾸는 최소한의 능력을 의미하는 것이 아니라 읽기와 쓰기의 활용에 대한 심적 경향이나 사고방식까지를 포함하는 것이며, 문자 언어로 된 메시지를 단순히 받아들이고 해석하는 것이 아니라 능동적이고 자율적으로 메시지를 생성해 내는 것까지를 포함하는 개념으로 보고 있습니다. 리터러시는 〈표 3-1〉에서 확인할 수 있듯이 이 분야를 공부하는 사람들에게도 정확한 정의를 받아내기 힘든 만큼 복잡하고 다층적인 의미를 지니고 있습니다.

표 3-1 │ 문해력의 개념

구분	개념 정의
노명완 (2008)	– 글을 배워 알고 더 나아가 이를 활용하여 지식과 정보에 접근하고 이를 분석 · 평가 · 소통하며 개인과 사회의 문제나 과제를 해결하는 능력
김태은 외 (2019)	– 한글 해독, 기초 어휘력, 복합 매체의 생산과 수용, 구두 언어의 이해와 표현 등 초등학교 저학년 수준의 이해 능력
OECD (2023)	– 미래 사회에서 학생이 지녀야 할 가장 중요한 역량 – 다양한 형식의 문자 시각적 정보 등을 이해하며 해석하는 능력

출처: 이연정(2024: 321).

그러나 이렇게 다양한 범주의 정의에도 불구하고 부정할 수 없는 사실은 문해력은 읽고 쓰는 완결된 능력이 아니라 그 의미가 움직이고 있다는 것입니다(이연정, 2024). 문맹의 시기가 지나가면서 읽는다는 것은 단순히 글자의 음을 아는 것이 아닌 뜻을 헤아리고 내용을 파악하고 나아가 이해하고 짐작하는 영역으로 발전했습니다.

따라서 문해력은 '스스로 의미를 구성하는 능력'이라고 볼 수 있습니다. 브라질의 교육사상가인 파울로 프레이리(Paulo Freire)[4]의 문해 교육의 핵심은 글 읽기와 세계 읽기를 동일 선상에 두는 것입니다. 글을 읽는 행위가 글자를 알고 활용하는 기능적인 일이 아니라 세계를 읽고 주체적으로 재창조하는 것이라고 주장합니다. 그러니 문해력은 단순히 읽고 쓰기가 아닌, 생각하고 실천하는 영역도 포함하고 있다는 것을 강조하고 싶습니다. '실천하기'는 모든 삶에서 이루어지는 행위입니다. 어떤 대상을 실천하기 위해서는 필요한 지식을 총동원하고 정확하게 수행하기 위해 분석하고 전략을 짜게 됩니다. 이렇듯 다양하고 복잡한 인지적 사고를 종합하고 확장하는 것에 필요한 것이 바로 '문해력'입니다.

 2 문해 개념의 확장

요즘 들어 디지털 리터러시, 과학적 리터러시, 비판적 리터러시와 같이 리터러시 앞에 어떠한 대상이 붙어 '(대상)리터러시'라는 단어가 많이 사용되고 있습니다. 여러 대상에 '리터러시'라는 단어가 선택되어 사용된다는 것은 각 전공 영역에서 필요한 리터러시가 존재한다는 것이고 문해력의 개념이 점차 확장하고 있음을 짐작할 수 있습니다. 조병영의 〈읽는 인간 리터러시를 경험하라〉에 따르면 '(대상)리터러시'는 대상을 특정한 방식과 내용으로 '읽고 쓰고 생각하고 실천하는 것'이라고 보고 있습니다. 디지털 리터러시는 디지털을 읽고 쓰고 생각하고 실천하는 것이 되겠고, 과학적 리터러시는 과학을 읽고 쓰고 생각하고 실천하는 것이 되겠죠. 비판적 리터러시의 경우에는 비판적 사고를 위해 읽고 쓰고 생각하고 실천하는 것입니다. 다음 〈표 3-2〉를 함께 봅시다. 위에서 소개한 리터러시와 그 외의 다양한 분야의 리터러시의 의미를 좀 더 풀어서 설명한 것입니다.

---

4 Paulo Freire, 1921.09.21.–1997.05.02.
　　브라질 교육학자로 문해 교육에 관심을 가지고 교육 운동 및 연구를 진행함.

표 3-2 │ 다양한 분야의 리터러시

구분	개념 정의
디지털 리터러시	안전하면서도 생산적이며 창의적이고 혁신적인 디지털 삶을 살기 위하여 다채로운 텍스트를 읽고 쓰고 공유하는 것
비판적 리터러시	텍스트의 기능적 이해를 넘어 텍스트 이면에 감추어진 저자의 의도, 동기, 목적 등을 따져가며 읽고 쓰고 판단하는 것
과학적 리터러시	과학적 지식을 가지고 과학을 '하기' 위해 필요한 것들, 예를 들면 관찰, 사례, 조건, 원리, 논증, 해석 등에 관하여 일상에서도 학문적으로 읽고 쓰는 것
미디어 리터러시	다양한 미디어 텍스트를 경험하면서 현명한 미디어 사용에 요구되는 지식, 역량, 태도를 공부하고 토론하고 실천하는 것
직업 리터러시	직무 수행 맥락에서 문서 작성을 위한 정보 탐색 목적의 상호작용, 문서 계획 및 업무시간 조절, 타인과의 협력, 접근성 및 가독성을 고려하여 편집하기, 피드백하기, 컴퓨터 기술 활용하기, 발표하기와 같은 여러 기능을 포함한 것
시민 리터러시	시민에게 필요한 관점, 역량, 태도 등을 비판적으로 읽고 쓰고 실천하는 것

출처: 조병영(2021), Spilka(1993).

이렇듯 각 교과, 각 전문 영역마다 필요한 리터러시가 존재합니다. 그렇기에 자연스럽게 리터러시는 학생들의 학습 및 삶에 맞닿아 있으며 문해력 신장이 아주 중요하다는 점을 확인할 수 있습니다. 단순히 독서를 잘하기 위함이 목적이 아닌 주체적으로 삶에 필요한 정보를 얻고, 사용함에 목적이 있기에 과목에 상관없이 교사라면 누구나 문해력 신장에 관심을 가질 필요가 있습니다.

문해력은 학습 도구어를 아는 것에서 나아가 지식을 바탕으로 문제를 이해하고 표현하고 싶은 것을 일련의 인지 과정을 거쳐 종합하는 능력으로 볼 수 있습니다. 또한, 원만한 학습 외에도 핵심적인 의사소통 수단으로서 미래 사회에서 요구되는 핵심역량과도 크게 맞닿아있습니다. OECD Education 2030에서 선정된 핵심역량에는 기초 문해력, 의사소통능력, 문제해결능력, 자기주도적 학습능력, 시민의식 등이 있습니다. 앞으로 살아가기 위해 꼭 필요한 핵심역량에 문해력이 포함될 만큼 그 중요도가 매우 높다는 것을 다시 한 번 알 수 있습니다. 아주 단순하게 "문해력을 지녀야만 '잘' 살아갈 수 있어요!"라고 직설적으로 말할 만큼 문해력은 정말 중요한 역량이라는 것입니다.

'잘'이라는 추상어를 단계적으로 설명하자면 다음과 같습니다. 각 교과에서 필요한 지식을 잘 사용하기 위해서는 잘 사고할 수 있어야 합니다. 잘 사고하기 위해서는 잘 읽어야 하고 잘 읽은 것을 잘 표현하기 위해서는 잘 말하고 잘 쓸 줄 알아야 한다는 것입니다. 아무리 지식이 많다 한들, 이를 생활에서 사용할 수 없다면 결국 죽은 지식에 머물고 해당 과목에 대한 역량을 지니고 있다고 할 수 없을 것입니다. 결국, 지식과 정보를 읽고 해석하기 위해서는 기초적 역량인 문해력이 기반되어야 하며, 모든 과목에 필요한 가장 기초적인 이해 능력으로 학습 능력을 좌우한다는 점에서 문해력의 중요성을 확인할 수 있습니다. 또한, 삶의 적용 단계로 나아가기 위한 다리 역할이 문해력이라는 점에서 무엇이든 깊이 있게 알아가기 위해서는 문해력이 꼭 필요하다는 사실을 알 수 있습니다.

3 오늘날의 문해

글자를 읽고 내 생각을 쓰는 행위 그 이상으로 주체가 무엇인가에 관심을 두고 그것을 알아가기 위해 다양한 정보 사이에서 무분별한 정보를 골라내어 필요한 정보만을 얻어 이해하고, 그 정보를 삶의 한 부분에서 사용하면서 자연스럽게 내 사고를 표출하는 것, 이것이 바로 문해력을 설명할 수 있는 내용이 아닐까요?

단순히 글자를 읽고 쓰는 능력이 문해력이 아니라는 것을 다시 한 번 강조하고 싶습니다. 위에서 언급한 대로 다양한 대상을 읽고 쓰는 것, 깊이 있게 알아가는 것, 그리고 앎과 삶을 연결하는 것이 바로 문해력이라는 사실을 알고 나면 우리가 마주할 아이들의 문해력 교육이 얼마나 중요한지를 알 수 있을 것입니다.

2 지금 우리 아이들의 문해력, 괜찮을까요?

그렇다면 우리가 마주할 아이들의 현 문해력 주소는 어디쯤일까요? 최근 문해력에 관심이 많았던 선생님들이라면 문해력 저하가 심각하다는 사실을 알고 계시겠지요. '조짐(兆朕)'이란 말의 뜻을 물어보았더니 차마 부끄러워서 그 뜻을 이야기하지 못하겠다며 비속어를 떠올리던 학생이 있었습니다. 우리 아이들의 문해력, 이대로 괜찮을까요?

기초학력으로서의 문해력

표 3-3 | 연도별 국어 영역 기초학력 미달률

연도 \ 구분	2016	2017	2018	2019	2020	2021	2022
중학교[5]	2.0	2.6	4.4	4.1	6.4	6.0	11.3
고등학교[6]	3.2	5.0	3.4	4.0	6.8	7.1	8.0

※ 저자가 교육부(2016~2022)의 국가수준학업성취도평가 결과 일부를 발췌 및 정리.
출처: 교육부(2016~2022).

위의 표를 보시면, 점점 늘어나고 있는 국어과의 기초학력 미달률을 확인할 수 있습니다. 특히, 코로나 팬데믹 이후 교육결손으로 급격하게 기초학력 미달률이 증가했음을 확인할 수 있습니다. 국가수준학업성취도평가가 문해력을 진단하는 기준은 아니지만, 국어 영역에서 다수의 문해력을 측정할 수 있는 문항들이 존재하기 때문에 문해력의 실태와 추이를 파악하는 데 중요한 결과를 제공합니다. 또한, 2021 포스트코로나 시대 세대별 인식 및 문해력 관련 조사(마크로밀엠브레인, 2021)[7]에 따르면 실제로 저연령층의 경우 어휘력 부족을 느끼는 경우가 많고[8] 이에 따라 주변인과 소통하거나 문서를 작성할 때도 어려움을 겪는 모습을 보인다고 밝혔습니다.

기초학력의 요소에는 '읽기, 쓰기, 셈하기' 세 가지가 있는데요. 이는 학습을 위해서 필수적이면서 가장 기본적인 지식입니다(이규호, 2022). 기초학력은 인간다운 삶을 살아가는 데 필요한 최소한의 기본적인 학습능력을 의미하며, 이 기초학력의 핵심 요소 중 하나가 바로 읽기, 쓰기와 관련된 '문해력'입니다. 이때의 문해력은 최소 문해력으로 기능적으로 글을 읽고 쓰는 문해력에 해당합니다. 최소한의 역량으로서의 문해력이 중요하다는 사실로 미루어 보았을 때 기초학력으로서의 문해력은 아이들의 학습, 앞

---

5 평가범위: (국어) 중1~2 전 과정, 3학년 1학기 과정

6 평가범위: (국어) 범교과 소재

7 총 1000명을 대상으로 진행한 온라인 조사이며, 10대 38명. 20대 285명, 30대 207명, 40대 182명, 50대 218명, 60대 70명으로 이루어져 있음.

8 '나는 평소 어휘력이 부족하다고 생각한다'는 질문에 10대의 응답이 42.1%로 다른 연령대에 비해 높음,

으로의 삶과 직결되는 부분입니다. 따라서 기초 문해력을 기르는 것은 교육의 출발점이자 최소한의 기준이 되는 것입니다.

현대의 학생들은 긴 줄글을 읽거나 글쓰기를 기피하는 경향이 있습니다. 이로 인해 문해력의 근본적인 부분인 독해력과 어휘력이 부족한 상태입니다. 디지털 매체와 빠르게 변화하는 정보 환경 속에서 이러한 문제는 더욱 심각해지고 있습니다. 학생들이 효과적으로 읽고 쓰는 능력을 갖추기 위해서는 기초 문해력을 우선적으로 강화해야 합니다. 이를 위해 학교에서는 기초 문해력을 정확히 진단할 수 있는 도구를 마련하고, 교사들은 문해력 지도 역량을 강화해야 합니다. 문해력 진단 도구는 학생들의 독해력과 어휘력 수준을 파악하고, 개인별 맞춤형 교육을 제공하는 데 도움을 줄 수 있습니다. 또한, 교사들은 효과적인 문해력 지도를 위해 지속적인 전문성 개발과 자기점검이 필요합니다.

문해력 강화는 학생들이 단순히 학업적 성공을 넘어, 자아실현과 사회적 참여를 통해 풍요로운 삶을 영위할 수 있도록 돕습니다. 기본적인 문해력을 갖추는 것은 학생들이 깊이 있는 읽기와 쓰기를 통해 자신의 꿈을 실현하고, 보다 나은 삶을 살아갈 수 있는 초석이 됩니다. 따라서 문해력을 강화하는 것은 단순한 교육적 목표를 넘어서, 학생의 전인적 성장과 삶의 질 향상을 위한 필수적인 과정인 것입니다.

② 나라가 보장하는 기초학력

기초학력 부진은 누군가 개입하지 않으면 시간이 지날수록 부진 정도가 심해집니다. 그래서 기초 문해력과 같은 기초학력을 보장하기 위해 나라 차원에서 법안을 만들어 국가가 기초학력 보장에 앞장서고 있습니다. 구체적으로는 정부가 2021년 9월 「기초학력보장법」을 제정하고, 2022년 3월부터 시행하고 있습니다. 덧붙여 「기초학력보장법」에 근거하여 강원도, 경상도, 광주, 서울, 세종, 울산, 전라도, 제주도, 충청도에서 기초학력 보장, 교육환경 지원, 기초학력 향상과 관련하여 조례를 제정하여 시행하고 있습니다. 다음 〈표 3-4〉에서 기초학력보장법 일부를 보며 그 목적과 정의 그리고 진단검사에 대해 알아봅시다.

표 3-4 | 기초학력보장법 일부

• 제1조

학습지원대상학생에게 필요한 지원을 함으로써 모든 학생의 기초학력을 보장하여 능력에 따라 교육을 받을 수 있도록 기반 조성하는 것을 목적으로 한다.

• 제2조

이 법에서 사용하는 용어의 뜻은 다음과 같다.

- 제2항

"학습지원대상학생"이란 학교의 장이 기초학력을 갖추지 못하였다고 판단하여 제8조 제1항[9]에 따라 선정한 학생을 말한다. 다만, 「장애인 등에 대한 특수교육법」 제15조[10]에 따라 학습장애를 지닌 특수교육대상자로 선정된 학생은 제외한다.

- 제3항

"학습지원교육"이란 학습지원대상학생에게 개인의 상황과 특성에 맞는 내용과 방법으로 실시하는 맞춤형 교육을 말한다.

• 제7조

학교의 장은 학습지원대상학생을 조기에 발견하고 효과적으로 지원하기 위하여 학생별 기초학력 수준 도달 여부를 진단하는 검사(=기초학력진단검사)를 실시할 수 있고, 그 결과를 학생의 보호자에게 통지할 수 있다.

---

9 학교의 장은 기초학력진단검사 결과와 학급담임교사 및 해당교과교사의 추천, 학부모 등 보호자에 대한 상담결과 등에 따라 학습지원교육이 필요하다고 판단되는 학생을 학습지원대상학생으로 선정할 수 있다.

10 교육장 또는 교육감은 다음 각 호의 어느 하나에 해당하는 사람 중 특수교육이 필요한 사람으로 진단·평가된 사람을 특수교육대상자로 선정한다. 1. 시각장애 2. 청각장애 3. 지적장애 4. 지체장애 5. 정서·행동 장애 6. 자폐성장애 7. 의사소통장애 8. 학습장애 9. 건강장애 10. 발달지체 11. 그 밖에 두 가지 이상의 장애가 있는 경우 등 대통령령으로 정하는 장애

기초학력보장법은 모든 학생의 기초학력을 보장하여 능력에 맞게 교육을 받을 수 있도록 기반을 조성하는 것에 목적을 두고 있습니다. 이 법에 따라 기초학력 수준 도달 여부를 진단하는 검사를 시행하여 확인하고, 개인의 상황과 특성에 맞는 내용과 방법을 맞춤형 교육으로 연결합니다. 이때 장애 학생을 제외하고 기초학력 진단검사에서 기초학력 미달 수준을 가진 학생 및 학습지원 교육이 필요하다고 판단되는 학생으로 선정되면 '학습지원대상학생'이 됩니다.

기초학력보장법 제2조 '학습지원대상학생'은 장애 학생을 제외하고 기초학력 진단검사에서 기초학력 미달 수준을 가진 학생 및 학습지원교육이 필요하다고 판단되는 학생으로 선정할 수 있다는 점을 주목할 필요가 있습니다. 이는 기초학력 진단검사에서의 미달 학생뿐 아니라 교사와 보호자가 학습지원 교육이 필요하다면 학습지원 대상 학생으로 선정할 수 있다는 것입니다. 그런데 교육부의 최근 보도자료(교육부, 2022)에서는 '기초학력 진단검사로 후보군을 선별하고, 교사의 관찰·면담 등을 바탕으로 학교 내 협의회에서 지원 대상 학생을 확정할 수 있다'고 한 점에서 충돌점이 발생합니다. 중학교와 고등학교에서는 국가수준학업성취도평가 결과로 20% 이상만 성취하면 기초학력에 도달한 수준이라고 여깁니다. 그러나 국가 교육과정에 근거한 교과목별 성취수준을 토대로 학생의 학업 성취 정도를 평가하는 성취평가제에서는 성취율이 60% 미만인 경우 가장 낮은 성취도로 평가됩니다. 가장 낮은 성취도는 내용 영역에 대한 지식습득과 이해가 미흡한 수준이며 새로운 상황에 거의 일반화할 수 없는 수준으로 보고 있습니다(이무완, 2019).

그렇다면 기초학력을 가진 학생도 가장 낮은 성취도에 포함될 가능성이 크다는 것이며, 깊이 생각해보면 단순 기초학력 미달 학생보다는 더 넓은 범위의 학생들의 학력 보장이 필요하다는 것입니다. 기초학력의 경우에는 앞서 언급했던 기능적 문해력과 같이 최소한의 기능을 수행하는 것으로 만족합니다. 그러나 교사와 보호자는 이것에 안주하지 않고 아이들이 기능을 가지고 스스로 조절하며 수행하고 활용하는 것까지 나아갈 수 있도록 힘써야 합니다. 이에 교사와 보호자는 기초학력 미달 학생이 아니더라도 학습지원 교육이 필요하다고 생각되는 학생의 경우에는 적극적으로 '학습지원대상학생'으로 선정하여 교육할 필요가 있습니다. 따라서 늘 학급의 아이들의 수준을 예의주시하여 학급 안에서 미달 지원을 받지 못하지만 도움이 필요한 학생이 있다면 자체적으로 그 범위를 넓혀 생각하여 수업 및 학급경영을 진행하는 것이 좋겠습니다.

③ 학교현장, 우리 아이들의 문해력

아이들이 문해력에서 어려움을 겪는 원인은 복합적이며 현대 사회의 다양한 변화와 밀접하게 연관되어 있습니다.

최근 한국교총의 조사[11]에 따르면, 초·중·고 교사들이 학생들의 문해력 수준이 현저히 낮다고 응답했으며, 그 원인으로는 영상매체의 영향(73%), 독서 부족(54.3%), 그리고 한자 교육의 소홀함(16.6%)이 지적되었습니다(이우진, 2023). 특히, 박남기(2022)는 한자 교육 원인에 관해 교과서에 사용되는 많은 어휘가 한자어로 이루어져 있어 그 의미를 파악하기 어렵다는 문제를 제기하였습니다.

하지만 한자 교육의 부족 외에도 많은 선생님들이 설문조사에서 지적한 것처럼 현대의 디지털 환경이 학생들의 문해력에 미치는 영향도 무시할 수 없습니다. 디지털 미디어의 급격한 발전은 학생들이 종이로 된 책보다 디지털 콘텐츠에 더 많이 노출되도록 만들었고, 이로 인해 긴 글을 읽는 시간이 줄어들고 있습니다. 학생들은 정보를 빠르게 검색하고 단기적으로 소화하는 데 초점을 맞추게 되면서 문해력의 핵심 요소인 '깊이 있는 이해와 분석 능력'이 저해되고 있는 것입니다. 특히 짧은 영상 콘텐츠에 자주 노출되는 지금의 학생들은 '팝콘 브레인' 현상[12]으로 인해 긴 글을 읽고 이해하는 데 필요한 집중력을 잃기 쉬운 상황에 놓여 있습니다.

그러나 디지털 미디어가 문해력에 미치는 영향은 단순히 부정적인 것만은 아닙니다. 디지털 매체는 다양한 '사회적 맥락'에서 정보를 접할 수 있는 기회를 제공하며, 이는 새로운 형태의 문해력 개발을 가능하게 합니다(정유미, 2015). 따라서 문해력 저하의 문제를 해결하기 위해서는 단순히 미디어 사용을 제한하는 것보다는, 이를 올바르게 활용하는 방법을 제시하는 것이 중요합니다. 교사는 학생들이 디지털 미디어를 수동

---

11 초·중·고 교사 1,152명을 대상으로 한 설문조사

12 미국 워싱턴 대학 정보대학원의 데이빗 세비 교수가 만든 용어로, 팝콘이 열을 만나 터지는 것처럼 뇌가 강렬한 자극에만 반응하고 일상생활에는 무감각해지는 현상을 의미합니다.

적으로 소비하지 않고, 주제 파악, 논점 정리, 토의 등을 통해 적극적으로 활용할 수 있도록 유도해야 합니다.

문해력의 중요성을 인식하고 이를 증진시키기 위해 교사와 학생 모두가 노력을 기울여야 합니다. 디지털 미디어의 올바른 사용법을 교육하고, 독서와 같은 전통적 문해력 향상 방법을 병행하는 것이야말로 학생들의 문해력을 강화하는 길입니다.

3 아이들의 문해력을 어떻게 기를 수 있을까?

1 국외 사례로 보는 문해력 강화

'아이들의 문해력을 어떻게 기를 수 있을까?'라는 질문에 대답하기 위해서는 이와 관련된 다양한 국가의 사례를 참고하는 것이 중요합니다. 미국, 일본, 프랑스는 각각 독창적인 방법으로 문해력 향상에 기여하고 있으며, 이들의 접근 방식에서 많은 교훈을 얻을 수 있습니다.

먼저 미국은 문해력 향상을 위해 다양한 정책을 추진하고 있습니다. 2012년과 2014년 PIAAC 조사에서 성인의 20%가 낮은 문해력 수준을 보였고, 2017년 PIAAC 에서도 점수가 소폭 하락했습니다. 이를 개선하기 위하여 초중등교육법 '아동낙오방지법'과 성인 교육을 위한 '성인교육가족문해지원법'을 제정하여 문해력 교육을 강조하고 있습니다. 유아기부터 읽기 능력을 기르기 위한 법과 초등학교 3학년까지 읽기 결손을 해결하는 법도 시행 중입니다. 국가교육통계센터는 2년마다 4학년과 8학년, 4년마다 12학년 학생의 읽기 능력을 평가하는 '전국교육성취도평가(NAEP)'를 실시하고 있으며, 이민자를 위한 교육 정책과 이중 언어 교육 정책도 추진하고 있습니다.

일본은 국제학업성취도평가(PISA) 독해력 검사에서 순위가 하락하자, 기초 문해력 증진을 위한 교육정책을 강화했습니다. 'Society 5.0' 시대에 맞춰 첨단 기술에 적응할 수 있는 인재를 양성하기 위해, 개인 맞춤형 학습 기회 제공, 다양한 학습장과 협동 학습 확대, 에듀테크 활용 등 다양한 노력을 하고 있습니다. 또한, 기초 독해력과 수학적 사고력, 정보 활용 능력을 강화하며, 학습 지원 환경을 개선하고, 지역 인재 육성을 위한 교육과정을 연계하여 추진하고 있습니다. 이러한 정책들은 일본이 문해력과 정보 활용 능력을 강화하고, 새로운 시대에 적합한 인재를 양성하기 위한 노력의 일환입니다.

프랑스는 초등학교 1~2학년의 학급 규모를 절반으로 줄이거나 교사를 추가 배치하여 개별 학생에게 더 많은 관심을 기울이고, 취약계층 아동에게 효과적으로 지원하고 있습니다. 또한, 교사들에게 문해력 교육 방법을 제공하고, 중학교에서는 부족한 학생을 위한 개별 지도를 시행합니다. 학생들에게 매일 독서 시간을 주고, 소리 내어 읽기와 문학 작품 낭독을 장려하며, 지역 사회와 협력해 독서 문화를 조성하는 등의 정책을 통해 문해력 증진을 도모하고 있습니다. 이러한 정책은 학생들이 자발적으로 읽기를 원하도록 독서 분위기를 형성하고, 문해력 부족 학생들에게 직접 교육을 제공하며, 저연령 및 소외계층 학생을 위한 문해력 교육을 강화하여 기초학습 능력과 사회경제적 수준 간의 관계를 개선하는 데 초점을 맞추고 있습니다.

표 3-5 | 나라별 문해력 증진 정책 주요 내용

국가	문해력 증진 정책 주요 내용
미국	- 초 · 중등 교육 및 성인 교육에서 문해력 교육 강조 - 유아기부터 읽기 능력 기르기 법과 초등학교 3학년까지 읽기 결손 해결법 시행 - 전국교육성취도평가(NAEP) 실시 - 이민자를 위한 교육 정책 및 이중 언어 교육 추진
일본	- 첨단 기술 적응을 위한 교육 정책 강화 - 기초 독해력, 수학적 사고력, 정보 활용 능력 강화 - 학습 지원 환경 개선 및 지역 인재 육성 연계 교육과정 추진
프랑스	- 초등학교 1~2학년 학급 규모 축소 및 교사 추가 배치 - 취약계층 아동 지원 및 교사 교육 제공 - 매일 독서 시간, 소리 내어 읽기, 문학 작품 낭독 장려 - 지역 사회와 협력하여 독서 문화 조성 및 자발적 독서 분위기 형성

점차 다문화 되어가는 국내의 교육 환경에서 문해력에 대한 국가적 관심과 책무성을 바탕으로, 주입식 교육에서 벗어나 기초학력을 기반으로 한 개인 맞춤형 학습과 협동 학습을 활용해야 합니다. 또한, 자발적으로 읽고 싶어 하는 분위기를 조성하고, 독서 시간을 필수로 지정하는 등의 방식을 통해 읽기 능력 부족 문제를 효과적으로 해결할 수 있을 것입니다.

② 교실에서 실천하는 문해력 증진 방안

지금부터는 이를 바탕으로 교사로서 실천할 수 있는 문해력 증진 방안에 대해 구체적으로 이야기해보려 합니다.

① 어휘력이 우선이다

우리나라 학생들의 어휘력 저하는 심각한 문제를 야기하고 있습니다. 실제로 '개편 (改編)하다'라는 단어를 접한 한 학생이 비속어로 오해하여 곤란해하는 사례가 있었습니다. 이처럼 어휘의 정확한 의미를 이해하지 못하면 교과 내용을 제대로 이해하지 못하게 될 것이고 결국 학생의 학습에 지장을 초래합니다.

어휘력 증진은 학생들의 전반적인 문해력 향상에 필수적인 요소로, 모든 교과 학습의 기초를 형성합니다. 기초학습을 위한 출발점으로서 어휘력은 학생들이 정보를 이해하고 소통하는 데 있어 중추적인 역할을 합니다. 이를 위해서는 각 단원이나 작품에서 핵심 어휘를 선별하고, 이를 우선적으로 학습하는 과정이 필요합니다.

교사는 각 학습 주제나 문학 작품에서 중요한 어휘를 파악하고, 이 단어들이 어떤 의미를 지니고 있는지 설명할 수 있습니다. 예를 들어, 김유정의 「동백꽃」을 가르칠 경우, 해당 작품은 강원도 방언이 많이 사용된 소설이므로 어휘학습이 선행되지 않으면 학생들이 소설의 줄거리를 파악하는 데 어려움이 있을 것입니다. 따라서 수업 전에 교사가 핵심 어휘를 선별하여 단어의 의미를 학생들에게 설명해준다면 학생들이 주체적으로 소설의 내용을 파악할 수 있습니다. 국어 교과뿐만 아니라 사회, 과학과 같은 교과의 경우에도 단원의 이론을 설명하기 전에 핵심 어휘 학습이 우선된다면 원활한 학습이 이루어질 것입니다. 조금 더 학생 참여형 수업에 접목하여 예시를 들어보자면, '핵심단어 빙고 게임'을 진행할 수 있습니다. 교사는 학습 주제와 관련된 중요한 어휘를 바탕으로 빙고판을 만듭니다. 예를 들어, 역사 수업에서 '산업 혁명'을 다룰 때, "산업", "기계", "공장", "근대화", "기술" 등 핵심 단어들을 포함한 빙고판을 준비합니다. 수업 중, 교사는 이러한 단어들을 설명하거나 사용하여 학생들이 주의 깊게 들도록 유도합니다. 학생들이 교사의 발언 중 해당 단어를 들으면 빙고판에서 체크를 합니다. 먼저 행, 열, 대각선을 모두 체크한 학생이 '빙고'를 외치면 게임이 끝납니다. 이 게임은 학생들이 단어를 반복적으로 듣고 사용하며 의미를 내재화하는 데 도움을 줍니다.

또한, 학생의 흥미를 유발하는 어휘학습을 위해서는 다양한 에듀테크 도구를 활용할 수 있습니다. 구체적으로는 '띵커벨'과 같은 플랫폼을 활용하여 맞춤형 어휘 퀴즈를 생성할 수 있습니다. 예를 들어, 문학 수업에서 '고백', '내면', '변화' 같은 단어를 배울 때, 교사는 이들 단어를 포함한 가로세로 퍼즐을 제작합니다. 학생들은 퍼즐을 푸는 동안 단어의 의미와 철자를 학습하게 됩니다. 또는, 단어 퀴즈에서 주어진 문장에서 빈칸에 들어갈 적절한 단어를 선택하도록 유도합니다. 이런 방식은 단어를 게임처럼 재미있게 학습할 수 있도록 하여 학생들의 흥미를 끌어올리고 어휘를 더 잘 기억하도록 도와줍니다.

🔍 그림 3-1 띵커벨 가로세로 퀴즈 활용 예시

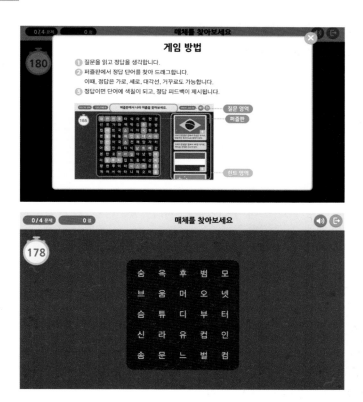

출처: 집필자가 화면 캡처.

다만, 우리가 유의해야 할 점은 어휘학습은 문맥을 중심으로 이루어져야 한다는 것입니다. 단어의 의미를 단순히 암기하는 것을 넘어서, 문장에서 그 단어가 어떻게 사용되는지를 배워야 합니다. 교사는 문장이나 이야기에서 단어의 사용 예시를 보여주고, 학생들이 이를 실제로 적용해보도록 할 수 있습니다. 교사가 제시한 단어를 바탕으로 학생들에게 자신만의 문장을 만들어 보거나, 주어진 단어를 포함한 짧은 이야기를 작성하도록 한다면, 단어의 의미를 문맥에서 이해하고 실생활에 적용하는 방법을 배우게 될 것입니다.

이와 같은 방안들은 학생들이 어휘를 자연스럽게 습득하고, 이를 활용하여 문해력을 향상시키는 데 큰 도움이 됩니다. 어휘학습은 교과 학습에서만 그치지 않고 어휘를 일상생활에 적용할 수 있는 능력을 기르게 될 것입니다. 풍부한 어휘는 학생들이 텍스트의 의미를 정확하게 이해하고 복잡한 문장 구조나 개념을 쉽게 파악할 수 있도록 하며, 자신의 생각이나 감정을 더 정확하게 표현하도록 도와줍니다. 이뿐만 아니라 비판적 사고 능력의 향상도 이루어집니다. 다양한 어휘를 알고 있으면 정보를 분석하고 평가하는 데 필요한 언어적 도구가 많아지기 때문입니다.

이처럼 어휘력 증진은 학생들의 문해력을 강화하고 학습과 사회적 상호작용에 큰 이점을 제공합니다. 어휘력 향상을 위한 체계적인 교육 방안을 통해 학생들은 더 나은 읽기와 쓰기 능력을 갖출 수 있을 것입니다.

② 기회를 제공해야 한다

아이들이 제대로 읽고 쓰지 못하게 된 이유는 충분한 '기회'가 부족했기 때문입니다. 그럼 우리는 어떤 기회를 제공해야 할까요?

이 질문에 대한 대답은 '독서'입니다. 독서는 문해력을 기르는 데 핵심적인 역할을 합니다. 책을 읽는 것은 학생들이 다양한 어휘를 접할 수 있는 중요한 방법입니다. 책을 읽으면서 새로운 단어와 표현을 자연스럽게 배우고, 그 의미를 문맥 속에서 이해하게 됩니다. 독서는 독해력을 기르는 데 매우 효과적입니다. 독해력은 단순히 단어를 읽는 것을 넘어서 문장의 의미를 이해하고 텍스트의 전체적인 내용을 파악하는 능력입니다. 독서의 기회를 제공하고 독서 문화를 조성하는 것은 학생들의 문해력 발전에 매우 중요한 역할을 합니다.

'매튜 효과'란 '부유한 자는 더 부유해지고, 가난한 자는 더 가난해진다'는 성경의 구절에서 유래된 개념으로, 초기의 작은 이점이 시간이 지남에 따라 더 큰 차이를 만들어 내는 현상을 의미합니다. 이 개념은 사회적, 경제적 맥락을 넘어 문해력에도 적용될 수 있습니다.

문해력 교육에서 '매튜 효과'는 독서 능력의 차이가 시간이 지남에 따라 더욱 커지는 현상을 설명합니다. 즉, 초기에는 문해력이 높은 학생이 더 많은 독서 기회를 가지며 이는 다시 문해력 향상으로 이어집니다. 반면, 초기 문해력이 낮은 학생은 독서 경험이 부족하여 문해력 향상에 어려움을 겪게 되고, 이는 다시 더 적은 독서 기회로 이어지게 됩니다. 이처럼 문해력 차이는 시간이 지남에 따라 더욱 커지게 됩니다. 독서를 즐기지 않거나 흥미를 느끼지 않는 학생들은 독서 기회가 줄어들게 되며, 이는 문해력 향상의 기회를 놓치는 결과를 초래합니다. 그러면 여러분은 이러한 질문을 할 수 있습니다. "책을 읽지 않는데, 어떻게 읽히나요?"

독서 동기를 유발해야 합니다. 독서에 대한 동기가 높은 학생은 자발적으로 독서를 지속하며, 이로 인해 독해력과 어휘력 등이 자연스럽게 향상됩니다. 반면, 독서 동기가 부족한 학생은 적은 양의 독서로 인해 문해력 향상이 더딜 수밖에 없습니다. 초기 독서 동기의 차이가 장기적을 문해력 차이로 이어지게 되는 것입니다. 매튜 효과를 줄이기 위해서는 학생들이 독서에 대한 긍정적인 동기를 가지도록 돕는 것이 중요합니다. 학교와 가정에서는 독서의 즐거움을 느낄 수 있는 다양한 독서 환경을 조성하고, 학생들에게 흥미로운 독서 자료와 독서 활동을 제공해야 합니다.

제가 근무하고 있는 학교에서는 주당 4차시의 국어 시간 중 1차시를 '독서 시간'으로 운영하고 있습니다. 매주 한 시간 동안 학생들은 도서관에서 자유롭게 자신이 선택한 책을 읽을 수 있는 시간을 가집니다. 이 시간을 통해 학생들은 자신의 관심사를 발견하고, 관심에 맞는 책을 선택하여 읽기에 대한 흥미를 키울 수 있는 기회를 가집니다. 물론 만화책, 그림책만 읽는 아이들도 있지만, 이런 과정에서도 다양한 어휘를 접하고 글에 집중할 수 있는 기회를 갖게 되는 것입니다.

책을 읽은 후에는 독후 활동으로 독서기록장을 작성합니다. 학생들은 책의 줄거리를 요약하고, 인상 깊었던 구절을 기록하며, 자신의 느낀 점을 표현합니다. 이 과정을 통해 학생들은 단순히 책을 읽고 넘기는 것이 아니라, 읽은 내용을 정리하고 자신의 생각을 글로 표현하는 연습을 하게 됩니다. 이러한 활동은 읽기와 쓰기를 자연스럽게 연결할 수 있도록 도와주며, 학생들이 자신의 문해력을 한층 향상시킬 수 있는 기회가 됩니다.

또한, 독서량보다 더 중요한 것은 책을 즐길 수 있는 문화를 만드는 것입니다. 학생들에게 책은 늘 가까이 있는 것이라는 인식을 심어주는 것이 필요합니다. 학생들이 책을 자연스럽게 접하고, 책을 통해 세상을 탐구하며, 책을 즐기는 문화를 경험하게 된다면, 읽기와 쓰기 능력은 자연스럽게 향상될 것입니다. 따라서 책을 가까이 두고, 책을 읽는 것이 일상적인 활동이 되도록 환경을 조성하는 것이 중요합니다.

구체적으로는 '학급문고'를 활용할 수 있습니다. 학급문고란 교실 안에 마련된 작은 도서관으로, 학생들이 자유롭게 책을 빌리고 읽을 수 있는 공간을 마련해주는 것입니다. 학생들은 수업 중이나 쉬는 시간에 학급문고에서 자유롭게 책을 선택하고 읽을 수 있습니다. 이로 인해 학생들은 읽기를 강제로 하기보다는 자연스럽게 독서 습관을 기를 수 있습니다. 또한, '매일 아침 10분 독서' 프로그램을 진행할 수 있습니다. 아침 조회시간을 활용하여 책을 읽는 시간을 확보함으로써 학생들은 정기적으로 독서 습관을 기를 수 있습니다. 학생들에게 책을 일상에서 쉽게 접할 수 있는 환경을 제공하고, 독서의 즐거움을 자연스럽게 경험하게 한다면 독서에 대한 긍정적인 인식을 갖게 될 것이며 결국 문해력 향상까지 이어질 수 있을 것입니다.

그림 3-2   학급문고 예시

출처: 집필자가 직접 촬영

교사로서 학생들의 문해력을 길러주는 것은 단순한 교육적 의무를 넘어, 학생들이 더 나은 사람으로 성장하는 데 중요한 역할을 합니다. 문해력은 정보에 접근하고 사고하며 자신을 표현하는 데 필수적인 능력으로, 학생들이 읽기와 쓰기의 기초를 확립하고 비판적 사고를 함양하도록 돕는 것은 교사의 사명입니다. 문해력은 학생들이 자신의 잠재력을 실현하고 사회에 참여할 수 있는 능력을 길러주며 그들의 미래를 밝혀주는 중요한 요소이기 때문입니다.

따라서 앞서 말씀드린 방안 외에도 교사로서 문해력의 중요성을 깊이 인식하고, 이를 효과적으로 가르치기 위해 끊임없이 연구하고 노력해야 합니다. 교실에서 학생들의 문해력을 어떻게 향상시킬 수 있을지에 대한 지속적인 관심과 연구는 그들이 더 나은 미래를 준비하는 데 큰 도움이 될 것입니다.

인공지능 시대, 왜 문해력이 더 중요해지나요?

인공지능 시대의 문해력 가치

일본 '국립정보학연구소'의 아라이 노리코 교수는 미래 인공지능사회를 혁신적으로 주도하는 중점 전략으로서 '독해력을 기반으로 하는 소통 능력과 이해력'의 중요성을 지적했습니다(김지영, 2020). 여기서의 독해력은 제대로 읽기를 의미합니다. 제대로 읽기는 지속적으로 설명한 대로 내용을 파악하는 것에서 나아가 필자의 의도나 목적을 이해하고, 생략된 내용이나 숨겨진 사실은 없는지 추론하고, 강조나 왜곡은 없는지 비판적으로 읽을 수 있어야 하며, 때로는 공감하며 교훈을 얻는 능력도 필요합니다. 그러니 인공지능 시대에 제대로 읽기가 바탕이 되어야 한다는 주장은 제대로 소통하고 제대로 이해하기 위해서는 제대로 읽기, 즉 문해력이 필요하다는 말과 일맥상통합니다.

읽기와 쓰기는 머릿속에서 복잡한 인지적 과정을 통해 이루어집니다. 그런데 정보를 비판적으로 읽으며 머릿속에서 내용 구조도를 그리기, 설명문을 작성하면서 자신의 글을 지속적으로 수정하기 위해 초안 읽기와 같이 읽기와 쓰기의 영역이 딱 떨어져 구분되기보다는 '문식성'이라는 영역으로 묶이게 됩니다. 앞서 한 번 소개해드린 대로 문식성은 문해력과 같은 말로 오래전부터 사용해 온 단어입니다. 새로이 등장한 단어가 아님에도 최근 문해력이 대두되고 있는 이유 중 하나는 문해력의 본질이 달라져서가 아닌 새로운 맥락이 추가되었기 때문이라 생각합니다. 기본이 안 되면 심화로 넘어갈 수 없듯이 우리는 인공지능 시대에 앞서 기본을 더욱 단단히 짚고 넘어갈 필요가 있습니다. 또한, 새로운 시대에 등장한 새로운 맥락에서 새로운 문맹으로 전락하지 않기 위해 기존의 문해력을 잘 활용할 수 있도록 지도해야 합니다.

 ## 인공지능 시대에 갖추어야 할 문해력

인터넷이 가능해지면서 쏟아지는 정보 속에서 인쇄 매체 외에도 다양한 매체를 통해 다양한 메시지들이 생산되고 전달됩니다. 디지털 문해력이나 미디어 문해력이란 용어로 표현할 수 있지만, 결국 문해력의 본질인, 읽고 쓰기, 깊이 있게 알아가기, 실천하기의 대상만 달라졌을 뿐입니다. 디지털 문해력이 강조되기 이전에도 비판적 읽기를 통해 가짜뉴스 판별하기와 같은 정보를 선별하는 능력을 키우는 교육과정이 존재했습니다. 이러한 교육의 환경이 디지털로 옮겨졌다고 새로운 기능만을 교육해야 하는 것은 아닙니다. 제대로 읽고 제대로 표현하는 능력을 바탕으로 디지털을 활용하는 능력을 키워 디지털을 사용할 수 있도록 해야 합니다.

특히, 2024년 초등학교 입학생부터 새로운 교육과정으로 코딩 교육이 필수가 되었습니다. 코딩은 컴퓨터와 사물에게 명령을 내리는 지시문으로, 사람의 언어로 원하는 동작을 지시하여 프로그램을 만들거나 제어할 수 있게 하는 기술입니다. 따라서 인간과 사물이 소통할 수 있게 하여 인공지능 시대에 주목받는 의사소통 역량이라 볼 수 있습니다. 의사소통 능력은 결국 또다시 문해력과 이어질 수밖에 없습니다. 맥락을 잘 파악하고 내용을 이해하고 추론하며 다른 곳에 적용하는 것이 의사소통의 기본 능력이기 때문입니다. 문제를 해결하고 새로운 대안책을 생각하는 경우와 같이 코딩 중 정확한 의도를 파악하고 필요한 내용을 입력하는 것은 '깊이 있게 알아가기'와 '실천하기'의 문해력 본질이 꼭 필요하다는 것입니다. 이뿐만 아니라 리터러시의 환경이 다원화되면서 오히려 기본적인 문해력은 더욱 중요해질 수밖에 없습니다. 가장 기본적인 역량이기에 무엇보다도 더 중요한 것입니다. 요즘 다원적 리터러시 환경을 애써 외면하고 디지털 사용을 나쁘게만 보는 사람들도 많지만, 앞으로의 변화하는 환경에서 어느 하나를 무조건적으로 박탈하려는 시도보다는 세상에 있는 많은 매체를 수용하고 올바르게 이용하며 삶을 영위할 수 있는 자세가 더 현명할 것입니다.

이렇게 변화하는 시대의 흐름 속에서 우리는 교사로서 지금까지 해오던 문해력 교육을 디지털에 적용하고 활용할 수 있도록 기초 문해력의 교육을 강화하고 또 적용 기회를 마련할 수 있는 환경이 제공되는 것이 중요합니다. 또한, 각 매체의 특징을 살려 단점을 보완하고 장점을 극대화하여 활용할 수 있도록 지도하는 것도 필요합니다.

5 예비교사인 우리는 제대로 읽고 있나요? - 교사부터 문해력을 기르자

1 교사의 삶을 통한 진정한 교육

인공지능 시대에 문해력의 중요성은 더욱 강조됩니다. 이는 의사소통 능력이 단순한 언어 기술을 넘어서, 타인과의 관계를 형성하고 유지하며 발전시키는 데 핵심적인 역할을 하기 때문입니다. 기술의 발전이 일상적인 커뮤니케이션을 빠르게 변화시키는 가운데, 깊이 있는 이해와 비판적 사고, 창의적인 문제 해결 능력을 갖춘 문해력은 우리가 기술과 인간 사이에서 균형을 잡고 효과적으로 소통할 수 있도록 돕습니다. 따라서 교사로서 학생들의 문해력을 향상시키는 것은 그들이 사회에 나가 더 나은 인격체로 성장하고, 개인적 및 사회적 성공을 거둘 수 있도록 돕는 일입니다. 이러한 시대적 요구에 부응하기 위해, 교사 자신도 문해력을 지속적으로 발전시켜야 하며, 이는 학생들에게 미래 사회에서의 성공적인 길을 안내하는 데 필수적인 역할을 합니다.

교육의 진정한 의미는 교사가 자신의 삶을 통해 몸소 경험하고 실천한 내용을 학생들에게 전달하는 데 있습니다. 교사의 가르침은 단순히 이론적 지식을 넘어서, 그 지식을 실제로 어떻게 적용했는지를 보여주는 실천적 사례로서 기능합니다. 교사는 자신의 경험과 실천을 통해 얻은 통찰을 바탕으로 학생들에게 진정한 교육을 제공할 수 있으며, 이는 학생들에게 큰 영향을 미칩니다.

교사로서의 실천은 단순히 교실에서의 교수법에 그치지 않습니다. 교사가 실제로 삶에서 문해력을 어떻게 활용하고 있는지, 정보의 해석과 비판적 사고를 어떻게 적용하는지를 학생들에게 보여주는 것이 중요합니다. 예를 들어, 교사가 자신이 읽은 책을 공유하는 등 자신의 경험을 공유하고, 어떻게 텍스트를 분석하고 해석하는지에 대한 구체적 사례를 제시한다면 학생들에게 더욱 깊이 있는 교육을 제공할 수 있습니다.

② 나 먼저 문해력을 점검하자

이러한 맥락에서 교사가 자신의 문해력을 점검하는 과정은 교육의 질을 높이는 데 필수적입니다. 문해력은 단순히 읽고 쓰는 능력 이상으로, 다양한 형태의 정보를 이해하고 효과적으로 전달하는 능력을 포함하기 때문입니다.

교사는 학생들에게 지식을 전달하고, 질문에 답하며, 피드백을 제공하는 등 다양한 방식으로 의사소통합니다. 높은 문해력은 이러한 과정을 원활하게 하고 학생들이 이해하기 쉽게 정보를 전달할 수 있도록 도와줍니다. 교사는 교과서, 학습자료, 논문 등 다양한 자료를 읽고 이해해야 합니다. 교사의 높은 문해력은 이러한 자료를 빠르고 정확하게 이해하고 수업에 적용할 수 있게 합니다. 또한, 문해력은 비판적 사고와 밀접한 관련이 있습니다. 교사는 다양한 정보를 비판적으로 평가하고, 신뢰할 수 있는 정보를 선택하여 학생들에게 제공해야 합니다.

이처럼 교사의 문해력은 학생들에게 올바르고 효과적인 교육을 제공하는 데 중요한 기반이 됩니다. 따라서 우리는 학생들을 마주하기 전 스스로에게 "난 제대로 읽고 있는가?"라는 질문을 던져야 합니다. 이 질문은 교사가 자신이 가르치는 내용에 대해 깊이 이해하고 있는지, 그 이해가 실제로 학생들에게 전달되고 있는지를 자문하는 과정입니다.

특히 디지털 시대를 살아가는 우리는 자신의 읽기 목적과 상황에 맞춰 전략적으로 읽어야 합니다. 다음 점검표를 통해 여러분은 글을 제대로 읽고 있는지 확인해 봅시다.

표 3-6 │ 나의 인터넷 읽기 전략 점검표

디지털 공간에서	스스로에게 물어봅시다	나의 응답	그렇게 하면 이렇게 읽을 수 있습니다	나의 응답
자료를 탐색하고 선택할 때	지금 읽고자 하는 주제와 목적에 대해서 나는 얼마나 알고 있는가?		주제와 목적에 관한 나의 배경 지식을 적극 활용할 수 있다.	
	나의 읽기 주제와 관련된 검색어를 다양하고 정교하게 사용할 수 있는가?		어떻게 효과적으로 자료를 검색할지를 계획하고 변용할 수 있다.	
	나의 읽기 목적에 부합하는 자료들을 찾으려고 노력하는가?		읽기 목적에 관련성이 높은 자료와 링크를 효과적으로 선택할 수 있다.	
	나의 읽기 목적에 맞지 않는 자료들을 잘 걸러 내는가?		읽기 목적과 무관한 자료 또는 링크를 효과적으로 회피할 수 있다.	
여러 자료를 연결하여 이해할 때	지금 읽고 있는 자료가 앞서 읽었던 자료들과 관련되는가?		자료들이 어떻게 연결될 수 있을지 검토할 수 있다.	
	지금까지 읽은 자료들이 서로 보완적이거나 충돌하는가?		수집한 자료들의 관계를 다면적으로 파악할 수 있다.	
	지금까지 읽은 자료들을 통해서 읽기 주제에 관해 큰 그림으로 이해할 수 있는가?		지금까지 읽으면서 구축한 거시적 이해가 무엇이고 어떠한지 평가할 수 있다.	
	지금까지 읽은 것 이외에 새로운 근거, 상이한 주장, 또는 반대 관점에 대해서 더 알아볼 필요가 있는가?		어떻게 후속 자료를 검색해야 할지 계획할 수 있다.	
자료를 검토하고 평가할 때	지금 읽고 있는 자료에 누가 만들었는지, 언제, 어디서 출판, 게재, 생산된 것인지에 대한 정보가 포함되어 있는가?		자료의 신뢰성을 판단하기 위하여 저자 및 출처 정보를 확인할 수 있다.	
	지금 읽고 있는 자료가 내가 생각하는 정확성과 신빙성의 기준에 부합하는가?		다양한 정보들 중에서 양질의 자료를 선별할 수 있다.	

	지금 읽고 있는 자료가 주제에 관한 나의 이해를 충전하는 데 도움이 되는가?		나의 읽기에 궁극적으로 도움이 되는 효용 가치가 높은 자료를 선별하여 집중할 수 있다.
	지금 읽고 있는 자료가 지금까지 읽었던 자료들에 더하여 추가적으로 새롭거나 다양한 관점과 지식을 제공하는가?		자료의 중요성과 기여도를 나의 이해 증진 정도에 준하여 판단할 수 있다.
나의 읽기 과정을 점검하고 조정할 때	나의 읽기에 기여하는 하이퍼링크를 선택하고 있는가?		일관성 및 통일성 있게 하이퍼링크의 선택 행위를 운영할 수 있다.
	나의 읽기 주제에 분명하게 관련되는 자료들을 찾고 있는가?		내가 수행하고 있는 자료 탐색 과정들을 조정할 수 있다.
	내가 정한 읽기의 폭과 길이에 비추어 볼 때 취급할 만한 수의 자료들을 선택하고 있는가?		언제 읽기를 멈추어야 할지, 언제 더 찾아 읽어야 할지 정보 탐험의 충족성과 범위, 진척도를 결정할 수 있다.
	내가 가진 글 읽기 목적을 점진적으로 성취하고 있는가?		지금껏 얼마나 능동적이고 효과적으로 읽었는지 의미 구성 과정을 나의 향상된 이해 수준에 비추어 평가할 수 있다.

출처: 『읽는 인간 리터러시를 경험하라』, 조병영, P.254.

만약 자신의 독서 방법이 만족스럽지 않거나 개선이 필요하다면, 하루 10분 독서 챌린지, 독서 일기 작성하기 등 간단한 실천을 꾸준히 시도해 보세요. 교사는 자신의 문해력을 지속적으로 점검하고 향상시켜야 하며, 이를 통해 학생들에게 더 나은 교육을 제공할 수 있습니다. 교사의 경험과 실천, 그리고 문해력의 향상이 결합할 때 비로소 학생들에게 더욱 풍부하고 의미 있는 학습 경험을 제공하게 될 것입니다.

디지털 매체의 사용이 급격히 증가하며, 학생들은 짧고 자극적인 콘텐츠에 익숙해 졌습니다. 특히 코로나 팬데믹 이후 교육결손으로 인해 기초학력 미달률이 급격히 증가했고, 이는 곧 문해력 저하로 이어졌습니다. 문해력은 단순히 읽고 쓸 수 있는 능력을 넘어, 정보를 이해하고 비판적으로 사고하며 자신의 생각을 표현하는 능력을 말합니다. 따라서 문해력은 학생들이 학습의 기초를 다지는 데 필수적인 요소이며, 한 개인이 보다 나은 삶을 살아갈 수 있도록 하는 밑받침이 됩니다.

사례

3년차 중학교 국어 교사인 김○○ 교사는 학기 초에 실시한 문해력 진단 평가에서 여러 학생들이 기대 이하의 점수를 받은 것을 확인하고, 문해력 교육의 중요성을 다시금 깨닫게 되었습니다. 문해력이 부족할 경우 학생들이 다른 과목에서도 학습에 어려움을 겪을 수 있음을 인지한 김○○ 교사는 이를 해결하기 위해 방안을 고민하게 됩니다. 담임교사로서 어떻게 해결할 수 있을까요?

참고문헌

교육부, 기초학력 보장법. 법률 제18458호.

마크로밀엠브레인. 2021 포스트코로나 시대 세대별 인식 및 문해력 관련 조사. (주)마크로밀엠브레인.

박윤미, 김슬기, 봉미선. (2022). 수요자 중심 미디어 리터러시 교육 추진 방안 연구. 시청자미디어재단.

이연정. (2024). 국내외의 문해력 이슈와 그에 대한 대응 및 지원 사례 연구. 리터러시연구.

조병영. (2021). 읽는 인간 리터러시를 경험하라. 쌤앤파커스.

최미숙, 원진숙, 정혜승, 김봉순, 이경화, 전은주, 정혜승, 주세형. (2023). 국어 교육의 이해 (4판). 사회평론아카데미.

최지선. (2020). 프랑스의 문해력 증진 전략. 교육정책케트워크 정보센터.

Spilka, R. (2001). Workplace literacy. New York, NY: Longman.

경북일보. (2022.07.17.). [교육칼럼] 학력의 기초와 기본. https://www.kyongbuk.co.kr/news/articleView.html?idxno=2107284 (2024.04.21. 검색)

교육을바꾸는사람들. (2019.01.16.). 학생들의 교과 어휘력 부진 실태 분석과 대책 탐색. https://21erick.org/column/751 (2024.07.29. 검색)

교육을바꾸는사람들. (2022.11.30.) [문해력 이야기 ①] 한국인의 문해력은 나쁘다. https://21erick.org/column/9277 (2024.07.29. 검색)

한겨레. (2015.10.05.). 국어 지문, 모르는 단어 없는데 독해 어려워요. https://www.hani.co.kr/arti/society/schooling/711527.html (2024.08.16. 검색)

한국교육신문. (2019.11.15.). [기초학력을 잡아라 ⑥] 4차 산업혁명 시대의 기초 문해력. https://www.hangyo.com/news/article.html?no=90236 (2024.07.29. 검색)

한국교육신문. (2022.11.07). '금일, 심심한 사과'가 부른 문해력 논란. 한국교육신문. https://www.hangyo.com/news/article.html?no=97492 (2024.08.16. 검색)

한국교육신문. (2023.02.03.) 디지털 시대, 읽기 못하는 아이들. https://www.hangyo.com/news/article.html?no=98072 (2024.08.16. 검색)

PART 2

AI, 디지털 전환과 학교 교육

CHAPTER 4

AI 에듀테크,
정말 학생들에게 도움이 될까요?

차정은 · 이혜진

이 책의 4장에서는 수많은 에듀테크 중 AI 에듀테크가 교육현장에서 어떻게 활용되고 있는지 살펴보고자 합니다. 학생들에게 AI 활용 교육이 정말 도움이 되는지 함께 고민하며, 교직 생활을 본격적으로 시작하기 전인 예비교사 여러분께 좋은 참고 자료가 되었으면 합니다.

① 에듀테크와 AI 에듀테크

 에듀테크

'에듀테크'라는 단어를 들었을 때 무엇이 떠오르시나요? 잠시 멈춰서 생각해 봅시다. '에듀테크' 단어를 들었을 때 AI 교과서를 가장 먼저 떠올리는 사람, 수업에서 학생들과 상호작용하기 위한 소프트웨어 프로그램을 떠올리는 사람, 전자칠판을 떠올리는 사람 등 다양한 답변이 예상됩니다. '에듀테크'라는 단어를 듣고 떠올리는 것이 사람마다 다르듯이 에듀테크는 학자마다 다르게 정의하고 있습니다. 가장 간단하게 정의하는 방법은 단어 그 자체를 보는 것입니다. 영어로는 'EduTech'라 표기하는 에듀테크는 교육(education)과 기술(technology)의 합성어로 단어 그대로 '교육'에 사용하는 '기술'이라고 정의할 수 있습니다.

기술의 발전이 진행되면서 교육 분야에서도 디지털 전환은 중요한 흐름이 되었습니다. 1990년대 후반 인터넷을 활용한 전자교육인 이러닝(E-learning)이 등장했습니다. EBS, 교육용 CD 학습 등 데스크톱 PC를 활용하는 모습이 교육에 기술이 활용된 첫 시작입니다. 2010년대에 출시된 스마트폰은 한정된 공간에서만 가능하던 이러닝을 공간 제약 없는 이동 학습으로 확장했습니다. 이때 스마트 기기를 활용했다는 의미에서 스마트러닝(smart learning)이라는 용어를 사용하게 되었습니다. 이후 시간이 흘러 스마트 기기가 일상화되며 PC나 스마트폰 등의 하드웨어 장치가 아닌 소프트웨어(AI, 빅데이터 등)를 기반으로 한 첨단 디지털 기술이 등장하게 되었습니다. 이러한 첨단 디지털 기술을 교육에 접목하며 에듀테크라는 개념이 등장하게 되었습니다. 2010년대까지 교육에서의 기술 활용은 단순히 학생들의 수업을 위한 보조 도구였다면, 현재는 교사의 행정 업무, 학급 관리 도구, 수업 자료 제작, 수업 보조 도구 등 다양한 방면에서 도움을 주고 있습니다.

2 AI 에듀테크

급격한 사회 변화 속 다양한 기술들이 트렌드에 오르내리고 있습니다. 그 가운데 가장 뜨거운 분야는 AI입니다. AI는 사람의 지능을 컴퓨터로 구현한 기술입니다. AI를 잘 활용하면 개인 비서를 둔 것처럼 훨씬 효율적으로 많은 일을 해낼 수 있습니다.

AI 에듀테크는 에듀테크 중 AI를 활용한 것으로, 활용되는 분야로는 학습관리시스템(LMS), 화상 수업 도구, 수업 지원 도구, 과외/튜터링, 행정지원 도구, 퀴즈/평가/피드백, 콘텐츠 저작 도구, 콘텐츠 등 다양한 분야에서 활용되고 있습니다.

 표 4-1 │ AI 에듀테크 분야

분야	내용
학습관리시스템 (LMS)	수업 내에서 상호작용을 지원하고 학습 활동 및 평가를 관리할 수 있도록 설계된 시스템
화상 수업 도구	블렌디드 수업, 공동교육과정, 국제 교류 등 수업에서 활용되고 있는 화상 수업 도구

수업지원도구	다양한 방식의 수업을 효과적으로 운영할 수 있게 도와주는 수업지원도구
과외/튜터링	학습자의 자기 주도 학습을 돕는 도구
행정지원 도구	교원 업무 및 학교 운영을 돕는 도구
퀴즈/평가/피드백	학습 목표 도달 여부를 확인하는 도구
콘텐츠 저작도구	교육용 콘텐츠를 생성, 편집, 관리하고 다양한 형식으로 배포하기 위해 사용되는 도구
콘텐츠	디지털 기반 수업에서 활용되는 콘텐츠

AI 활용 교육은 공교육의 고민 중 하나인 한 학급 내 학습자 간 교육 격차를 해결해 줄 것으로 기대됩니다. 학생들의 수준차가 큰 현장에서 교사는 어느 정도의 난이도로 수업을 진행해야 모든 학생에게 효과적인가에 대하여 고민할 수밖에 없습니다. 적정한 난이도의 수업으로 조절한다고 해도 학생의 수준이 같지 않기에 모든 학생이 만족하기는 어렵습니다. 그러나 AI 에듀테크의 도움을 받는다면, 학생 개개인 맞춤형 수업이 가능합니다. 수많은 AI 에듀테크 종류 중 어떤 것을, 어떻게 활용해야 맞춤형 수업이 가능할까요? 과연 AI 활용 교육이 학생들에게 도움이 되는 것이 분명할까요? 이 장에서는 다양한 수업 사례를 살펴보며 AI 에듀테크의 특징을 알아보고, 적절한 활용법에 대하여 고민하는 시간을 갖도록 하겠습니다.

2 AI 에듀테크 어떻게 활용하면 좋을까요?
- AI 코스웨어 활용 사례

'코스웨어'는 교과과정을 뜻하는 'course와 software'의 합성어로 교사의 목적에 따라 학생들이 수강할 수 있는 수업을 미리 설계할 수 있는 소프트웨어입니다. 그중에서도 AI 코스웨어는 AI가 학생의 이해도와 성취 수준을 분석하여 학생별 수준에 따른 맞춤형 학습을 할 수 있도록 돕는 AI 에듀테크입니다. 모든 학생이 같은 수업 내용을 수강하는 일반적인 코스웨어와 달리 개인에게 필요한 것이나 수요에 따라 다른 내용을 받을 수 있다는 장점이 있습니다.

AI 코스웨어가 제공하는 주된 기능은 크게 두 가지 형식으로 나눌 수 있습니다.

문제 풀이 형식	활동 피드백 형식

문제 풀이 형식의 AI 코스웨어의 경우 교과서 예제, EBS 교재(수능 특강 등), 교사가 직접 제작한 문제, 에듀테크 업체에서 연구·개발한 문제 등 다양한 문제를 제공하며, 학습 결과가 누적될수록 학생의 학업 성취도를 평가하며 수준에 알맞은 콘텐츠를 추천합니다.

활동 피드백 형식의 경우 학생들이 AI 코스웨어의 정해진 형식에 맞춰 활동 내용을 입력하면, AI는 학습한 내용을 바탕으로 피드백을 제공합니다. 종류에 따라 다양한 기능이 있으니, 다양한 과목과 수업의 목적과 맞춰 적절한 AI 코스웨어를 골라서 사용할 수 있습니다.

■ 활용 사례 1. **문제 풀이 형식의 AI 코스웨어를 활용한 수학 수업**

💡 그림 4-1   문제 풀이 형식의 AI 코스웨어 화면 예시

출처: 집필자가 AI 코스웨어 형식을 참고하여 제작한 이미지 화면 캡처.

[그림 4-1]은 고등학교 1학년 수학 수업에 활용한 AI 코스웨어 화면의 예시입니다. AI 코스웨어를 사용하여 수학 수업을 진행하는 선생님과의 인터뷰를 통해 알아본 교

사의 활용법 및 장점은 다음과 같습니다.

① 수업 전 교사는 미리 학생들에게 제공할 1차 문제지를 제작합니다. 직접 제작하거나 AI 코스웨어에서 제공되는 문제 중 학생들의 수준에 적절하다고 판단되는 난이도의 문제들을 선정하여 문제지를 만들 수도 있습니다.

② 수업을 진행하면서 설명한 개념을 학생들이 제대로 이해했는지 파악하기 위해 미리 제작한 문제지를 풀도록 합니다. 이 과정에서 교사는 학생들의 학습 결과를 실시간으로 받으며 학생들이 어려워하는 유형을 파악하고, 해당 유형에 사용된 개념을 다시 설명하거나 힌트를 제공하며 학생들의 이해를 도와줌으로써 수업의 완성도를 높일 수 있습니다.

③ 수업이 끝난 후 교사는 가장 큰 과제인 난이도 설정에 도움을 받을 수 있습니다. 학생들의 학습 결과를 바탕으로 다음 차시 수업의 난이도를 조정할 수 있고, 학생들의 약한 부분을 파악하여 추가 설명을 제공할 수도 있습니다. 또한, 학생들의 전반적인 수준 파악이 가능하기에 시험 문제를 내면서 참고하면 적절한 난이도 설정이 가능합니다.

그렇다면 문제 풀이 형식의 AI 코스웨어를 활용한다면 학생에게는 어떤 도움이 될까요?

① 틀린 문제에 대한 즉각적이고 풍부한 피드백은 학생의 궁금증을 해결하고 이해하는 학습 과정을 도와줄 수 있다는 장점이 있습니다. AI 코스웨어는 단순히 정답만 제공하지 않고 풀이과정과 개념설명을 함께 제공합니다. 만약 풀이과정을 보고도 잘 모르겠다면, 해당 문제에 사용된 개념을 설명하는 강의를 들을 수 있습니다. 또한, 본인이 틀린 문제 유형과 비슷한 문제를 반복적으로 풀어볼 수도 있으므로 완벽하게 이해하고 본인의 것으로 만드는 데 도움이 됩니다.

② 자기주도학습에 도움을 받을 수 있습니다. 스스로 피드백을 확인한 뒤 추가 학습이 가능하기에 학생 눈으로 본 AI 코스웨어는 무한한 문제집 혹은 활동지와 같습니다. 자신이 원한다면 계속해서 문제를 풀 수도, 개념을 복습할 수도 있기 때문입니다. 온라인 서비스이기에 선생님과 함께하지 않는 상황에서도 AI가 제시하는 개념설명 콘텐츠를 통해 스스로 학습이 가능합니다.

③ 학습 동기 유발과 메타인지 훈련에도 효과적입니다. AI 코스웨어를 활용하면 AI의 시각적인 분석 결과를 바탕으로 자신의 이해 정도나 정답률, 약한 부분 등을 정확하게 파악할 수 있어 메타인지가 가능합니다. 더불어 자신의 학습량과 변화를 가시적으로 확인할 수 있다는 점에서 성취감을 느낄 수 있고, 이는 학습 동기로 이어질 수 있습니다.

다만, AI 코스웨어를 활용할 때 유의할 점이 있습니다. 처음 AI 코스웨어를 활용하는 경우, 화면을 조작하는 방법 등이 익숙하지 않은 학생들에게 사용법을 설명하기 위한 시간을 따로 할애해야 합니다. 디지털 기술에 쉽게 적응하는 학생도 있지만, 다양한 사유로 익숙하지 않은 학생이 학급에 있을 수 있습니다. 처음 접하는 학생의 경우 AI 코스웨어 사용이 어려워 거부감을 가질 수도 있다는 점을 항상 염두에 두어야 합니다.

다른 한 가지는 학습 결과 데이터가 쌓이기 전에는 비교적 정확하지 않은 AI 추천 콘텐츠가 있을 수 있다는 점입니다. AI는 데이터가 많을수록 정확하게 분석하는 경향이 있어 AI 코스웨어를 활용하는 초기에는 정확도가 비교적 떨어질 수 있습니다.

■ 활용 사례 2. **활동 피드백 형식의 AI 코스웨어를 활용한 작문 수업**

그림 4-2 　　　活동 피드백 형식의 AI 코스웨어 예시

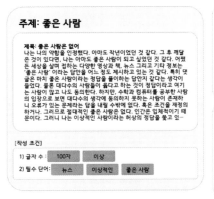
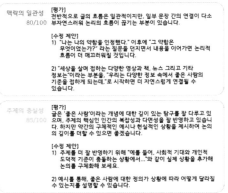

출처: 집필자가 AI 코스웨어 형식을 참고하여 제작한 이미지 화면 캡처.

[그림 4-2]는 중학교 작문 수업에서 AI 코스웨어를 평가 및 피드백에 활용한 예시입니다. 해당 수업은 교사가 지정한 주제에 대해 학생들이 자유롭게 글을 쓴 후, 교사가 설정한 평가 항목과 주제, 어휘, 문법, 맥락 등에 대한 AI의 피드백을 바탕으로 수정하면서 글을 완성해 가는 수업입니다.

① 수업의 도입 부분에서 교사는 학생들에게 디지털 리터러시 교육을 진행했습니다. AI가 제공하는 피드백을 전부 수용하지 않고, 선택적으로 유의미한 피드백을 골라내는 능력이 중요하다는 것을 강조했습니다. 또한, 인공지능은 오류가 있을 수 있음을 인지하고, AI 피드백에 의문이 있으면 선생님께 질문해야 한다는 것도 알려주었습니다.

② 수업을 진행하며 학생들은 작문한 글에 대한 AI 피드백을 받고 반영하여 수정하는 과정을 반복합니다. 이 과정에서 학생들은 글의 맥락을 완전히 벗어나거나, 작문 의도를 잘못 이해한 AI 피드백은 제외하고, 문법적인 부분에 대한 옳은 지적, 어휘 수정 등 필요한 부분을 선택해서 수정합니다. 피드백 중 이해하기에 어려운 내용이 있다면 질문하도록 하고, 그 부분은 교사가 직접 보충 설명을 하며 수업을 진행합니다.

③ 수업이 끝난 후 교사가 미리 설정한 채점 기준표에 근거하여 채점된 결과물을 바탕으로 평가를 진행할 수 있습니다. 또한, 활동 피드백 AI를 활용하여 작문 검토에 대한 시간이 줄어들게 된다면, 학급경영, 수업, 행정 업무 등에 바빠서 엄두를 낼 수 없었던 학급 책을 만드는 것에도 도전해 볼 수 있습니다.

그렇다면 활동 피드백 형식의 AI 코스웨어를 활용한다면 학생에게는 어떤 도움이 될까요?

① 작문 수업을 들은 학생들은 빠르게 피드백을 받을 수 있다는 점을 가장 큰 장점으로 꼽았습니다. 활동 피드백 형식의 AI 코스웨어를 활용하면 피드백을 요청함과 동시에 10~15초 내외로 답변을 받을 수 있습니다. 교사에게 피드백을 받기 위해 차례를 기다리는 것보다 시간을 단축할 수 있으며, 여러 번 요청해도 부담이 없다는 점은 학생들이 피드백을 요청하고 수정하는 과정을 여러 번 반복할 수 있도록 도와주며, 더 나은 결과물을 만들 수 있게 됩니다.

교육 대전환 시대, 우리 잘 적응할 수 있겠죠?

② 일관된 피드백으로 학생들의 혼동을 줄일 수 있습니다. 교사가 처음에 설정해 둔 채점 기준과 AI가 학습한 내용을 바탕으로 활동 피드백형 AI 코스웨어는 일관된 피드백을 제공합니다. 학생들에게 명확한 기준을 제공하기 때문에 혼동을 줄이는 것에 도움이 됩니다.

다만, AI가 제공하는 피드백은 사람과 달리 칭찬보다는 수정이 필요한 부분이나 오류를 찾아내는 것에 중점을 둡니다. 평가에 민감한 학생들에게 자신의 글에 냉정하고 부정적으로 비판만 한다는 오해와 상처를 받을 수도 있습니다. 심한 경우 비난받는다는 느낌을 받을 수 있어서 주의해야 합니다.

❸ AI 에듀테크 어떻게 활용하면 좋을까요? – 생성형 AI 활용 사례

❶ 생성형 AI 활용방법

Open AI에서 개발한 'ChatGPT'가 서비스를 시작하며 그야말로 혁신적인 변화가 시작되었습니다. 'ChatGPT'는 생성형 AI의 한 종류입니다. 대규모 데이터를 학습하여 사용자의 요구에 맞는 콘텐츠(텍스트, 이미지 등)를 생성하는 인공지능 모델입니다. 다양한 종류의 생성형 AI는 사용자가 명령하는 방식에 따라 결과물의 내용이 달라집니다.

 표 4-2 | 생성형 AI의 종류

생성물 종류		종류
텍스트	소설	NovelAi, AI Dungeon 등
	챗봇	ChatGPT, Gemini, CLOVA X, Microsoft Copilot 등
이미지/영상	그림	Midjourney, DALL · E 등
	영상	Stable Video, Sora, Lumiere 등
오디오/소리	음성	CLOVA Dubbing, DeepVocal, A.I.VOICE 등

	음악	Suno, Stable Audio 등
코드		GitHub Copilot, Devin 등
멀티모달		GPT-4o, Gemini, 삼성 가우스 등
행위/동작		Robot Operating System(ROS), Google RT-X, 프로젝트 그루트 등

생성형 AI를 활용할 경우 교사는 수업을 설계할 때 학생들이 인공지능을 경험하는 것으로 끝나지 않도록 경계해야 합니다. 학생들의 학습 역량을 함양하기 위해 생성형 AI를 활용할 때는 어떤 방식으로 사용하면 좋을까요?

① 맞춤형 AI 튜터

학생들은 생성형 AI를 자신만의 AI 튜터로 활용할 수 있습니다. 이해가 가지 않는 개념, 혹은 단어를 자신의 수준에 맞게 설명해달라고 요청할 수 있으며, 함께 보면 좋을 자료를 추천받을 수 있습니다.

AI 튜터로 활용 시 추천하는 프롬프터 명령어
- [소개] 안녕 나는 대한민국 (학교급과 학년) 학생이야.
  [상황 설명] 내가 (과목) 시간에 (고민) 어려워.
  [요청] (고민)을 해결할 방법을 알려줄래?/ 좀 더 쉽게 설명해 줄래?/ (학습자 수준)으로 설명해 줄래?

② 번역 및 맞춤법 검토

생성형 AI를 활용하여 학생들은 과제의 맞춤법을 검사하거나, 다른 국가의 언어로 번역을 요청할 수 있습니다. 이때 어떤 부분을 수정하였는지 함께 질문하면 결과물의 정확도를 더 높일 수 있습니다.

번역 및 맞춤법 검토 시 추천하는 프롬프터 명령어

- [소개] 안녕 나는 대한민국 (학교급과 학년) 학생이야.

 [요청] (내용)을 번역/ 맞춤법 검토를 해줄래?

 [추가 요청] 어떤 부분을 수정하였는지, 왜 수정했는지도 함께 설명해 줘.

③ 역할놀이

생성형 AI는 역할놀이에 적합한 대화상대가 될 수 있습니다. 상황을 가정하여 AI에게 역할을 부여하면 학생들의 몰입도를 높이고, 간접 경험을 제공합니다. 이러한 방식은 학생들이 다양한 상황을 체험하고, 문제 해결 능력을 키울 수 있도록 도와줍니다.

역할놀이 시 추천하는 프롬프터 명령어

- [소개] 안녕 나는 (상황에 맞는 역할 소개)이야.

 [상황 설정] 지금은 (상황)이야. 너는 (역할)이야.

 [난이도 설정] (학교급과 학년) 수준의 (언어)로 나와 대화해 줘.

④ 창작물 제작

이미지 생성형 AI, 영상 생성형 AI 등 많은 종류의 생성형 AI를 활용하면 다양한 작업물을 얻을 수 있습니다. 문학 작품을 읽고 작품 속 한 장면을 텍스트로 묘사하여 이미지 생성하기, 주제를 정하고 그 주제에 맞는 영상 만들기 등 생성형 AI를 활용하면 풍부한 프로젝트 수업이 가능합니다.

■ 활용 사례 1. **ChatGPT를 활용한 정보 수업**

다음 내용은 고등학교 1학년 정보 수업 시간에 'ChatGPT'를 활용한 사례입니다. 지난 차시 배운 프로그래밍 개념을 바탕으로 모둠별로 프로그램을 만드는 활동을 진행할 때 'ChatGPT'를 사용했습니다. 프로그램을 직접 기획하고 제작하는 것에 익숙하지 않은 학생이 많아 생성형 AI의 도움을 받게 되었습니다.

학생들은 'ChatGPT'를 활용하여 이해하기 어려운 개념 질문하기, 프로그램 구조 질문하기, 프로그램 코드 확인하기 등 각자 활동을 진행하며 겪는 문제를 해결했습니다.

활동 과정	활동 내용	활용 도구
도입	지난 차시 복습 모둠 나누기	PC ChatGPT 활용
전개	활동1 프로그램 기획하기 활동2 프로그램 만들기	PC 학습지 ChatGPT 활용
마무리	진행 상황 및 계획 발표하기	

도입에서 지금까지 배운 프로그래밍 문법에 초점을 맞춰 복습을 진행하였습니다. 이때, 학생들은 'ChatGPT'를 활용하여 기억나지 않는 문법에 대한 보충 설명을 확인했습니다.

🔍 그림 4-3　　ChatGPT를 활용한 개념 질문 예시

     안녕 나는 한국 고등학교 1학년 학생이야.
오늘 수업에서 파이썬으로 작성하는 if문을 배웠는데, 선생님의 설명을 들어도 잘 모르겠어.

아주아주 쉽게 설명해줄래?

안녕! 파이썬의 `if` 문에 대해 쉽게 설명해줄게.

`if` 문은 **"만약 ~라면"** 이라는 의미야. 어떤 조건이 참(true)이면 그 다음에 있는 코드를 실행하게 해주는 거야. 만약 그 조건이 거짓(false)이라면, 그 코드는 실행되지 않아.

예시로 설명해볼게:

```python
a = 10

if a > 5:
    print("a는 5보다 큽니다!")
```

여기서 `a > 5`라는 조건이 있어. 이건 "a가 5보다 큰가?" 라고 물어보는 거야.

- **만약** a가 5보다 크다면, `print("a는 5보다 큽니다!")` 이 코드가 실행돼서 "a는 5보다 큽니다!" 라고 화면에 출력돼.
- **만약** a가 5보다 작거나 같다면, 이 코드는 실행되지 않고 넘어가게 돼.

출처: 집필자가 화면 캡처.

교육 대전환 시대, 우리 잘 적응할 수 있겠죠?

수업이 전개되며 두 가지 활동을 진행했습니다. 프로그램 기획하기 단계에서 학생들은 프로그램과 관련한 아이디어나 어떤 문법이 활용될 수 있는지 질문했습니다.

그림 4-4 **ChatGPT를 활용한 프로그램 기획하기 활동 예시**

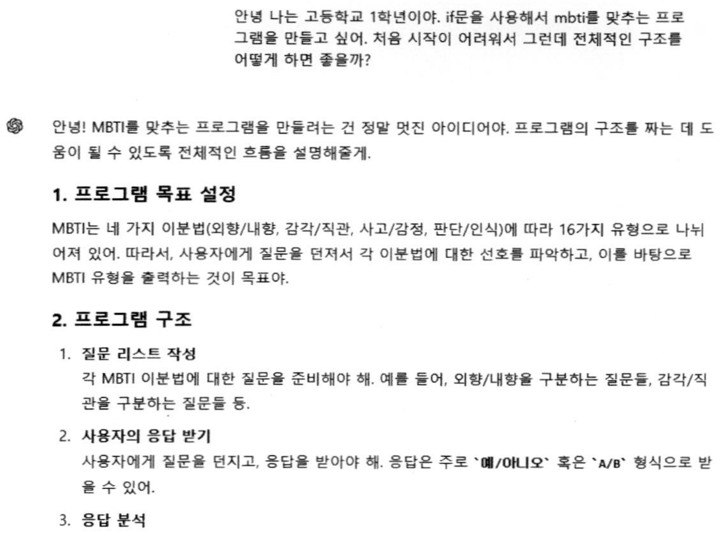

안녕 나는 고등학교 1학년이야. if문을 사용해서 mbti를 맞추는 프로그램을 만들고 싶어. 처음 시작이 어려워서 그런데 전체적인 구조를 어떻게 하면 좋을까?

안녕! MBTI를 맞추는 프로그램을 만들려는 건 정말 멋진 아이디어야. 프로그램의 구조를 짜는 데 도움이 될 수 있도록 전체적인 흐름을 설명해줄게.

1. 프로그램 목표 설정

MBTI는 네 가지 이분법(외향/내향, 감각/직관, 사고/감정, 판단/인식)에 따라 16가지 유형으로 나뉘어져 있어. 따라서, 사용자에게 질문을 던져서 각 이분법에 대한 선호를 파악하고, 이를 바탕으로 MBTI 유형을 출력하는 것이 목표야.

2. 프로그램 구조

1. 질문 리스트 작성
   각 MBTI 이분법에 대한 질문을 준비해야 해. 예를 들어, 외향/내향을 구분하는 질문들, 감각/직관을 구분하는 질문들 등.
2. 사용자의 응답 받기
   사용자에게 질문을 던지고, 응답을 받아야 해. 응답은 주로 `예/아니오` 혹은 `A/B` 형식으로 받을 수 있어.
3. 응답 분석

출처: 집필자가 화면 캡처.

이후 프로그램 만들기 활동을 하며 자신의 코드가 잘 작성이 되었는지 ChatGPT를 통해 확인하는 등 다양한 방면에서 활용할 수 있습니다.

■ **활용 사례 2. 생성형 AI를 활용한 장애 공감 교육**

생성형 AI를 교과에서만 사용할 수 있을까요? 생성형 AI는 학생들의 흥미를 끌어낼 수 있다는 강력한 장점이 있습니다. 다음은 생성형 AI를 활용하여 학교에서 운영하는 동아리 학생들과 함께 조회시간에 진행될 장애 공감 수업을 기획한 선생님의 사례입니다.

수업을 구성하는 단계에서 우선 동아리원에게 장애 공감 교육의 목적을 설명한 뒤, 어떤 내용을 학생들에게 전달할지 자체적으로 회의를 하며 구체화하였습니다. 회의 결과 이번 장애 공감 교육은 청각장애인을 주제로 정하고, 전교생이 청각장애인에게 공감할 수 있는 방법을 고민했습니다. 그 과정에서 평소 IT 기술에 관심이 많았던 동아리 학생들은 생성형 AI를 활용하여 시각 자료를 제작하면 학생들의 흥미도 유발할 수 있고, 공감대를 형성할 수 있을 것이라 생각했습니다.

그림 4-5   Vrew AI를 활용하여 제작한 영상 자료 일부

출처: 집필자가 화면 캡처.

학생들이 제작한 첫 번째 자료는 영상 자료입니다. 청각장애인의 삶에 대한 소설을 시나리오로 작성한 뒤 'Vrew AI'를 활용하여 영상을 만들고 소리를 입혔습니다.

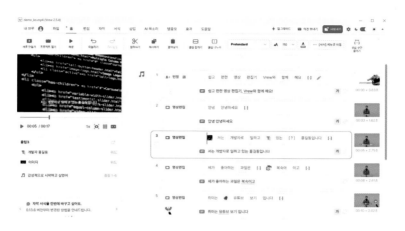

> **그림 4-6** Vrew AI 메인 캡처 화면

출처: 집필자가 화면 캡처.

'Vrew AI'는 무료로 이용할 수 있으며, 인터페이스가 편리하게 되어있어 처음 사용하더라도 쉽게 영상 제작이 가능합니다.

두 번째 자료는 음악 자료입니다. 학생들은 장애 공감 교육의 목적과 주제를 'Suno AI'에 입력하여 54초가량의 AI 음원을 만들었습니다. 'Suno AI'의 경우 홈페이지가 영어로 되어있어 학생들이 처음 활용하기에 어려움이 있을 수 있으므로 사전에 활용 방법에 대한 설명이 필요합니다. 담당 선생님은 청각장애인과 수화를 주제로 수업을 진행하며 학생들이 제작한 자료를 소개해 주었습니다.

수업을 들은 학생들은 친구가 자료를 직접 제작했다는 사실에 매우 놀랐고, 접할 기회가 적었던 생성형 AI가 활용되는 모습을 실제로 보니 굉장히 신기하다는 반응이 있었습니다. 학생들의 흥미를 끌어낸 덕분에 다른 수업보다 집중력이 뛰어난 모습 또한 보였습니다.

자료를 직접 만든 학생의 경우 평소 영상 제작과 음악 제작은 생각지 못했는데 생성형 AI를 활용하며 쉽게 만들 수 있다는 사실에 놀랐고, 앞으로 소설뿐만 아니라 드라마나 뮤직비디오를 제작할 수도 있을 것 같다는 소감을 전했습니다.

PART 2 AI, 디지털 전환과 학교 교육   89

2 생성형 AI 활용 시 유의사항

학생들에게 다양한 가능성을 열어줄 수 있는 생성형 AI는 잘 활용하면 굉장히 유용한 기술입니다. 하지만 사용할 때 유의해야 할 점 또한 존재합니다.

① 생성형 AI 사용 규정

생성형 AI 서비스 약관을 확인해 보면 기업마다 사용할 수 있는 나이가 다름을 확인할 수 있습니다.

표 4-3 | 생성형 AI 사용 가능 연령

구분	생성형 AI 사용 가능 연령
ChatGPT	만 13세 미만: ChatGPT 사용 제한 만 13세 이상 ~ 18세 미만: 법적 보호자의 동의하에 사용 가능 만 18세 이상: 사용 가능
Gemini	만 13세 미만: Gemini 사용 제한 만 13세 이상 사용 가능
뤼튼(Wrtn)	만 14세 미만: 법적 보호자의 동의하에 사용 가능 만 14세 이상 사용 가능

따라서 수업을 구성할 때 학생들이 사용할 수 있는 생성형 AI를 파악해야 하며, 반드시 가정통신문 등의 형태로 학생들이 생성형 AI를 활용하는 것에 대한 보호자의 동의를 받아야 합니다. 이때, 보호자에게 생성형 AI의 개념과 유의 사항을 안내하여 가정에서도 함께 지도할 수 있도록 해야 합니다.

② 데이터 및 개인정보 보호

프롬프트[13] 명령어를 자세하게 작성할수록 좋은 결과를 제공하는 생성형 AI 특성상 원하는 결과를 얻기 위하여 개인정보 혹은 보안 자료 등의 민감한 정보를 입력하는 경우도 있습니다. 그러나, 생성형 AI는 프롬프트에 입력되는 정보를 저장하고 추후 성능 개선을 위한 학습 자료로 활용할 수 있습니다. 민감한 정보를 입력하는 경우 생성형

---

13   원하는 결과를 얻기 위해 입력하는 창

교육 대전환 시대, 우리 잘 적응할 수 있겠죠?

AI가 학습하여 추후 타인에게 정보가 유출하는 상황이 발생할 수 있습니다. 따라서 생성형 AI 활용 시 민감한 정보에 대해서 입력하지 않도록 주의해야 합니다.

③ 윤리적 사용 강조

생성형 AI가 만들어낸 콘텐츠는 결과물에 대한 소유권 문제가 있을 수 있으며, 출처가 명확하지 않다는 단점이 있습니다. 생성형 AI가 제작한 콘텐츠를 무단으로 사용하는 경우 법적으로 문제가 될 수 있어, 그 출처를 명시할 수 있도록 해야 합니다.

④ 활용 방법 안내

생성형 AI는 사용자의 프롬프트 명령어의 입력으로 결과물을 생성합니다. 학생이 입력한 프롬프트 명령어에 따라 교사의 의도와는 다른 결과물이 생성될 수 있고, 이는 예상하지 못한 방향으로 수업을 이끌 수 있습니다. 가령 교사가 과제로 낸 문제에 관하여 학생이 생성형 AI에게 답안을 요청하면 고민하는 과정 없이 손쉽게 답안을 얻을 수 있습니다. 이때의 생성형 AI는 학생의 역량 향상을 위한 도구가 아닌 정답지로 전락할 수 있습니다. 교사의 의도와 다르게 흘러가는 것을 막기 위하여 생성형 AI를 사용하여 어떤 작업을 할 것인지 그 활용 방법에 대해 명확한 안내가 필요합니다.

⑤ AI 한계 인식

생성형 AI가 잘못된 결과를 생성할 수 있음을 반드시 안내해야 합니다. 할루시네이션(hallucination)이라고도 하는 생성형 AI의 환각 현상은 생성형 AI의 학습데이터에 잘못된 정보 혹은 편향이 있어 사실과 다른 정보를 생성하는 현상을 말합니다. 학생에게 생성형 AI가 제공하는 결과가 잘못될 수 있으니 비판적으로 사고하고, 사실을 확인하는 과정의 중요함을 알려주어야 합니다.

④ 학생학습역량과 AI 활용 교육

교사 혹은 예비교사라면 분명 자신의 교육관에 대한 고민을 한 적이 있을 것입니다. 교육을 통해 실현하고자 하는 목표가 무엇인지 정하기는 참 어렵지만, 교사가 되기 위한 과정 중에서 어느 정도 충분한 고민은 있었으리라 생각합니다. 그다음은 나의 교육관을 바탕으로 어떻게 수업을 구상할지에 대한 고민이 시작됩니다. 수업의 난이도 조절부터 참여형 수업을 진행할지, 지식 전달에 무게를 둔 수업이 좋을지 등 정해야 할 것이 참 많습니다. 단순한 지식전달자를 넘어서 교사라는 직업을 꿈꾸는 우리는 학생들에게 필요한 역량들을 길러줄 수 있는 수업을 기획해야 합니다. 그렇다면 학생들에게 필요한 역량은 무엇일까요?

교육과정은「초·중등교육법」제23조 제2항에 의거하여 고시한 것으로, 초·중등학교의 교육 목적을 달성하기 위해 초·중등학교에서 운영하여야 할 학교 교육과정의 공통적이고 일반적인 기준을 국가 수준에서 제시한 것입니다. 법률을 근거로 교육과정 총론에서는 교육을 통해 학생들이 갖출 것으로 기대하는 특성인 인재상을 제시하며 그에 맞는 인재가 되기 위해 학교가 길러줄 학생들이 갖춰야 할 핵심 역량을 함께 제시합니다.

 표 4-4 │「2022년 개정교육과정」이 제시하는 중등학교 핵심 역량

가. 자아정체성과 자신감을 가지고 자신의 삶과 진로를 스스로 설계하며 이에 필요한 기초 능력과 자질을 갖추어 자기 주도적으로 살아갈 수 있는 **자기관리 역량**

나. 문제를 합리적으로 해결하기 위하여 다양한 영역의 지식과 정보를 깊이 있게 이해하고 비판적으로 탐구하며 활용할 수 있는 **지식정보처리 역량**

다. 폭넓은 기초 지식을 바탕으로 다양한 전문 분야의 지식, 기술, 경험을 융합적으로 활용하여 새로운 것을 창출하는 **창의적 사고 역량**

라. 인간에 대한 공감적 이해와 문화적 감수성을 바탕으로 삶의 의미와 가치를 성찰하고 향유하는 **심미적 감성 역량**

마. 다른 사람의 관점을 존중하고 경청하는 가운데 자신의 생각과 감정을 효과적으로 표현하며 상호협력적인 관계에서 공동의 목적을 구현하는 **협력적 소통 역량**

바. 지역·국가·세계 공동체의 구성원에게 요구되는 개방적·포용적 가치와 태도로 지속 가능한 인류 공동체 발전에 적극적이고 책임감 있게 참여하는 **공동체 역량**

디지털 전환 시대를 살아가기 위하여 학생들은 교육과정 총론에서 제시하고 있는 역량은 필수적으로 갖춰야 합니다. 그럼 AI를 활용한 교육이 학생들의 어떤 역량 향상에 도움을 줄 수 있을까요?

먼저, 자기관리 역량입니다. 전보다 다양해진 콘텐츠에 학생들은 유혹에 빠지기 쉬운 상황에 놓여있습니다. '이 영상 하나만 더 보고 공부해야지' 생각하면서 계획을 미루는 일이 허다하여 한정된 시간 안에서 스스로 계획한 것을 지키는 것에 어려움을 겪습니다. 앞서 살펴본 AI 코스웨어를 활용한다면 이런 부분에 도움을 받을 수 있습니다. 일정 시간 정답이 입력되지 않으면 애플리케이션에서 알림이 뜨는 기능, 본인의 공부 시간을 측정하고 다른 사람들과 공유하는 기능 등을 활용하며 자극을 받고 마음을 다잡을 수 있습니다.

AI 코스웨어를 활용하는 학생들은 교사가 구성한 교과목 커리큘럼을 참고하여 스스로 계획을 세워 학습할 수 있습니다. AI를 통해 학생들은 적절한 난이도의 문제를 풀 수 있고, 스스로 학습 속도를 조절하는 자기주도적인 학습이 가능합니다. 이처럼 교사는 학생들의 자기관리 역량 향상에 도움이 되는 적절한 AI 코스웨어를 알아볼 필요가 있습니다. 또한, 그것을 효과적으로 사용하는 방법을 먼저 연구하고 학생들에게 알려주며 자기관리 역량을 기를 수 있도록 지도해야 합니다.

다음으로는 지식정보처리 역량입니다. 빠르게 발전하는 사회에서 생성형 AI를 사용하는 학생들은 많아지고 있습니다. 알게 된 정보를 어떻게 정리하여 지식으로 가져갈 것인지 체계화하고, 옳고 그름을 판단하는 등의 지식정보처리 역량은 더욱 강조되고 있습니다. 방대한 자료를 가진 생성형 AI를 활용해 정보를 수집한 것으로 수업을 마치는 것이 아닌, 수집한 정보가 정확한지 검증하는 과정을 활동에 추가하면 비판적으로 탐구하고, 정보를 체계화하는 방법을 연습할 수 있습니다. 검증하는 과정 외에도 생성형 AI가 요약한 것과 학생이 직접 요약한 것을 비교하는 것을 과제로 제시하거나, 생성형 AI의 답변 중 오류를 찾아 수정하는 연습도 지식정보처리 역량 향상에 도움이 됩니다.

다만, 다른 모든 기술과 마찬가지로 AI 에듀테크도 단점이 있습니다. 교사는 AI 에듀테크를 활용한 수업의 단점에 대해서도 생각해 볼 필요가 있습니다. 인공지능을 사용해서 빠르게 정답 및 피드백을 받는 경험은 오히려 학생들이 깊게 고민하는 힘을 기르는 것에 방해가 된다는 비판도 있습니다. 또한, 디지털과의 소통과 달리 사람과의 관계를 맺는 것은 훨씬 정교한 작업입니다. 교사는 학생들이 타인과 소통하는 방법을 디지털이 아닌 학교라는 공간에서 연습할 수 있도록 협력적 소통 역량 향상에 더욱 신경 써야 합니다. 이 외에도 정보 윤리에 대한 교육, 저작권에 대한 교육 등도 추가로 진행할 필요가 있습니다.

따라서 교사는 AI 에듀테크의 장점을 활용하되 단점을 경계하는 자세가 중요합니다. 앞서 살펴본 두 가지 외에도 교육과정에서 제시한 역량들을 기르기 위해 다양한 수업을 구상하고, AI 에듀테크를 활용하여 증폭시킬 방법은 없는지, 기존의 틀에 박힌 수업에서 벗어날 방법에 대한 폭넓은 고민이 필요합니다.

⑤ 토론

다음은 현재 AI 에듀테크를 활용하여 수업하는 교사 김○○의 고민입니다. AI 에듀테크를 활용하며 경험한 장단점을 교사는 어떻게 보완할 수 있을지 함께 고민해봅시다.

사례

고등학교 수학 교사인 김○○ 교사는 지난 2년간 AI 코스웨어를 활용하여 수업을 진행했습니다. AI 코스웨어를 활용하면 학생들에게 적절한 난이도의 문제를 제공할 수 있어 수업 난이도 조절에 용이하고, 학생 참여 부분에서도 장점이 커 앞으로도 계속 활용하고자 합니다. 이번 학기도 AI 코스웨어를 활용한 수업을 설계하던 도중 문득 자신의 수업으로 학생들이 길러야 할 역량을 기를 수 있을지 의심이 생겼습니다. 특히, AI 코스웨어를 활용하며 문제를 푸는 과정에서 결국에는 모범 답안이 정해져 있다는 것이 학생들이 다양한 풀이 방법을 적용하며 사고를 확장해 가는 과정에 방해가 되는 것은 아닌지 의문이 들었습니다. 하지만 추후 평가를 위해 모범 답안이라는 명확한 지침이 있어야 하는 것도 부정할 수 없습니다. 그렇다면 이 상황에서 자신의 수업으로 학생들의 창의적 사고 역량을 어떻게 기를 수 있을지 고민입니다.

참고문헌

박아람, 이찬. (2023). 디지털 정보기술의 발전에 따른 에듀테크의 진화와 미래교육을 위한 역할 고찰. 정보교육학회논문지, 27(1), 71-82. 서울: 한국정보교육학회.

오재호. (2020). 코로나19가 앞당긴 미래, 교육하는 시대에서 학습하는 시대로. 경기연구원. 수원: 경기연구원.

교육부. (2022.12.). 제 2022-33호 [별책 3] 중학교 교육과정. 세종: 교육부.

정훈. (2024.2.22.). 2024년 대한민국 에듀테크 마켓맵. 러닝스파크. https://askedtech. com/post/1343025 (2024.03.18. 검색)

교육부. (2023.9.). 에듀테크, 교육혁신을 이끌다 에듀테크 진흥방안. https://url.kr/qzed3l (2024.03.18. 검색)

㈜보이저엑스. (2024). VrewAI(2. 6. 2). https://vrew.ai/ko (2024.08.21. 검색)

㈜뤼튼테크놀로지스. (2024). 뤼튼. https://wrtn.ai (2024.08.21. 검색)

㈜팀플백. (2024). 자작자작. https://www.jajakjajak.com (2024.08.10. 검색)

㈜프리윌린. (2024). 매쓰플랫. https://www.mathflat.com (2024.8.10. 검색)

OpenAI. (2024). ChatGPT(3.5 버전)[Large language model]. https://chatgpt.com (2024.08.21. 검색)

Google. (2024). Gemini. https://gemini.google.com/?hl=ko (2024.08.21. 검색)

CHAPTER 5

메타버스, 포스트 코로나 시대에도 여전히 유용할까요?

이지아

4차 산업혁명 시대에 접어들면서, 학생과 교육자 모두 다양한 기술의 발달을 접하게 됐습니다. 학생도 학습자로서 교육현장에서 4차 산업혁명의 기술이 접목된 도구들을 접하게 됐으며, 교육자도 교육현장에서 사용할 수 있도록 이때만큼은 학습자가 되어 다양한 기술들을 배우고 습득하게 되었습니다. 메타버스도 이러한 기술에 포함됩니다. 현재 다양한 분야의 수업에서 메타버스를 학습 도구로 활용하는 움직임이 활발하게 일어나고 있습니다. 그렇다면 메타버스는 정확히 어떠한 개념으로 정의될까요? 4차 산업혁명 시대가 진행되고 있는 만큼, 저희는 이 정의와 의의를 명확하게 짚고 넘어가야 할 필요가 있습니다.

❶ 메타버스, 넌 도대체 뭐니?

❶ 메타버스의 개념

메타버스란 여러 개를 뜻하는 'meta'와 세계를 뜻하는 'universe'의 합성어이며, 현실을 초월한 가상 세계를 의미합니다. 오늘날 TV에서 방영되는 예능을 보다보면, '부캐'라는 단어를 한 번쯤 들어보았을 것입니다. 부캐란 방송인이 자신이 또 다른 자아를 만들어내 마치 자신의 실제 모습인 것처럼 행동하는 것을 말합니다. 메타버스 속 캐릭터도 이와 같습니다. 메타버스 속에서는 학습자들이 부캐처럼 자신이 설정한 캐릭터로 학습 활동에 참여할 수 있게 됩니다.

이에 대한 예시로, [그림 5-1]은 메타버스 플랫폼 중 하나인 'ZEP'을 활용해 영유아(6~7세)를 대상으로 한 영어 교실을 디자인한 모습입니다. 사용자의 캐릭터가 자유롭게 움직이면서 제시된 10개의 영어 퀴즈에 따라 학생들이 답을 유추해 교실 문에 들어가는 식으로 꾸몄습니다.

그림 5-1 ZEP 메타버스 영유아 영어 교실

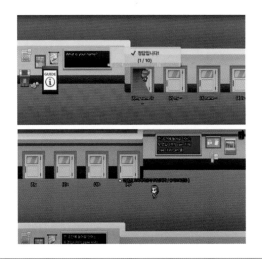

출처: 집필자가 화면 캡처.

2 메타버스 교육 현장 도입의 의의

그렇다면 메타버스 플랫폼이 교육현장에 도입되면서 발생한 의의는 무엇이 있을까요? 메타버스 중 ZEP을 하나의 예시로 들어 설명하자면, 첫 번째로 접근성이 간편해지면서 교육현장이 시간과 공간의 제약을 받지 않게 됐다는 점입니다. 줌 워크플레이스(Zoom Workplace)의 경우, 해당 플랫폼을 사용하기 위해서는 접속한 환경에 따라 프로그램 혹은 애플리케이션을 설치해야 합니다. 만일 설치에 대한 사전 고지가 충분히 이루어지지 않았다면, 수업을 진행할 때 학생들에게 혼란이 이뤄질 수가 있습니다. 이러한 문제점을 전혀 고민할 필요가 없습니다. 왜냐하면 ZEP은 웹브라우저 링크를 공유하기만 한다면, 공간의 제약 없이 클릭 한 번으로 접속이 되기 때문입니다. 이렇게 접근성이 편리하다는 점 하나만으로도 교육현장에서 활용하기에는 더할 나위 없는 장점이라고 보입니다.

두 번째로, 학생들의 수업 참여도가 올라가 교사-학생 간 상호작용이 활발해졌다는 점입니다. 대면 수업 중, 특히 학생들의 발표 참여 모습을 살펴보면, 항상 하던 학생만 발표하는 모습을 목격할 수 있습니다. 발표에 참여하지 않는 학생들 중에서는 정말 수업 참여에 흥미가 없어 참여를 안 하는 경우도 있지만, 참여는 하고 싶으나, 다수의 사람들 앞에서 나서기가 쑥스러운 학생들도 있습니다. 이때, '메타버스 ZEP'을 활용하면 이러한 학생들의 학습활동의 참여율을 끌어올릴 수 있습니다. OX와 같은 단답형 문제, 미로 탈출, 퀘스트 달성 등과 같은 여러 가지 참여형 학습 위주로 수업을 계획할 수 있기 때문에, 학생들의 흥미와 학습 동기를 유발해 참여도가 자동으로 올라가게 됩니다. 상기한 점들로, 메타버스가 교육현장에 도입된 의의를 살펴볼 수 있었습니다.

❷ 메타버스의 등장, 학교현장 변화의 시작

시대가 변하면서 교육현장의 모습도 달라졌습니다. 분필을 사용하던 선생님들은 이제 전자펜으로 전자칠판에 수업 내용을 적는 곳이 많아졌습니다. 이렇듯 기술의 발달은 우리의 교육현장의 모습에 큰 변화를 일으켰습니다. 그렇다면 메타버스가 들어선 교육현장의 모습은 어떨까요? 교육자들이 수업을 가르치는 방식과 더불어 학습자들 또한 수업을 받는 방식이 어떻게 달라졌는지 들여다볼 필요가 있습니다.

1 메타버스, 학교현장에 최초로 도입되다

성공적인 첫 메타버스 국내 수업 사례로는 무엇이 있을까요? 사례를 하나 소개해 드리자면, 바로 대구에 근무하는 한 교사가 2021년 1학기 여름 캠프를 게더타운으로 진행한 사례입니다. 해당 여름 캠프는 약 한 달간 진행됐으며, 기획 의도는 코로나 19

로 개학이 연기되면서, 학생들의 학습 결손이 생길 걸 우려해 교사들이 자체적으로 메타버스 수업을 시작하게 된 것입니다. 학생들이 학교로 복귀하고 난 후에도 학생 간 학습 격차가 발생할 것을 우려해 방학마다 시행됐으나, 메타버스를 활용한 여름 캠프는 해당 연도가 처음이었습니다. 코로나 19로 대면 등교가 어려운 상황에서도 메타버스 공간 안에서는 학생들이 자신만의 캐릭터를 커스텀해 해당 교실에 입장만 하면 등교를 할 수 있습니다.

메타버스 내 교실은 실제 교실과 매우 흡사했습니다. 보건실, 행정실, 교장실도 있으며, 심지어 도서관도 있는데, 이곳에서는 실제로 전자책을 대출할 수도 있습니다.

🔖 그림 5-2   실제 학교를 옮겨놓은 듯한 메타버스 가상학교

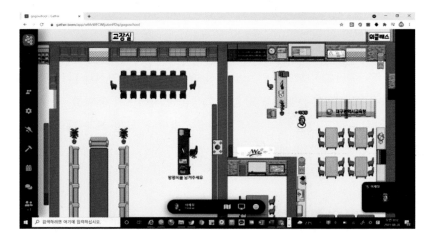

출처: 티처빌 공식 블로그(https://m.blog.naver.com/tekville1/222529783794).

그리고 각 학년 층마다 국어, 수학, 사회, 과학, 영어 과목이 복식으로 나열돼 있습니다. 그리고 여기서 주목할 점은 한 가지 수업 방식으로만 교실이 구성된 것이 아닌, 강의식 수업, 협동 수업을 하는 교실 공간이 나누어져 있다는 것입니다. 줌(Zoom)의 소회의실을 활용할 때와 다르게, 게더타운은 실제 토론 학습을 할 때처럼 직관적으로 진행할 수가 있습니다. 그리고 대면 수업이었다면, 교사가 학생들이 학습을 잘 따라오고 있는지 일일이 돌아다니며 체크를 해야 하나, 게더타운에서는 '활동 점검용 선생님 발판'을 토대로 학생들의 학습 진도 상황을 편리하게 체크할 수 있습니다. 또한, 학생 대상 학습 주도형 수업을 진행하기 위해서 가상현실(VR), 패들렛(Padlet), 지오지브라(GeoGebra), 띵커벨(ThinkerBell), 퀴즈엔(QuizN) 등을 활용해 자기주도 학습 효과를 대폭 증가시켰습니다. 평면적인 온라인 학습 사이트를 실제적인 학습 공간으로 탈바꿈했기 때문에, 해당 사례는 매우 훌륭한 성과로 남았습니다. 그러나 모바일 접근성이 불편한 점, 가상학교 접속 대기가 오래 걸린다는 점과 캐릭터를 이동하는 데 오래 걸린다는 점 등이 단점입니다. 이는 메타버스가 해결해야 할 과제로 남게 됐습니다.

③ 메타버스의 현재, 학교현장은 어떻게 바뀌었을까?

메타버스가 교육현장에 도입하게 되면서 이전에 칠판으로 수업 내용을 적는 점과 시각 자료를 TV로 단순히 보여주던 모습에서 현재의 교실은 이전과 많이 달라지게 됐습니다. 다양한 메타버스 플랫폼을 활용해 학생들의 참여도와 흥미를 이끌어내고, 교사의 설명만으로 이뤄진 일방향의 수업 형태에서 벗어나, 학생-교사 간의 활동 중심의 쌍방향 수업의 방향을 추구하게 됐습니다.

① 메타버스의 현재, 한국에서는 어떨까?

메타버스가 교육현장에 도입되면서, 학교현장에도 변화의 바람이 불어오게 됐습니다. 그 모습은 어떨까요? 이에 대한 답으로, 메타버스를 활용해 한국-프랑스 공동 역사 수업을 진행한 사례가 있습니다. 수업은 서울, 경기 지역에 근무하는 교사들의 주도 하에 이루어졌습니다. 수업의 주제는 1940~1945년 프랑스와 한국의 독립운동으로, 프랑스 학생들이 번동중학교에 직접 방문해 수업이 진행됐습니다. 이 수업도 메타버스를 활용해 학생들이 직접 방탈출 게임을 만들고 팀별로 문제를 헤쳐나갈 수 있도록 구성되었습니다.

학생들의 반응은 어땠을까요? 학생들은 한국과 프랑스의 역사를 메타버스를 통해 재미있게 배울 수 있어 좋은 경험이었다고 했습니다. 또한, 수업 진행도가 훌륭했기에 모두가 행복했다며, 기회가 있다면 또 참여하고 싶다고 소감을 밝혔습니다. 이렇게 한 국-프랑스 학생 간 교류의 기회를 가지면서, 동시에 메타버스를 활용해 역사 수업을 진행하니 수업현장에 활기가 더해진다고 볼 수 있었습니다.

그렇다면 안전교육 및 시설관리 부문에서는 메타버스가 어떻게 활용되고 있을까요? [그림 5-3]과 같이, '트윈스쿨'이라는 맵에 안전한 학교 생활을 위한 안전 교육을 진행합니다. 학생들이 트윈스쿨에 입장하게 되면, 수업 초반에 조별로 선택했던 주제에 따라 나누어진 방에 들어가 주제별 안전교육을 받게 됩니다. 영상 속에 나왔던 주제를 하나의 예시로 들자면, '스마트폰'이 주제인 방으로 들어갈 경우, 학생들은 순서에 따라 퀴즈, 다양한 게임과 같은 미션을 하게 됩니다. 단순히 선생님이 진행하는 강의식 교육을 듣는 것이 아닌, 메타버스 속 가상 체험 활동을 하기 때문에 지루함도 덜해지고 학생들의 집중도를 높일 수 있게 됩니다.

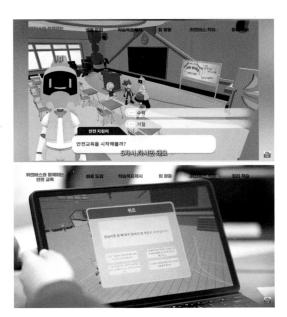

그림5-3   안전교육에 관련한 EBS 교양 유튜브 영상

출처: EBS 교양(https://www.youtube.com/watch?v=z__yICWHQzs).

메타버스의 현재, 해외에서는 어떨까?

해외에서는 메타버스가 교육현장에서 어떻게 활용되고 있을까요?

① 스미소니언 재단

연방정부가 설립한 스미소니언 재단은 교육재단 및 문화기관의 역할을 하고 있습니다. 스미소니언 박물관 공식 홈페이지에 들어가 보면, 다양한 가상현실(VR) 프로그램을 볼 수 있습니다. 그 예로, VR 플라네타륨 쇼를 무료로 관람할 수 있으며, 또한 구스체이스(GooseChase) 프로그램을 통해 다양한 테마별 스캐빈저 헌트를 직접 박물관에 방문하거나 VR로 체험할 수 있는 기회를 제공하고 있습니다.

💡 그림 5-4   Kenneth C. Griffin Exploring The Planets VR Tour

출처: National Air and Space Museum(https://airandspace.si.edu).

② NASA

그리고 NASA에서도 여러 가지 도움을 제공하는데, 예를 들자면, 학생 대상 우주정거장 체험을 진행하며 교사들을 대상으로 수업에 활용할 수 있는 수업자료를 제공해주고 있습니다.

그림 5-5   NASA's Virtual Guest Program

출처: NASA(https://www.nasa.gov/nasa-virtual-guest-program).

④ 메타버스의 미래, 이대로 괜찮을까?

시대가 변하고, 교육현장에도 변화가 불어온 만큼 학생들이 교육을 받는 모습에도 많은 변화가 찾아왔습니다. 여기서 질문해보겠습니다. '학교에 메타버스가 도입되면서 과연 긍정적 변화만 생겼을까요?', '전과 비교해 수업의 질이 훨씬 더 향상됐을까요?', '그렇다면 이러한 기술을 미래에 인간인 교사를 대신해 전면 도입하게 된다면, 과연 학교가 더 똑똑해질 수 있을까요?'라는 것입니다. 메타버스가 영어 교과 수업에 도입된 실제 사례를 살펴보며, 새롭게 변한 교육현장엔 어떤 문제점들이 있는지 이야기 해 봅시다. 또한 다양한 교과목 수업에 활용됐던 메타버스 플랫폼이 자칫 한철 유행처럼 쓰여지고 사라질지, 혹은 현재의 기술에서 지닌 한계점을 극복하고 더 나은 방향으로 나아갈 수 있을지도 생각할 필요가 있습니다.

메타버스, 교사에게 정말 필요할까?

메타버스에 긍정적인 의견을 내비치는 교사들도 많지만, 회의적인 생각을 내비치는 교사들도 여럿 있습니다. 저자는 이러한 현장의 목소리를 직접 듣고자, 구글 독스를 활용해 '메타버스 활용 수업' 설문조사를 실제 현장에 계신 교사 두 분에게 요청했습니다.

 표 5-1 │ 메타버스 활용 수업 설문조사 결과

설문 내용	교사 1 (설문 응답자)	교사 2 (설문 응답자)
1. 메타버스 활용 수업을 하기 전과 후, 메타버스에 대한 인식이 긍정적 혹은 부정적으로 바뀌었나요?	주어가 학생을 의미하는 것이라면 다소 긍정적, 교사를 의미하는 것이라면 중립	부정적이다
2. 메타버스에 대한 인식이 긍정적으로 바뀌었을 경우, 그에 대한 이유를 기입해주세요.	학생들의 경우, 메타버스를 통해 자신의 상상을 구현한다는 점에서 즐거워하는 것 같았고, 교사인 나의 경우, 아직 메타버스 자체에 대해 판단하기 이르다고 생각하기에 긍정적/부정적 인식의 판단이 서지 않음	–
3. 메타버스에 대한 인식이 부정적으로 바뀌었을 경우, 그에 대한 이유를 기입해주세요.	–	수업에서 상호작용이 줄어들었고, PC에 기반한 메타버스는 기기가 너무 제한적임
4. 교육 현장 속 메타버스의 향후 전망이 어떻지 자유롭게 기입해주세요.	어떻게 이끌어가느냐에 따라 달렸기에 현시점에서는 전망을 논하기 어려움	없어질 것 같음

전반적으로 메타버스의 전망을 판단하기에는 시기상조라고 보는 의견도 있었으며, 기술적 한계 등과 같은 문제 때문에 미래에는 메타버스가 사장될 것 같다는 생각도 내비쳤습니다.

그렇다면, 이외에도 교사들은 어떤 점에서 메타버스를 회의적인 시선으로 바라봤을까요? 이미경, 이학준, 권욱동이 실시한 교육현장 속 메타버스 활용 연구에 따르면, 메타버스를 사용해서 학생들을 지도할 때 다음과 같은 고충이 있다고 밝혔습니다.

① 학생 지도 관리

네트워크 환경 열악, 교사의 메타버스 이해도와 같이 수업 설계가 미비할 경우 수업 흐름이 원만치 못 한다거나, 학습에 무기력한 학생들은 이러한 활동 수업에 참여율이 떨어지는 경향이 있다고 했습니다. 그리고 메타버스를 활용한다고 해서 학생들의 교과 교육이 완벽하게 이루어지는 건 아니라며, 기기를 다루는 데 있어서 어려움을 느끼는 학생들이 있으니, 해당 학생들에 관심을 기울여야 한다고 밝혔습니다.

② 윤리적 문제

윤리적 문제는 메타버스가 본격적으로 활발히 이용되던 시점에서부터 꾸준히 제기됐던 문제입니다. 메타버스를 활용하는 데 문제점은 '익명성'입니다. 교사들이 메타버스에 대해 사이버 범죄라든지, 현실 세계와 가상 세계 사이의 혼돈 등을 우려했습니다. 윤리 가이드라인이 발표되었다고 하더라도, 여전히 교육현장에서는 우려가 많습니다.

② 메타버스, 학생들은 어떻게 받아들이고 있을까?

교사 입장에서 살펴봤을 때, 회의적이고 우려를 표하는 목소리들이 다수 있었습니다. 그렇다면 학생들의 생각은 어떨까요? 황요한이 이프랜드(ifland) 앱을 활용한 연구에 따르면, 메타버스를 활용한 수업 내용의 이해가 원만했냐는 질문에는, 전체 학생 24명 중 '보통이다'(8명), '다소 그렇지 않다'(2명)라고 해당 문항에 응답했습니다. 해당 질문의 주관식 문항에서도 메타버스에 대해 회의적으로 서술한 부분이 있었습니다. 이는, 핸드폰으로만 앱이 상호작용이 가능해 수업에 불편함이 있었다는 점과 이로 인해 집중력이 떨어졌다는 것이었습니다. 결국 앞서 살펴본 교사의 의견과 같이, 수업에서 상호작용이 줄었다는 지적과 일맥상통하는 부분이 있습니다.

결국 처음 메타버스가 교육현장에 도입됐을 때 신선함과 잠깐의 흥미를 학생들에게 이끌수 있을지 몰라도, 단순히 게임처럼 즐기는 공간으로만 활용되어서는 안 된다는 걸 우린 알 수 있었습니다. 교사와 학생들의 목소리를 들어봄으로써, 교사의 충분한 준비와 통제 및 비계(scaffolding)가 이루어지는 학습 공간으로써의 본분을 잊지 말아야 한다는 점을 깨닫게 해주었습니다.

5 메타버스, 이제는 받아들여야 할 때

　메타버스가 도입되면서 교육현장뿐만 아니라 학교현장에서도 많은 부분을 차지하게 되었습니다. 그렇다면 메타버스를 이와 같은 현장에서 사용했을 때 초래한 문제점들이 있다고 해서 과연 사용을 지양하고 이를 배척해야 할까요? 그렇지 않습니다. 이번 장에서는 질문을 통해 미래의 교육현장이 더 발전된 모습으로 나아가기 위해 어떤 노력을 해야 하는지 탐구하고자 합니다. 그리고 메타버스가 도입된 교육 및 학교현장이 올바른 방향으로 나아갈 수 있도록 개선안을 제안하고자 합니다.

　메타버스 플랫폼을 학교현장에서 학습 도구로 활용하는 데 있어 긍정적인 부분만이 있는 것은 아닙니다. 그렇다면 이에 대해 향후 개선안들로는 어떤 것이 있을까요? 저자가 제안하고자 하는 방향은 두 가지입니다. 첫 번째로, 교사-학생 간 상호작용 감소, 학생의 기기 조작 어려움과 같은 메타버스의 한계를 극복하지 못 하게 된다면, 이에 대한 개선안으로 안전교육 및 학교 시설 안내 등의 기능으로 확립해 이를 학교현장에서 활용하게 하는 것입니다. 현재 메타버스 플랫폼은 2024년도 기준, 교육현장에서 안전교육 및 학교 시설 안내 기능 등으로 아직까지 잘 활용되고 있습니다. 그렇기 때문에 행사 및 현장 체험과 같은 프로그램을 진행할 때, 메타버스로 진행할 시 편리성과 접근성의 이점도 무시할 수 없기에 이러한 이점을 활용하는 것이 긍정적인 방향으로 보입니다.

그림 5-6 안전교육에 관련한 EBS 교양 유튜브 영상

출처: EBS 교양(https://www.youtube.com/watch?v=z__yICWHQzs).

🔍 그림 5-7　　메타버스 활용 찾아가는 도로명주소 교육

출처: 연수구청(https://www.yeonsu.go.kr/main/community/notify/report.asp?page=v&seq=26566).

　　두 번째로는, 메타버스에 생성형 AI를 도입하는 것입니다. 불과 몇 년 전까지만 하더라도, 메타버스는 트렌드 반열에 있었습니다. 그러나 이내 상호작용 부족과 같은 한계점이 발견되자, 유행은 차츰 시들어가기 시작했으며, 사람들은 생성형 AI에 관심을 돌리기 시작했습니다. 메타버스는 오픈월드형 롤플레잉 게임(Role-Playing Game, RPG)처럼 상호작용 자유도가 높지 않습니다. 그렇기 때문에, 작년부터 이러한 한계를 극복하려는 움직임이 보이게 됐습니다. 바로 생성형 AI를 메타버스에 도입하면 극복할 수 있지 않냐는 주장이 있었습니다. 메타버스 안에서는 비플레이어 캐릭터(Non Player Character, NPC)와 가상의 사물과의 상호작용이 자유롭지 않기에, 생성형 AI를 접목한다면 이러한 제한성을 개선해 나갈 수 있습니다. 이러한 흐름을 따라가듯, '메타' 측에서도 현재 메타버스 게임에 생성형 AI를 접목한다고 발표했습니다. 외신 보도에서는 현재 메타에서 운영 손실을 겪고 있는 가상현실(VR) 플랫폼 '호라이즌'을 중축으로 진행할 것이라고 밝혔습니다. 또한, 이러한 개선안을 바탕으로 현재 메타버스 플랫폼의 한계를 극복한다면, 향후 메타버스의 미래 또한 긍정적일 거라고 예상합니다. 본 플랫폼이 교육현장에서 단순히 한철 유행이 아닌 교원과 학생 모두에게 효율적이며 실용적인 학습 도구로 활용되었으면 하는 바람입니다.

6 토론

메타버스가 학교현장에 도입된 지 꽤 됐지만, 이러한 변화가 아직 익숙지 않은 이들도 있습니다. 바로 아래의 사례가 이러한 경우에 해당됩니다. 예비교사도 자신은 이 상황에서 어떻게 행동할지 생각해봅시다.

사례

교사 C씨는 학교에 임용된 지 3개월 된 초임 교사입니다. 앞으로 메타버스를 활용해 수업할 걸 대비해 교원 연수를 다녀왔지만, 큰 도움을 받지 못했습니다. 주변에 물어보기도 어려워 일과가 끝난 후, 자투리 시간을 활용해 노력 중입니다. 초임 교사가 메타버스를 학습 도구로 활용하는 것에 어려움을 겪을 경우, 학교 측에 어떤 도움을 요청할 수 있을지 생각해 봅시다. 또한, 어려움을 겪고 있는 초임 교사에게 학교 측은 어떤 도움을 제공해야 할지도 생각해봅시다.

참고문헌

이미경, 이학준, 권욱동. (2022). 교육 현장에서의 메타버스 교육적 활용 가능성과 제한점: 특수교사와 일반교사의 인식을 중점으로. 특수교육저널, 23(2), 59-90.

이진명, 박하느리, 이재찬. (2022). 메타버스, 학교에서 활용하기. 서울: 박영스토리.

조안나, 조재범, 배준호, 이석, 최동영, 손용식. (2022). 교육을 위한 메타버스 탐구생활: 현직 교사들이 전하는 교육용 메타버스 활용 입문서. 경기도: 지노.

황요한. (2022). 메타버스를 활용한 원격교육 인식 및 만족도 사전조사: 이프랜드(ifland) 앱 사용을 중심으로. 한국콘텐츠학회논문지, 22(3), 121-133.

National Air and Space Museum. https://airandspace.si.edu/ (2024.07.31. 검색)

NASA. Virtual Guest Program. https://www.nasa.gov/nasa-virtual-guest-program/ (2024.07.31. 검색)

인천광역시 연수구. (2024.07.04.). 연수구, 메타버스 활용 찾아가는 도로명주소 교육 – 행안부 · KT 공동개발 프로그램 '지니버스'…명선초 5학년 대상 수업. https://www.yeonsu.go.kr/main/community/notify/report.asp?page=v&seq=26566 (2024.09.05. 검색)

터치빌원격교육연수원. (2021.10.07.). 메타버스 활용해 진짜 '가상학교' 만들고 운영해. https://m.blog.naver.com/tekville1/222529783794 (2024.07.09. 검색)

한국교육신문. (2024.08.01.). 교사들의 열정, 교육의 경계를 허물다. https://www.hangyo.com/news/article.html?no=102260#google_vignette (2024.8.23. 검색)

EBS 교양. (2024.07.15.). (안전교육 사각지대 해결?!) 요즘 학교에서 안전교육을 메타버스로 하는 이유! | 위캔버스 | 수업후기✍. [영상]. YouTube. https://www.youtube.com/watch?v=z__yICWHQzs (2024.07.31. 검색)

ZEP Blog. 선택이 아닌 필수가 된 에듀테크 수업! 학교 수업을 위한 ZEP 활용 가이드 A to Z. https://blog.zep.us/insight-ko/%ec%97%90%eb%93%80%ed%85%8c%ed%81%ac-%ec%88%98%ec%97%85%ec%9d%84-%ec%9c%84%ed%95%9c-zep-%ed%99%9c%ec%9a%a9-%ea%b0%80%ec%9d%b4%eb%93%9c-a-to-z/ (2024.04.20. 검색)

ZDNET Korea. (2024.07.03.). 메타, 메타버스 게임에 생성형 AI 도입한다. https://zdnet.co.kr/view/?no=20240703082000 (2024.07.09. 검색)

CHAPTER 6

1인 1디바이스,
교실 수업에서 제대로 활용하려면?

곽내영

디지털 전환이 가속화되면서 교육의 모습도 빠르게 변화하고 있습니다. 이러한 변화는 미래의 교사로서 여러분이 맞이할 학교현장에 깊은 영향을 미칠 것입니다. 6장에서는 예비교사로서 디지털 시대의 교육혁신을 이해하고, 학교현장에 적용할 수 있는 역량을 키우는 데 도움을 주고자 합니다. 단순히 기술을 익히는 것을 넘어, 교육의 본질을 재구성하고 학생들에게 더 나은 학습 경험을 제공하는 방법을 함께 모색해 보길 기대합니다. 여러분이 예비교사로서 성장하는 여정에서 이 책이 소중한 길잡이가 되기를 바랍니다.

❶ 디지털 전환 시대의 교육혁신
- 예비교사를 위한 길잡이

디지털 중심 사회의 부상은 교육 분야에 극적인 변화를 가져오고 있습니다. 코로나 19 팬데믹은 원격 수업과 온라인 학습 플랫폼의 확산을 가속하며 학교현장에서 디지털 전환의 필요성을 더욱 부각시켰습니다. 우리는 이제 디지털 기기를 사용하는 것을 넘어, 교육의 본질을 재구성해야 하는 시점에 도달했습니다. 변화하는 시대 속에서 교육의 흐름을 깊이 이해하고, 혁신적인 접근을 통해 미래교육의 비전을 제시하는 것이 필요합니다.

「2022년 개정 교육과정」은 디지털 대전환 사회에 적응할 수 있는 능력과 기초 소양을 강화하며, 학생의 학습과 삶에 대한 주도성을 높이는 방향으로 개편되었습니다. 언어, 수리, 디지털 기초 소양을 모든 교과에서 함양하도록 설계된 이번 교육과정은 단순한 기술 적응을 넘어, 학생들이 이 시대에 필요한 핵심역량을 갖추도록 지원합니다. 디지털 기반 학습이 가능한 교육 공간과 환경 조성 또한 중요한 과제로 제시되어, 미래교육을 형성하는 중요한 밑거름이 될 것입니다.

디지털 시대의 도래와 함께 학교현장에도 근본적인 변화가 일어나고 있습니다. 개인용 기기의 보급은 교육의 형태와 방식을 혁신적으로 변화시키고 있으며, 최근 교육정책에도 적극적으로 반영되고 있습니다. 예를 들어, 서울시교육청은 2022학년도부터 '디벗'이라는 교육용 디지털 기기를 1인 1디바이스로 지원하며, 교사와 학생 간의 상호작용을 촉진하고 효과적인 학습을 지원하고 있습니다. 디지털 기기는 학생들의 창의성, 문제 해결, 협업, 소통 능력을 향상시키는 데 필수적인 도구로 자리 잡고 있으며, 맞춤형 교육을 통해 학습 접근성과 형평성을 높이며 학습 격차를 줄이는 데 기여하고 있습니다.

이 책의 6장에서는 디지털 전환 시대에 맞춘 학교현장의 혁신과 변화를 다룰 예정입니다. 기술과 교육의 융합, 디지털 전환과 공교육의 혁신, 서울시교육청의 '디벗' 활용 사례 등 다양한 주제를 통해 디지털 기기 활용의 중요성과 적용 방법을 탐구할 것입니다. 예비교사로서 여러분은 디지털 시대에 적합한 교육 접근 방식을 개발하고, 미래 교육을 준비하는 데 필요한 통찰을 얻을 수 있을 것입니다.

출처: 집필자가 미리캔버스 AI 도구로 직접 제작함.

2 기술과 교육의 융합 – 디지털 시대의 혁신적인 교육 변화

　디지털 기기의 도입은 단순히 교육 도구의 변화에 그치지 않고, 교육 방식과 학습 환경의 혁신을 의미합니다. 디지털 전환 시대에 접어들면서, 디지털 기기의 효과적인 활용은 학생들의 학습 효과를 극대화하고, 창의적 사고와 문제 해결 능력을 갖춘 인재를 양성하는 데 있어 핵심적인 역할을 수행하게 되었습니다. 미래의 교육환경을 준비하는 교사에게는 변화에 대한 이해와 적응이 필수적입니다. 디지털 기술의 발전은 교육에 급격한 변화를 가져왔으며, 교사는 깊이 이해하고 적극적으로 대응해야 합니다. 지금부터 디지털 기기, 온라인 학습 플랫폼, 에듀테크 도구의 활용이 교육환경과 학습의 질에 어떤 변화를 가져왔는지 살펴보겠습니다.

우선, 교육환경이 근본적으로 재구성되고 있습니다. 과거에는 칠판과 교과서가 교육의 중심 도구였지만, 이제는 태블릿, 노트북, 스마트폰과 같은 디지털 기기가 그 자리를 대체하고 있습니다. 디지털 기기는 학생들에게 언제 어디서나 학습할 수 있는 유연한 환경을 제공하며, 교사와 학생 간의 상호작용을 즉각적이고 원활하게 만들어 줍니다. 그 결과, 디지털 기기를 효과적으로 활용하는 능력은 현대 교육에서 혁신의 핵심 요소로 자리매김하게 되었습니다.

다음으로, 온라인 학습 플랫폼의 급속한 확산은 전통적인 교육 방식에 획기적인 변화를 가져왔습니다. 구글 클래스룸, 밴드, 패들렛(Padlet)과 같은 디지털 플랫폼은 시간과 장소에 구애받지 않는 학습 기회를 학생들에게 제공합니다. 교사들은 다양한 학습 자료를 효과적으로 공유할 수 있게 되었고, 학생들은 보다 풍부하고 다양한 학습 경험을 쌓을 수 있게 되었습니다. 과제 제출, 피드백 제공, 그리고 협업이 훨씬 원활하게 이루어짐에 따라 학습의 효율성이 눈에 띄게 향상되었습니다. 디지털 플랫폼을 효과적으로 활용해 교육의 질을 높이는 것은 교육의 핵심 요소입니다.

더 나아가, 에듀테크 도구의 활용은 학습의 질을 향상시키는 데 큰 기여를 하고 있습니다. 전자칠판을 활용한 멀티미디어 수업, 가상현실(VR)/증강현실(AR) 기술을 이용한 몰입형 학습, 그리고 다양한 교육용 애플리케이션과 게임은 학생들의 학습 동기를 크게 높이며, 창의성과 문제 해결 능력을 강화합니다. 가상현실(VR) 기술을 통해 학생들은 가상 공간에서 역사적 사건을 생생하게 체험할 수 있으며, 증강현실(AR) 기술을 활용한 과학 실험 시뮬레이션은 현실 세계와 결합된 새로운 학습 경험을 제공합니다. 이러한 최첨단 기술은 수업을 더욱 풍부하고 흥미롭게 만들며, 학습자의 몰입도와 이해도를 높이는 데 큰 장점이 있습니다. 따라서, 교사는 이러한 혁신적인 기술을 적극적으로 활용하여 교육의 질을 향상시키는 것이 중요합니다.

그러나, 디지털 기기의 도입은 교육에 혁신을 가져오는 동시에 다양한 과제를 동반할 수 있습니다. 예를 들어, 학생들이 기기를 충전하지 않은 경우 수업 중 배터리가 방전되는 문제가 발생할 수 있으며, 기기의 보관 장소 부족으로 인한 분실이나 손상 가능성도 존재합니다. 또한, 소프트웨어 설정이나 업데이트 과정에서 발생하는 기술적 문제는 수업의 원활한 진행을 방해할 수 있으며, 충전 스테이션 설치 같은 관리적 이슈는 교사에게 큰 부담으로 작용할 수 있습니다. 이러한 문제들을 해결하기 위해서는 기기 충전과 보관을 체계적으로 관리할 수 있는 전용 공간을 확보하고, 기술 지원팀의 신속한 대응 시스템을 구축하며, 정기적인 기기 점검 및 유지보수 프로그램을 운영하는 등 철저한 관리 체계와 지원 시스템이 마련되어야 합니다. 교사와 학교는 협력하여 문제를 예방하고 신속히 대응할 수 있는 방안을 마련해야 할 것입니다.

미래의 교육에서 교사는 단순히 지식을 전달하는 역할을 넘어, 학생들이 스스로 문제를 해결하고 창의적으로 사고할 수 있도록 돕는 멘토로서의 역할을 수행해야 합니다. 인공지능과 디지털 기술이 학생들의 학습에 실질적인 변화를 가져오는 시대가 도래하면서, 교사는 각 학생의 학습 스타일과 요구에 맞춘 맞춤형 교육을 설계하고 제공하는 역량이 그 어느 때보다 중요해졌습니다. 이를 위해 예비교사는 테크놀로지 교수 내용지식(Technological Pedagogical Content Knowledge, TPACK)을 적극적으로 개발하고 강화해야 할 필요가 있습니다. TPACK은 효과적인 수업 설계를 위해 필요한 기술(T), 교수법(P), 내용 지식(C)의 통합을 의미합니다. 예비교사는 세 가지 요소를 체계적으로 결합하여 수업을 진행하는 능력을 강화해야 합니다. 이러한 노력은 학교현장에서 실질적인 실행 능력을 강화하고, 학생들의 학습 효과를 극대화하는 데 핵심적인 역할을 합니다. 또한, 디지털 도구와 기술을 효과적으로 활용하면 교육의 질을 높이고, 학생들의 다양한 학습 요구를 충족시키는 데 큰 도움이 될 것입니다.

미래의 교육은 기술과 교사 및 학생 간의 소통이 조화를 이루는 혁신적인 학습 환경을 요구합니다. 이러한 환경에서 교사의 지속적인 학습과 적응은 필수적입니다. 교사는 기술을 활용하여 학습의 접근성과 효율성을 높이는 동시에, 학생들과 개별적이고 따뜻한 소통과 지원을 통해 학생들의 동기와 참여를 증진시켜야 합니다. 교사는 균형 잡힌 접근을 통해 학생들에게 더 풍부하고 효과적인 학습 경험을 제공하고, 그들의 미래를 성공적으로 준비시키는 중추적인 역할을 수행할 수 있습니다. 기술적 도구를 적절히 활용하면서도 학생 개개인의 성장과 발달을 지원함으로써, 교육의 본질을 지키고 학생들의 전인적 성장을 이끌어야 합니다.

3 디지털 전환과 공교육의 혁신 – 기술과 교사의 새로운 역할

2024년 주요 정책 추진계획에 따르면, 공교육 분야는 학생들의 사교육 의존도가 높은 상황에 직면해 있습니다. 공교육 시스템은 학생들의 다양한 수준과 학습 속도 차이에 효과적으로 대응하지 못하고, 학업에 흥미를 잃은 학생들이 사교육에 의존하게 됩니다. 이러한 상황은 공교육에 대한 신뢰도를 저하시킬 뿐만 아니라, 공교육의 질에 대한 의구심을 불러일으키고 학생들 간의 학습 격차를 심화시킵니다. 학생들의 개별적 요구를 충족하지 못하거나 효과적인 학습 환경을 제공하지 못할 때, 사교육 의존도가 더욱 커지며, 공교육의 전반적인 신뢰와 질을 떨어뜨립니다. 이 문제를 해결하기 위해서는 공교육 시스템에 대한 혁신적이고 포괄적인 접근이 필요합니다.

디지털 기술과 인공지능의 도입이 교육에 새로운 전환점을 가져오고 있습니다. 특히, 2025년 3월부터 본격 시행될 AI 디지털교과서는 1인 1디바이스 환경에서 학생들에게 맞춤형 학습 경험을 선사할 것으로 기대됩니다. 혁신적인 온라인 학습 플랫폼과 인터랙티브 콘텐츠, 데이터 분석 도구들은 학생들의 잠재력을 극대화하는 데 기여할 것입니다. 기술적 발전은 공교육의 패러다임을 혁신적으로 변화시키고, 교육의 새로운 가능성과 방향성을 제시하는 핵심 요소로 자리 잡을 가능성이 높습니다. 이를 대비해 2024년 말까지 교육부는 디지털 기기의 기능과 사양을 면밀히 검토하고 필요한 개선 방안을 마련할 계획입니다. 이러한 사전 준비는 학교현장에서 디지털 기술의 중요성과 효과를 깊이 이해하고 학생들에게 최상의 학습 기회를 제공하는 데 중요한 역할을 할 것입니다.

그러나 디지털 기술의 도입만으로 공교육의 모든 문제를 해결할 수는 없습니다. 디지털 전환이 성공적으로 이루어지기 위해서는 교사들이 디지털 기기를 효과적으로 활용하여 수업의 효율성을 높이고 전문성을 강화하며, 학생들에게 올바른 디지털 윤리를 교육하는 중요한 역할을 맡아야 합니다. 디지털 기술의 도입은 공교육 혁신을 이루는 핵심 요소이며, 디지털 교육 전환 정책은 모든 학생에게 공정한 학습 기회를 제공하고, 안전하고 효과적인 학습 환경을 조성하는 것을 목표로 해야 합니다.

공교육의 미래를 위한 결정적인 전환점에서, 예비교사들은 학생들이 디지털 기술을 효과적인 학습 도구로 활용하도록 지원하는 중요한 역할을 맡게 될 것입니다. 공교육의 질을 향상시키고 학생들에게 더 나은 학습 환경을 제공하려면 변화에 능동적으로 대응해야 합니다. 교육혁신을 선도하는 주체로서 예비교사들의 준비와 역할은 점점 더 중요해지고 있으며, 변화에 효과적으로 대응하는 것이 공교육의 성공적인 미래를 구축하는 핵심 요소가 될 것입니다. 〈표 6-1〉은 2023년 12월 기준으로 시·도 교육청별 디지털 기기 현황을 정리한 것입니다.

표 6-1 | 시 · 도 교육청별 디지털 기기 현황(2023년 12월 기준)

시도	대수	전체	
		학생 수(명)	보급률(%)
합계	3,507,823	5,261,818	66.7%
서울	330,191	794,016	41.6%
부산	275,643	299,961	91.9%
대구	160,041	243,127	65.8%
인천	160,773	309,259	52.0%
광주	149,069	168,827	88.3%
대전	155,114	154,733	100.2%
울산	92,113	129,089	71.4%
세종	28,604	60,787	47.1%
경기	912,007	1,490,964	61.2%
강원	113,516	145,427	78.1%
충북	140,315	165,814	84.6%
충남	138,037	235,103	58.7%
전북	106,008	185,232	57.2%
전남	124,709	180,418	69.1%
경북	221,107	253,819	87.1%
경남	358,035	365,201	98.0%
제주	42,541	80,041	53.1%

출처: 교육부(2024).

예비교사들이 이 책을 읽을 시점에는 디지털 기기의 완전한 보급과 학교현장에서의 디지털 전환이 본격적으로 이루어졌을 것입니다. 이러한 기술의 전면적 도입은 예비교사들에게 최신 기술을 활용한 수업을 진행할 수 있는 안정적인 기반을 제공하며, 수업의 질을 향상시키고 학생들에게 더욱 풍부한 학습 경험을 선사할 것입니다. 이 책을 통해 예비교사들이 디지털 기기를 효과적으로 활용하고 수업에 적용하는 방법을 깊이 고민함으로써 공교육의 질을 높이고, 학생들에게 더 나은 학습 환경을 제공할 수 있기를 바랍니다. 디지털 기기의 효과적인 사용은 교육혁신의 중요한 전환점이 될 것이며, 공교육의 미래를 밝히는 데 크게 기여할 것입니다.

하지만 기술의 도입만으로는 충분하지 않습니다. 교사는 디지털 기술을 효과적으로 활용해 교육의 효율성을 높이는 동시에, 학생 개개인의 성장과 발달을 지원하는 따뜻한 접근을 유지해야 합니다. 기술은 맞춤형 학습 기회를 제공하는 데 중요한 역할을 하지만, 학생들의 전인적 성장과 정서적 지원을 완전히 충족할 수는 없습니다. 따라서 교사는 기술을 통해 학습을 지원하면서도, 인간적인 측면에서 깊이 있는 교육적 지원을 제공해야 합니다. 예를 들어, 개별화된 학습 계획을 세우고 온라인 플랫폼을 통해 학습 상황을 실시간으로 모니터링하며 피드백을 주는 것이 중요합니다. 또한, 학생들이 감정적 어려움을 겪을 때 이를 이해하고 지원하기 위해 정기적인 상담과 피드백을 제공해 안정적인 학습 환경을 조성하는 것도 필수적입니다.

학생들 간의 협력과 소통을 촉진하기 위해 디지털 플랫폼을 이용한 그룹 프로젝트와 협업 도구를 제공하는 것도 도움이 됩니다. 이렇게 함으로써 학생들은 사회적 기술과 팀워크를 강화할 수 있습니다. 무엇보다 중요한 것은, 기술을 사용하면서도 학생들과 직접 소통하고 개인적인 관심과 정서적 지지를 아끼지 않는 것입니다.

균형 잡힌 접근은 기술을 통해 자기주도적인 학습을 지원하면서도, 교사의 정서적 지지와 관심으로 학습 경험을 더 풍부하고 의미 있게 만듭니다. 따라서 공교육의 본질을 유지하면서 현재 사회의 요구에 부응하기 위해서는 기술과 인간적인 배려의 조화가 무엇보다 중요합니다.

④ 디지털 기기 활용 사례
– 서울시교육청 '디벗'

'디벗'은 '디지털+벗'의 줄임말로, 2021년 공모전을 통해 선정된 명칭입니다. '디벗'은 단순한 학습 도구를 넘어 교육 전반의 패러다임을 혁신하는 시스템입니다. 종이 없는 교직원 회의와 온라인 교무실의 도입을 통해 업무 효율성을 크게 개선하고, 시간과 자원을 절약하며 환경에 미치는 영향을 줄입니다. 교사들이 더 생산적으로 업무를 수행할 수 있도록 지원하며, 전통적인 교실을 디지털 환경으로 전환하는 데 핵심적인 역할을 하고 있습니다.

각 학교의 요구 사항에 맞춰 설계된 '디벗 시스템'은 최신형 디지털 기기와 액세서리(예: 펜, 키보드 등)를 제공하며, 학생들이 수업 중 작성하고 실습할 때 필요한 다양한 기능을 지원합니다. 또한, 모바일 디바이스 관리(MDM)와 통합 관리 시스템을 통해 데이터 보안을 강화하고 디지털 기기 사용의 안전성을 높이며, 학생들의 개인정보를 보호하고 안전한 교육환경을 보장합니다.

'디벗'은 무선망과 충전함 등 필요한 인프라를 갖추어 원활한 디지털 학습 환경을 지원합니다. 빠르고 안정적인 무선망은 끊김 없는 인터넷 연결을 제공하며, 충전함은 디지털 기기의 배터리 문제를 해결해 학습을 방해받지 않도록 합니다. 또한, '디벗'은 다양한 교육용 콘텐츠를 통해 수업의 질을 높입니다. 교육용 앱과 교수·학습 자료는 학생들이 학습 내용을 깊이 이해하고, 개인의 학습 스타일에 맞춘 개별화된 교육을 제공합니다. 이를 통해 학생들은 더욱 효과적으로 학습할 수 있고, 교사들은 수업을 효율적으로 진행할 수 있습니다. '디벗'은 종합적인 지원 시스템을 통해 교사와 학생에게 개선된 교육환경을 제공하며, 디지털 기술을 활용한 미래지향적인 학습을 선도하고 있습니다.

그림 6-2 스마트기기 휴대 학습 '디벗' 소개 영상 화면

출처: 서울특별시교육청TV(https://www.youtube.com/watch?v=tkzlpzrX2FM).

디지털 학습 도구의 활용이 점점 중요해지는 교육환경에서, 현직 교사들의 경험을 통해 교육적 성과와 현장에서 마주하는 어려움을 살펴보는 것은 매우 중요합니다. 이에 다양한 교사들의 인터뷰를 바탕으로, 현장에서 '디벗'이 어떻게 사용되고 있으며, 그로 인해 발생하는 장점과 개선점에 대한 목소리를 담았습니다.

'디벗'은 주로 수업 진행 도구로 사용되며, 학생들은 이를 통해 정보를 검색하고 글을 작성합니다. '디벗'은 학생들이 필요한 자료를 신속하게 찾고, 자신의 생각을 체계적으로 정리하는 데 도움을 줍니다. 학생들은 다양한 학습 자료에 쉽게 접근할 수 있으며, 과제 제출과 피드백 과정을 통해 학습 동기를 높이고 상호 학습을 촉진할 수 있습니다. 또한 '디벗'은 학생들이 개별적으로 또는 팀으로 작업할 때 협력 학습의 질을 향상시키고, 그룹 활동과 개인 활동 간의 균형을 맞출 수 있도록 지원합니다.

'디벗'은 여러 온라인 학습 도구와 통합되어 있으며, 이를 통해 다양한 장점을 제공합니다. 패들렛(Padlet)을 활용하면 공동 작업을 원활하게 진행할 수 있고, 카훗(Kahoot)을 통해 학습 내용을 재미있게 복습할 수 있습니다. 디지털 북을 제작할 수 있는 북크리에이터(Book Creator)와 무료 디자인 툴인 캔바(Canva)를 활용하면 시각적으로 풍부한 학습 자료를 제작할 수 있으며, 구글 도구를 통해 협업 프로젝트를 진행할 수 있습니

다. 이러한 도구들은 학습 평가 시에도 유용하게 활용되며, '디벗'을 통해 피드백을 제공하고 성적을 관리함으로써 학습의 효율성을 높이고 학생들의 이해도를 심화시키는 데 기여합니다. 또한, 에듀테크 툴인 워드월(WordWall)을 사용하면 학생들이 별도의 회원가입 없이 링크를 통해 다양한 게임 형태로 학습할 수 있어 학습 내용을 재미있게 확인하고 집중도를 높이는 데 효과적입니다. 구글 슬라이드를 통한 협업 활동은 팀원들의 의견을 수집하고 결과물을 함께 제작하여 수업 참여도를 높이는 데 도움을 줍니다.

그러나 '디벗'의 효과적인 활용을 위해 몇 가지 보완이 필요합니다. 먼저, 다양한 도구를 사용한 수업이 학생들의 기초 학력, 논리력, 문해력 향상에 실질적으로 기여하는지에 대한 체계적인 연구가 필요합니다. 현재 '디벗' 사용 자체가 목표가 되는 경우가 많아 학습 목표와의 연계가 부족합니다. 따라서 '디벗' 활용의 장기적인 교육적 효과를 평가하는 연구와 구체적인 사례 분석이 필요합니다. 또한 '디벗' 사용 시 교사의 역할에 대한 재고가 필요합니다. 교실에서 학생들이 화면만 바라보거나 인공지능이 피드백을 제공하는 상황이라면 교사의 역할이 축소될 수 있습니다. 교사는 디지털 기기를 활용하면서도 학생들과의 직접적인 상호작용을 통해 학습을 지원해야 합니다. 교사의 역할을 재정립하면서 디지털 기기를 효과적으로 활용하는 방법을 연구하고, 동시에 교사로서의 기본적인 역할을 유지할 수 있도록 해야 합니다.

더 나아가, 디지털 기기의 물리적 관리 문제도 중요한 고려사항입니다. 충전, 보관, 분실, 고장, 소프트웨어 설정 등은 교사에게 추가적인 부담을 줄 수 있습니다. 이러한 문제를 해결하기 위해서는 정기적인 점검과 유지보수, 사용자 매뉴얼 제공, 기술 지원센터 운영 등 체계적인 관리 체계를 구축해야 합니다. 교사와 학생이 원활하게 '디벗'을 활용할 수 있도록 지원과 관리가 이루어져야 합니다.

이와 같은 접근법은 디지털 기기를 교육 도구로 효과적으로 활용하고, 교사와 학생이 기술의 장점을 최대한 활용할 수 있도록 지원할 것입니다. 지속적인 연구와 개선을 통해 디지털 기기를 활용한 교육의 잠재력을 최대한 발휘하며, 성공적인 전환을 이루는 것이 중요합니다. 디지털 도구는 학생들의 학습 효과를 높이고 교육의 질을 향상시키는 데 핵심적인 역할을 할 것입니다.

그림 6-3 　스마트기기 휴대 학습 '디벗' 활용 화면

출처: 서울특별시교육청TV(https://www.youtube.com/watch?v=tkzlpzrX2FM).

　　그렇다면 '디벗'에 대해 학부모들은 어떻게 생각할까요? 방학 기간 동안 '디벗'을 사용하는 학부모들 사이에서는 방학 중 '디벗'을 수거하자는 의견이 제기되고 있습니다. 유해 콘텐츠 필터링 문제와 기기 관리의 어려움으로 인해 일부 학부모는 '디벗'에 대한 신뢰를 잃은 상황입니다. 교육부는 '디벗'이 미래형 교육을 가능하게 한다고 강조하고 있지만, 실제로는 중하위권 학생들에게는 집중도와 학습 효과가 떨어진다는 우려도 제기되고 있습니다. 서울특별시교육청은 2022학년도부터 '디벗'을 보급하였으며, 2025년까지 초등학교 3~4학년으로 확산할 계획을 세우고 있습니다. 학교에서는 디지털 기기를 가정으로 가져가지 않도록 제한하거나, 기기 관리를 교사에게 맡기는 방식으로 기기 관리 책임을 부여하고 있습니다. 그러나 학생들이 기기를 몰래 가져가는 경우도 발생하고 있습니다. 이러한 상황은 기기 관리의 어려움을 가중시키고 교육적 불안정을 초래할 수 있으며, 이에 대한 해결책이 필요합니다.

|  그림 6-4 | 미리캔버스 AI 도구를 활용하여 생성된 이미지 |

출처: 집필자가 미리캔버스 AI 도구로 직접 제작함.

'디벗'은 포괄적인 지원 시스템을 통해 교사와 학생 모두에게 향상된 교육환경을 제공하며, 디지털 학습의 효과적인 활용과 지속적인 개선으로 교육의 혁신을 선도하고 있습니다. 미래의 학습 환경을 발전시키는 '디벗'의 역할은 점점 더 중요해지고 있으며, 교육의 새로운 패러다임을 제시하는 데 기여하고 있습니다.

디지털 시대의 교육 변화는 학생들에게 필수적인 디지털 리터러시 역량을 요구하며, 「2022년 개정 교육과정」에도 반영되어 있습니다. 디지털 기기를 활용한 학습은 학생들에게 정보를 탐색하고 평가하며, 자신의 생각을 발전시키고 표현할 수 있는 풍부한 기회를 제공합니다. 예비교사들은 새로운 교육환경에 원활하게 적응하기 위해 최신 기술 트렌드와 교육 기술에 대한 지속적인 학습을 통해 전문성을 높여야 합니다. 또한, 디지털 리터러시를 강화하여 학생들에게 기술을 능숙하게 사용하는 능력과 정보의 신뢰성을 평가하는 능력을 체계적으로 가르치는 것이 중요합니다.

예비교사들이 철저히 준비하면 학생들은 1인 1디바이스 시대에 잘 적응하고, 혁신적이고 풍부한 학습 경험을 누릴 수 있습니다. 디지털 기술의 장점을 최대한 활용하면서 기술적 문제나 교육적 도전 과제를 효과적으로 해결하는 노력이 있다면, 학습 효과와 교육의 질 향상에 큰 기여를 할 것입니다.

5 디지털 기반 교육혁신을 위한 교사의 역량 강화 지원 정책

교사가 이끄는 교실 혁명은 단순한 디지털 기술 도입을 넘어, 교사들이 자율적으로 수업을 혁신하고 협력하여 디지털 시대에 적합한 교육 문화를 창조하는 비전을 제시합니다. 2024년 4월 15일, 교육부는 정부서울청사에서 발표한 「디지털 기반 교육혁신 역량 강화 지원방안」에서 총 3,818억 원을 투자해 교육의 패러다임을 전환하는 청사진을 제시했습니다. 이 방안은 교사들이 디지털 기술을 활용해 수업 혁신을 주도하고, 교사 간 협력을 통한 학교 전반의 변화를 이끌어내는 것에 중점을 두고 있습니다. 다음은 예비교사들이 교사로서 활동할 때 지원받을 수 있는 주요 정책입니다.

첫째, 수업 혁신을 선도할 교사들을 육성하여 2026년까지 총 34,000명의 교실 혁명 선도교사를 양성할 계획입니다. 선도교사들은 각 학교에 2~3명씩 배치되어 상호 협력하며 학교의 변화를 주도할 것입니다. 교사들은 디지털 기술을 활용한 혁신적인 수업 방법을 모색하고, 학교 전체의 교육환경을 개선할 수 있게 됩니다.

둘째, 모든 교사가 쉽게 연수에 참여할 수 있도록 지원합니다. 교사들의 디지털 역량, 선호도, 특성을 고려하여 맞춤형 연수를 제공합니다. 교사들은 간단한 진단 도구를 통해 자신의 디지털 역량을 평가받고, 그 결과에 따라 적합한 연수를 추천받습니다. 또한, 연수 이력에 따라 디지털 인증(배지)도 부여됩니다.

셋째, 학교 전체의 변화를 위해 '찾아가는 연수'를 운영하여, 각 학교의 디지털 교육 혁신에 맞춘 맞춤형 컨설팅을 제공합니다. 연수를 통해 각 학교는 수업 혁신 과정에서 교사와 학교가 겪는 어려움을 전문 상담 및 지원을 통해 해결할 수 있으며, 교사뿐만 아니라 학생과 학부모 등 학교 구성원 전체가 디지털 전환의 필요성과 비전을 공유하는 데 도움을 받을 수 있습니다.

넷째, 디지털 전환으로 교사의 업무가 가중되지 않도록 지원합니다. 교사들이 쉽게 활용할 수 있는 수업 모형과 수업 사례를 제공하며, AI 디지털교과서가 공교육에 맞는 보조교사로서 교사를 실질적으로 지원할 수 있게 개발되도록 지원합니다. 또한, 나이스에 온라인 출결 시스템을 구축하고 K-에듀파인 기능을 개선하는 등 디지털 기반으로 학교 행정 업무를 효율화하여 교사가 교육 활동에 전념할 수 있도록 할 예정입니다.

마지막으로, 디지털 기반 수업 및 평가 혁신에 앞장서는 교사를 위해 '올해의 수업 혁신 교사상'을 신설하여 100명의 우수 교사를 선정할 계획입니다. 교사상 수상자와 관련 연구 대회에서 우수한 성적을 거둔 교사들에게는 해외 선진 교육 체험 연수 등 다양한 성과 보상을 지원할 예정입니다. 또한, 시·도 교육청에서도 수업 혁신에 기여한 교사를 선발하여 해외 선진 교육 체험 연수를 제공할 것입니다.

교사의 역량 강화 지원 정책은 교사들의 주도성과 전문성을 바탕으로 디지털 시대에 적합한 교육환경을 조성하는 데 핵심적인 역할을 합니다. 교육부는 교사의 전문성을 강화하기 위해 다양한 정책을 추진하고 있으며, 이러한 정책들은 교사들이 자율적으로 수업 혁신을 시도하고 협력하여 학교 전체의 변화를 이끌어갈 수 있는 기회를 제공합니다.

예비교사들은 디지털 기술을 효과적으로 활용하여 혁신적이고 개인 맞춤형 수업을 설계하고 실행하기 위해 적극적으로 준비해야 합니다. 이러한 정책은 디지털 기술 도입으로 교육의 접근성과 효율성을 극대화하며, 학생들에게 맞춤형 학습 기회를 제공하고 학습 성과를 개선하는 데 기여할 것입니다. 교사들 간의 협력과 지원 문화가 조성되면, 다양한 교육 전문가들과의 협력을 통해 지속적인 성장과 발전이 가능해집니다. 교사가 된 이후에도 스스로의 전문성을 지속적으로 강화하고, 변화하는 교육환경에 능동적으로 적응하는 것이 중요합니다. 교육부의 지원 정책과 함께 개인적인 노력으로 전문성을 키우고 교육혁신에 기여할 역량을 계속해서 개발해야 합니다. 디지털 기반 혁신은 학생들이 디지털 시대의 문제를 해결하고 미래 사회의 주역으로 성장하는 데 중요한 토대가 될 것입니다. 여러분의 전문성과 혁신적인 열정이 교육혁신의 핵심 요소가 되며, 적극적인 참여가 미래의 교육을 함께 만들어 나가는 데 큰 기여를 할 것입니다.

⑥ 디지털 시대의 교육혁신 – 학생들의 미래를 준비하는 길

디지털 기술의 발전은 교육의 패러다임을 전환시켰습니다. 전통적인 교육 방식만으로는 학생들에게 필요한 지식과 기술을 충분히 전달하기 어려운 현대 사회에서, 학생들은 언제 어디서나 온라인 강의를 통해 학습할 수 있으며, 다양한 멀티미디어 자료를 활용하여 몰입감 있는 경험을 할 수 있습니다. 특히 2025년부터 도입될 'AI 디지털 교과서'는 학생들의 학습 수준과 성향을 분석하여 맞춤형 교육을 제공할 예정입니다. 학생들이 자신에게 적합한 학습 경로를 선택하고, 개인화된 피드백을 통해 효과적으로 지식을 습득할 수 있도록 지원할 것입니다.

하지만 기술의 도입만으로 교육의 성공이 보장되지는 않습니다. 기술은 교육의 본질과 통합되어야 하며, 목표와 방식에 맞게 적절히 활용될 때 그 효과를 극대화할 수 있습니다. 기술과 교육과정이 긴밀히 연계되면 학습의 질을 높이고, 학생들의 이해도와 참여도를 향상시킬 수 있습니다. 결국, 학생들이 변화하는 시대에 효과적으로 대응할 수 있는 능력을 키우는 데 결정적인 역할을 합니다.

디지털 기기를 수업에서 효과적으로 활용하면 학생들의 학습 상황을 정확하게 파악하고 맞춤형 지도를 제공할 수 있지만, 디지털 기기를 사용하는 수업에서는 디지털 리터러시와 윤리 교육이 필요합니다. 예비교사로서 여러분은 학생들의 동반자의 역할을 하며 혁신적이고 창의적인 교육 방법을 개발하고, 지속적인 전문성 강화와 협력을 통해 학교현장의 변화를 선도해야 합니다.

교사가 디지털 기술을 효과적으로 수업에 활용하고 학생들의 개별적 요구를 충족시키기 위한 준비와 고민은 학생들에게 향상된 학습 경험을 제공하며, 디지털 시대의 리더로 성장할 기회를 열어줄 것입니다. 미래교육의 성공은 기술과 교육 이론의 융합, 그리고 학생들의 다양한 요구를 충족시키는 환경 조성에 달려 있습니다. 여러분의 노력은 교육의 미래를 밝히고, 모든 학생이 성공적인 미래 사회의 주역으로 자리 잡는 데 중요한 토대가 될 것입니다.

우리는 교육의 본질과 방향성을 새롭게 정의하는 전환점에 서 있습니다. 여러분의 역할은 기술을 교육의 본질과 가치를 재조명하는 도구로 활용해, 학생들이 올바른 방향으로 성장하도록 이끄는 것입니다.

디지털 기기와 기술의 도입은 교육의 질을 향상시키고 학생들에게 새로운 학습 기회를 창출합니다. 온라인 학습, 인터랙티브 콘텐츠, 데이터 분석 등 다양한 혁신적 도구들은 학습의 범위와 깊이를 넓히고 있습니다. 그러나 이러한 기술적 발전은 새로운 도전과 함께 책임도 부여합니다. 기술을 효과적으로 활용하면서 학생들의 개별적 요구와 다양한 배경을 이해하고 맞춤형 지원을 제공하는 것이 중요합니다. 궁극적인 목표는 학생들이 기술에 의존하기보다는 기술을 도구로 활용하여 창의적이고 비판적인 사고를 발전시키고 문제를 해결하는 능력을 배양하도록 돕는 것입니다.

이러한 역할을 성공적으로 수행하기 위해서는 지속적인 전문성 강화와 협력이 필요합니다. 교사는 최신 교육 기술과 디지털 도구에 대한 교육을 꾸준히 받고, 새로운 교육 방법론과 혁신적인 교수법을 습득해야 합니다. 동료 교사들과 협력하여 효과적인 교육 전략을 개발하고, 학교 차원에서 디지털 전환을 이끌어내는 공동의 노력이 필요합니다. 또한, 개별 학습자의 필요를 분석하고 맞춤형 학습 계획을 세우며, 디지털 플랫폼을 통해 실시간 피드백을 제공하여 학습 효율성을 높여야 합니다.

미래의 교실에서 맞이할 도전은 결코 쉬운 일이 아닙니다. 변화의 속도와 복잡함이 때로는 압도적으로 느껴질 수 있지만, 이러한 도전은 여러분의 전문성을 향상시키고 성장할 기회가 될 것입니다. 교육의 본질을 지키면서 기술과 혁신을 통해 학생들이 꿈을 이루고 사회에 기여할 수 있는 역량을 갖추도록 노력해야 합니다. 여러분의 비전과 목표는 학생들에게 무한한 가능성을 열어주는 열쇠가 될 것입니다.

7 토론: 디지털 격차를 줄이기 위한 교사의 역할과 전략

학생들의 가정 환경에 따라 디지털 기기의 형태와 접근성에 큰 차이가 있으며, 학습 효율에 직접적인 영향을 미칩니다. 어떤 학생은 학교에서 제공되는 디지털 기기에 쉽게 적응할 수 있지만, 다른 학생은 낯선 기기와 소프트웨어에 어려움을 겪을 수 있습니다. 디지털 격차를 해소하기 위해 교사들은 어떤 역할을 수행하고 전략을 채택해야 할까요?

디지털 적응력에 따른 학습 격차와 교육 기회의 평등

초등학교 6학년 다영이는 집에서 최신형 스마트폰과 태블릿을 사용하며 다양한 앱과 온라인 학습을 적극적으로 경험해 왔습니다. 다영이의 부모님은 최신 기술에 큰 관심이 있어, 최첨단 기기와 빠른 인터넷 환경을 제공해 주었습니다. 다영이는 다양한 교육용 앱을 자주 사용하며, 온라인 학습 플랫폼을 능숙하게 활용하는 데 익숙합니다. 다양한 기능을 자유자재로 활용하면서 디지털 기기를 활용한 과제와 수업에서도 빠르게 적응하여 두각을 나타내고 있습니다.

반면, 친구 수민이는 디지털 기기에 대해 거부감을 가지고 있습니다. 수민이는 새로운 기술을 접하는 것에 두려움이 있으며, 디지털 기기 사용에 대한 흥미도 거의 없습니다. 수민이는 디지털 학습 도구를 사용하는 데 어려움을 겪고 있으며, 새로운 앱이나 소프트웨어를 사용할 때 불안감이 큽니다.

수민이의 디지털 기기 사용에 대한 거부감은 그녀의 학습에 실질적인 영향을 미쳤습니다. 학교에서 새로운 디지털 기기를 도입했을 때, 다영이는 학생들에게 제공된 기기와 소프트웨어를 즉시 익히고 과제에 빠르게 활용할 수 있었던 반면, 수민이는 기기 사용에 대한 거부감 때문에 기본적인 기능을 익히는 데 두 배의 시간이 걸렸습니다. 예를 들어, 다영이는 수업 중에 새로운 앱을 사용하여 즉석에서 데이터를 정리하고 분석하는 데 능숙하게 대응했으나, 수민이는 같은 앱을 사용하는 데 어려움을 겪어 과제를 정해진 시간 내에 완성하지 못하고 도움을 요청해야 했습니다.

이 사례는 디지털 기기에 대한 적응력 차이가 학생들의 학습 경험과 성과에 실질적인 영향을 미친다는 점을 잘 보여줍니다. 이러한 격차를 해소하고 모든 학생이 동등한 학습 기회를 누릴 수 있는 방안을 논의해 보세요.

> ① 디지털 기기에 대한 거부감을 어떻게 극복할 수 있을까요?
> ② 기술 적응력 차이가 학습 성과에 미치는 영향을 어떻게 최소화할 수 있을까요?
> ③ 교사는 디지털 격차를 해결하기 위해 학습 자료와 활동을 어떻게 조정할 수 있을까요?

가정의 디지털 환경이 학습 연속성에 미치는 영향

중학교 2학년 정화는 학교에서 사용하는 학습관리시스템(LMS)에 빠르게 적응했습니다. 학교에서는 이 시스템을 통해 과제를 제출하고, 온라인 자료를 검색하며, 교사와 소통하는 데 어려움이 없었습니다. 정화는 LMS의 다양한 기능과 학습 자료를 활용해 수업에 적극적으로 참여하며 학습 성과를 높일 수 있었습니다.

그러나 정화의 가정 환경은 LMS 활용에 어려움을 주는 요인이 되었습니다. 가정에서 사용하던 컴퓨터는 구형이라 최신 소프트웨어를 지원하지 않았고, 인터넷 속도도 느려서 LMS 접속이 불안정했습니다. 정화가 집에서 과제를 제출하거나 자료를 검색할 때, 시스템이 자주 멈추거나 오류가 발생해 학습에 큰 지장을 주었습니다.

기술적 제약으로 인해 정화는 가정에서의 학습 효율성이 떨어졌고, 학습의 연속성에도 문제가 생겼습니다. 학교에서는 LMS를 원활하게 활용했지만, 가정에서는 기기와 인터넷 문제로 과제 수행이 어려워 학습의 흐름이 끊기게 되었습니다. 해당 사례는 가정 환경에 따른 디지털 기기 접근성 문제로 인해 학생들이 학습에서 겪는 어려움을 잘 보여줍니다. 이를 해결하기 위해 학생들이 가정에서도 원활하게 학습할 수 있는 방안에 대해 논의해 보세요.

> ① 가정 환경에 따른 디지털 기기 접근성 차이를 어떻게 해결할 수 있을까요?
> ② 디지털 기기 접근성이 학습 연속성에 미치는 영향을 어떻게 최소화할 수 있을까요?
> ③ 학교와 가정 간의 디지털 학습 격차를 줄이기 위해 교사가 할 수 있는 역할은 무엇일까요?

　　예비교사로서, 모든 학생에게 균등한 학습 기회를 제공하는 것은 교육에서 가장 중요한 과제 중 하나입니다. 교사는 수업을 설계할 때 학생들의 다양한 배경과 기술적 환경을 세심하게 고려해야 하며, 개별적인 필요와 수준에 맞춰 수업을 조정해야 합니다. 특히 디지털 기기와 소프트웨어 접근성의 격차를 염두에 두고, 학생들이 자신의 학습 스타일과 기술 수준에 맞는 맞춤형 지원을 받을 수 있도록 계획하는 것이 중요합니다.

이 과정에서 교사는 학생들의 목소리에 귀를 기울이며, 그들의 차이를 존중하고 함께 성장하는 환경을 만들어 나가야 합니다. 디지털 시대의 학습 격차를 해소하고 공평한 학습 환경을 조성하는 것은, 미래교육을 준비하는 교사로서의 중요한 책임입니다. 여러분의 열정과 헌신은 학생들에게 밝은 미래를 열어주는 등불이 될 것이며, 새로운 교육혁신을 이끄는 동력이 될 것입니다.

참고문헌

교육부. (2024). 초중고 디지털 인프라 개선계획(안)(2024.05.15.). 세종: 교육부.

교육부. (2024). 디지털 기반 교육혁신 역량강화 지원방안(2024.04.15.). 세종: 교육부.

교육부. (2024). 디지털 기반 수업혁신 이끌 교사 역량 강화에 올해 3,818억 원 투입 (2024.04.15.). 세종: 교육부.

교육부. (2023). 디지털 기반 교육혁신 방안(2023.02.23.). 세종: 교육부.

교육부. (2022). [교육부 고시 제2022-33호] 초중등학교 교육과정 총론 및 각론 고시 (2022.12.22.). 세종: 교육부.

교육부. 2024년 주요정책 추진계획. https://www.moe.go.kr/sub/infoRenew. do?page=72759&m=031101&s=moe (2024.09.08. 검색)

뉴시스. (2024.08.11.). "종일 유튜브만, 부수고 싶네요"…여름방학 골칫거리 '디벗'. https:// www.newsis.com/view/NISX20240809_0002845020#, (2024.09. 08. 검색)

서울교육. 교육정보 2022 겨울호(249호). 왜 지금 「디벗」을 해야 할까?. https://webzine- serii.re.kr/%ec%99%9c-%ec%a7%80%ea%b8%88-%e3%80%8c%eb%94%94%eb%b2% 97%e3%80%8d%ec%9d%84-%ed%95%b4%ec%95%bc-%ed%95%a0%ea%b9%8c/ (2024.09.08. 검색)

서울특별시교육청TV. (2022.01.13.). 스마트기기 휴대 학습 – 「디벗」을 소개합니다. https://youtu.be/tkzlpzrX2FM?si=AF8a_pcTDwlcARra (2024.09.08. 검색)

CHAPTER 7

AI 디지털교과서,
잘 적응할 수 있을까요?

정종덕

디지털교과서를 떠올려보세요. 디지털교과서는 종이 교과서의 내용에 시청각 자료 등 다양한 학습자료를 포함한 디지털 형태의 교과서입니다. 앞으로는 이러한 디지털 교과서에서 더 나아가 'AI 디지털교과서'가 도입됩니다. AI 디지털교과서는 교실에 어떠한 변화를 가져올까요? 또, 우리는 잘 적응할 수 있을까요?

❶ AI 디지털교과서가 도입되기까지

❶ AI 디지털교과서란?

'교육은 100년을 내다보는 일'이라는 말이 있듯이 우리는 계속해서 미래교육에 대해 고민하고 준비해 왔습니다. 15년 전, 디지털교과서는 '스마트교육'의 일환으로 개발 및 적용되었습니다. 그렇게 코로나 시대를 거쳐 인공지능의 발달은 맞춤형 학습과 같은 혁신적인 교육 방식을 가능하게 했고, 교육부는 AI 디지털교과서 도입을 발표하였습니다.

AI 디지털교과서란 '맞춤형 수업'을 위해 디지털교과서에 AI 기능을 탑재한 것입니다. 기존의 디지털교과서처럼 학생들에게 시청각 자료를 보여주는 것 외에도 수업 진행을 도와주는 보조교사 역할을 수행하고 학생들의 수업 이해도를 실시간으로 점검해

줌으로써, 학생 수준에 맞는 수업 설계가 가능합니다. 또한 학생들은 AI가 제공한 수준별 문제를 풀고 나면 AI로부터 즉각적인 피드백을 받을 수 있으며, 교사는 AI가 분석한 데이터를 바탕으로 모두가 어려워하는 문제에 대해서는 한 번 더 설명할 수 있습니다.

 표 7-1 | 디지털교과서와 AI 디지털교과서 비교

구분	디지털교과서	AI 디지털교과서
개념	– 서책형 교과서를 디지털화한 교과서	– AI 기반 코스웨어를 탑재한 교과서
콘텐츠	– 교과서 내용에 맞게 구성된 콘텐츠를 사용하는 학생들에게 일괄적으로 제공	– 교과서 내 학생의 학습 성취 수준 및 특성에 맞는 콘텐츠 추천
피드백	– 교과서 내용을 보충하는 멀티미디어 혹은 문제의 답과 해설을 제공 – 제한적 피드백	– 학습 데이터를 분석하여 학생의 개별적인 수준에 맞는 피드백 제공 – 개인화된 피드백
평가	– 고정형 평가 – 모든 학생에게 동일한 문항과 난이도 제공	– 적응형 평가 – 학생에 따라 다른 문항과 난이도 제공

출처: 클라썸(https://medium.com/classum/27cf56b7c523).

디지털교과서가 단순히 교과서를 디지털로 옮겨 교사가 학생을 대상으로 교과서에 실린 학습자료를 구체적으로 보여주기 위한 학습도구로써 사용했다면, AI 디지털교과서는 단순한 학습도구를 넘어, 인공지능을 활용하여 학생 개개인의 학습 경험을 최적화하고 교육의 효율성을 극대화하는 혁신적인 플랫폼으로 자리잡고 있습니다. 이와 이어지는 점이 디지털교과서는 종이 교과서와 병행하여 사용했지만, 도입되는 AI 디지털교과서는 종이 교과서를 완전 대체할 수도 있는 점이 주요점이기도 합니다. 이는 아직 결정되지 않아, 일부 도입 후 현장 의견과 국민 의견을 수렴해 정해질 예정입니다.

 AI 디지털교과서 도입 과정

① 디지털 기반 교육혁신 방안 발표(2023. 2.)

AI 디지털교과서 관련 정책을 시간순서대로 조금 더 자세히 살펴볼까요? 2023년

2월 교육부는 「디지털 기반 교육혁신 방안 발표」에서 AI 디지털교과서 도입을 처음으로 발표하였습니다. AI 디지털교과서와 함께 디지털 기반 교육혁신 방안으로는 크게 다음 세 가지를 제시하였습니다.

첫째, 2025년부터 학교현장에 AI 디지털교과서를 도입한다.

둘째, 디지털 기술 전문성과 인간적인 지도 역량을 모두 갖추고 수업을 혁신하는 교사들을 집중 양성한다.

셋째, AI 디지털교과서를 활용하는 다양한 교수·학습 모델을 개발하고 이를 현장에 제공한다.

교육부는 앞선 세 가지 원칙과 함께, 디지털 대전환 시대의 교육 비전으로 모두를 위한 맞춤형 교육을 선포하고 AI 디지털교과서 도입을 핵심 과제로 제시하였습니다. 그리고 AI 디지털교과서가 도입되면 학생은 맞춤형 교육을 통해 성공적인 학습을 경험할 수 있으며, 교사는 데이터를 기반으로 수업을 디자인하고 개별 학생의 인간적 성장을 이끄는 역할에 더 집중할 수 있고, 학부모는 자녀의 학습활동 정보를 바탕으로 자녀를 더 깊이 이해하고 정서적으로 지지해 줄 수 있어, 이렇게 교육문화를 바꾸는 것이 우리의 최종 목표이며 자연스레 세계가 주목하는 선도 모델이 될 것이라고 설명하였습니다.

AI 디지털교과서는 2025년 수학, 영어, 정보와 특수 교육의 국어 교과에 우선 도입됩니다. 수학 교과의 경우 AI 튜터링을 통한 맞춤 학습을 지원합니다. 영어 교과에서는 AI 음성 인식 기술을 이용한 말하기, 듣기 중심 교육을 진행합니다. 정보 교과에서는 코딩 관련 실습 및 체험을 강화합니다. 2025년에 우선 도입되는 수학, 영어, 정보 세 교과는 쉽게 맞춤형 수업을 할 수 있다는 공통점을 가지고 있습니다. 실제로 수학, 영어 교과는 수준별 수업을 진행하는 교과입니다. 그러나 수준별 수업은 학생들 간의 위화감 조성이나 선생님들의 반별 선호도 차이와 같은 단점이 드러나기도 합니다. 이를 AI 디지털교과서를 통해서 수준별로 분반을 하지 않아도 AI가 각 학생에게 수준별 문제를 제공하기 때문에 이러한 단점을 보완할 수 있을 것으로 보입니다. 이후, 2028년까지 국어, 사회, 역사, 과학, 기술·가정으로 확대해 나갈 예정입니다. 학년별로는 첫 해인 2025년에는 초등학교 3, 4학년과 중학교 1학년, 고등학교 공통 과목과 일반 선택 과목에서 시범 적용되며, 다음 해인 2026년에는 초등학교 5, 6학년 및 중학교 2학년까지, 2027년에는 중학교 3학년까지 순차적으로 적용됩니다.

표 7-2 | AI 디지털교과서 개발 과목 및 적용 일정

구분		2025년	2026년	2027년	2028년
초등학교	공통	수학 3, 4 영어 3, 4 정보 3, 4	수학 5, 6 영어 5, 6 정보 5, 6 국어 3, 4 사회 3, 4 과학 3, 4	국어 5, 6 사회 5, 6 과학 5, 6	–
	특수	국어 ③, ④	국어 ⑤, ⑥ 수학 ③, ④	수학 ⑤, ⑥	–
중학교	공통	수학 1 영어 1 정보	수학 2 영어 2 국어 1 과학 1 기술·가정 ①, ②	수학 3 영어 3 국어 2 사회 ①, ② 역사 ①, ② 과학 2	국어 3 과학 3
	특수	–	–	생활영어 1, 2, 3	정보통신 1, 2, 3
고등학교	공통	공통수학 1, 2 공통영어 1, 2 정보	기술·가정	–	공통국어 1, 2 통합사회 1, 2 한국사 1, 2 통합과학 1, 2
	특수	–	–	생활영어 1, 2, 3	정보통신 1, 2, 3

※ 정해진 학년이나 학기와 관계없이 분권하는 경우, 동그라미 숫자로 표기
출처: 교육부(2023).

② AI 디지털교과서 추진방안 발표(2023. 6.)

2023년 6월 교육부는 디지털 기반 교육혁신 방안에 이어 AI 디지털교과서 추진방안에 대해서 발표하였습니다. 추진방안에는 먼저 AI 디지털교과서 정책 추진을 위한 원칙과 양과 질 모두의 AI 디지털교과서 개발을 강조하였습니다. 2025년에 우선 도입되는 수학, 영어, 정보 교과 담당 교사로부터 AI 디지털교과서를 활용한 맞춤 수업, 참

여 수업, 수업 역량 등 교사 전문성 개발을 지원하기 위해 방학 기간 집중 연수와 같은 교사 지원방안, 도입 기반 조성을 위한 개발 가이드라인과 AI 디지털교과서의 명확한 법적 지위 같은 내용이 포함되었습니다. 언급한 AI 디지털교과서 개발 가이드라인은 한국교육학술정보원(KERIS)에서 2023년 8월 발표되었습니다.

③ 디지털 기반 교육혁신 역량 강화 지원방안(2024. 4.)

2024년 4월 교육부는 디지털 기반 교육혁신 역량 강화 지원방안에 대해서 발표하였습니다. 교육부는 특히 '교사가 이끄는 교실혁명'을 강조하며 선도교사와 교사 맞춤 연수, '찾아가는 연수' 추진과 디지털 전환에 따른 교사 부담을 경감시키기 위한 교육지원청 거점 테크센터 운영, 수업 혁신을 위해 노력하는 교사들을 위한 인센티브 대폭 확대와 같은 정책들을 발표하였습니다. 여기에는 AI 디지털교과서의 프로토타입을 실제로 사용해 볼 수 있는 실습연수의 대폭 개설과 교사들이 쉽게 활용할 수 있는 수업 모델과 수업사례를 제공, 공교육과 교사들을 실질적으로 지원하는 AI 디지털교과서와 에듀테크 개발 약속과 같은 AI 디지털교과서 관련 내용이 포함되었습니다.

위와 같은 AI 디지털교과서 관련 정책과 디지털교과서 관련 정책 흐름을 표로 정리하면 다음과 같습니다.

표 7-3 | 디지털교과서 및 AI 디지털교과서 관련 정책 흐름

관련	연도	정책명	기관
디지털교과서	2007	디지털교과서 상용화 추진 방안	교육인적자원부
디지털교과서	2008	2008년 디지털교과서 개발 · 집행 계획	교육과학기술부
디지털교과서	2009	디지털교과서 시범 사업 추진 계획	교육과학기술부
디지털교과서	2011	스마트교육 추진 전략	교육과학기술부
· · · ·			
AI 디지털교과서	2023	디지털 기반 교육혁신 방안 발표	교육부
AI 디지털교과서	2023	AI 디지털교과서 추진방안 발표	교육부
AI 디지털교과서	2024	디지털 기반 교육혁신 역량 강화 지원방안	교육부

※ 저자가 김혜숙(2014)의 디지털교과서 정책 변천 과정 일부를 표로 정리 및 추가.
출처: 김혜숙(2014).

이처럼 직접적인 AI 디지털교과서 관련 정책과 함께 AI 디지털교과서가 도입되기까지 학교현장에서는 디지털과 관련하여 많은 변화가 이루어졌습니다. 첫 번째 변화는 전자칠판의 도입입니다. 전자칠판의 보급으로 교사들은 이를 활용하여 다양한 형태의 수업을 만들어가고 있으며, 학생들도 전자칠판을 통해 수업에 적극적으로 참여하고 있습니다. 이로 인해 학생들은 더욱 높은 몰입도와 참여도를 보이고 있습니다. 두 번째 변화는 디지털 기기의 보급입니다. 앞서 6장에서 설명한 바와 같이, 디지털 기기의 보급은 단순한 교육 도구의 변화를 넘어서 교육 방식과 학습 환경의 혁신을 가져왔습니다. 학생들이 디지털 환경에 익숙해지면서, 전자칠판과 디지털 기기 보급은 물론 교내 공용 와이파이와 같은 네트워크 구성도 AI 디지털교과서를 도입하기 위한 중요한 배경이 되었습니다.

❷ 주요 기능과 특징

5년차 중학교 과학 교사인 김○○ 교사는 방금 수업을 마치고 교무실로 돌아왔습니다. 그는 쉬는 시간 동안 AI 디지털교과서를 통해 방금 수업을 스스로 리뷰합니다. AI의 피드백으로는 20%의 학생들이 실험 절차 이해에 어려움을 겪었다고 합니다. 김 교사는 이에 대해 AI가 제공한 보충 자료를 참고하여 학생들의 이해를 돕기 위한 맞춤형 학습자료, 콘텐츠를 재구성하였습니다. 그리고 AI가 분석한 학생들의 학습진도와 이해도를 바탕으로 최적의 학습 계획을 구성하였습니다.

위 시나리오는 AI 디지털교과서를 활용하여 교사가 수업을 효율적으로 준비하는 모습을 생성형 AI로 만든 내용입니다. 이처럼 AI 디지털교과서의 주요 기능을 한국교육학술정보원(KERIS)에서 발표한 AI 디지털교과서 개발 가이드라인을 통하여 살펴보려고 합니다. 다음은 AI 디지털교과서의 핵심서비스입니다.

교육 대전환 시대, 우리 잘 적응할 수 있겠죠?

그림 7-1 AI 디지털교과서 개발 가이드라인: 핵심서비스

공통(학생, 교사, 학부모)	학생	교사
• 대시보드를 통한 학생의 학습데이터 분석 제공 • 교육 주체(교사, 학생, 학부모) 간 소통 지원 • 통합 로그인 기능 • 쉽고 편리한 UI/UX 구성 및 접근성 보장(보편적 학습 설계: UDL, 다국어 지원 등)	• 학습 진단 및 분석 • 학생별 최적의 학습경로 및 콘텐츠 추천 • 맞춤형 학습지원(AI 튜터)	• 수업설계와 맞춤 처방 (AI 보조교사) • 콘텐츠 재구성·추가 • 학생 학습이력 등 데이터 기반 학습 관리

출처: 한국교육학술정보원(2023).

핵심서비스를 통해 각 교육주체에서의 주요 기능을 알 수 있습니다. 여기서 중요한 점은 교사와 학생뿐만 아니라 학부모도 포함된다는 것입니다. AI 디지털교과서가 자리 잡는다면 카카오톡, 네이버 밴드와 더불어 교육주체 간 소통을 원활하게 할 수 있는 플랫폼으로 활용될 수 있습니다. 또한, 학부모들은 자녀의 학습에 적극적으로 참여하고 지원할 수 있어, 학교에서뿐만 아니라 가정에서도 효율적인 학습 환경을 조성할 수 있습니다.

AI 디지털교과서이기에 주요 기능은 AI 기반 맞춤형 학습 지원입니다. 여기에는 AI 기반 기술을 통한 학습 진단 및 추천 기능, 대시보드, 맞춤형 콘텐츠, AI 튜터 기능, AI 보조교사 기능, 교사의 재구성 기능이 있습니다. 학습 진단은 학생의 성취 수준 및 학습 현황 등을 진단·분석하여, 학습자에게 적합한 콘텐츠 및 학습자의 취약점을 개선하도록 하는 맞춤형 콘텐츠를 제공합니다. 다음으로 대시보드는 대상자별로 학습과 학습지원에 필요한 정보를 시각적으로 분석하여 각 교육주체에 제공합니다. 이는 학생이 자신의 학습도를 시각적으로 한눈에 파악할 수 있어, 본인의 학습을 성찰하고 목표를 설정하는 데 도움이 됩니다.

그림 7-2   AI 디지털교과서 개발 가이드라인: 학생 대시보드

출처: 한국교육학술정보원(2023).

그림 7-3   AI 디지털교과서 개발 가이드라인: 교사 대시보드

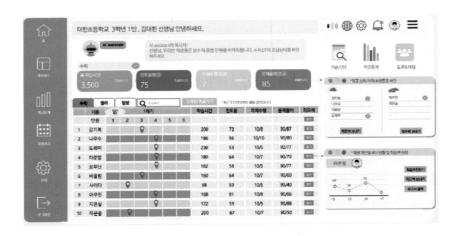

출처: 한국교육학술정보원(2023).

교사가 보는 대시보드는 학생과 다른 형태로 구성됩니다. 교사의 대시보드에서는 학생 개인 및 학급의 학습 현황을 파악하여 효과적 · 효율적으로 관리할 수 있도록 합니다. 교사는 실시간으로도 대시보드를 통하여 수업 설계를 변경할 수 있습니다.

주요 기능 중 AI 튜터와 AI 보조교사가 헷갈리는데요, AI 튜터는 챗봇, 음성 인식 등 다양한 형태를 통해 학생에게 학생의 학습 상태를 분석하고, 부족한 부분의 원인을 찾아 이를 개선할 수 있도록 전략을 조언해주는 기능입니다. AI 보조교사는 마찬가지로 챗봇, 음성 인식 등 다양한 형태를 통해 교사에게 교사가 학생별 맞춤형 학습을 효과적으로 운영할 수 있도록 지원하는 기능입니다. 수업 설계, 피드백 설계, 평가, 학생 모니터링에서 AI 보조교사가 지원을 합니다.

그림 7-4   AI 디지털교과서 개발 가이드라인: AI 보조교사

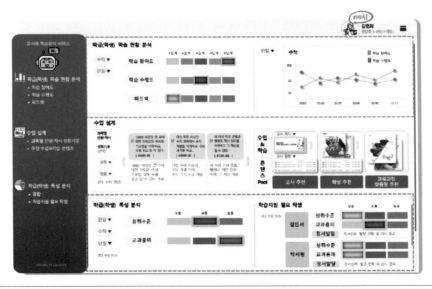

출처: 한국교육학술정보원(2023).

마지막으로 교사 재구성 기능은 교사의 맞춤형 수업 설계를 위해 AI의 진단 및 분석 결과를 바탕으로 콘텐츠를 재구성하거나 추가, 학습 경로를 재조정해 수업을 설계하고 학생들의 학습을 관리할 수 있는 기능입니다. 종이 교과서에서는 교사가 추가적으로 학습자료를 제공하는 형태였다면, AI 디지털교과서에서는 교사 재구성 기능을

통하여 교사가 직접 교과서의 콘텐츠를 설계할 수 있습니다.

이상으로, AI 디지털교과서의 주요 기능들을 살펴보았습니다. 이 외에도 AI 디지털교과서는 종이 교과서를 온라인으로 옮긴 것으로, 주로 대학교에서 많이 사용하는 학습관리시스템(LMS)의 특징도 가지고 있습니다. 교사들은 항상 수업을 설계할 때 학습 수준을 고려해야 하기에, 이에 따른 다양한 고민이 있습니다. 이러한 고민도 AI 디지털교과서의 도움을 받으면 조금은 해소될 수 있을 것으로 보입니다.

❸ 우려의 목소리들

앞선 흐름처럼 우리나라가 2025년부터 AI 디지털교과서를 점진적으로 도입하기로 한 와중에 우리나라와 마찬가지로 해외에서도 다양한 목소리가 나오고 있습니다. 특히, 우리나라에서는 2024년 6월에 국회 국민동의청원에 '교육부의 2025 AI 도입 유보에 관한 청원'이 올라왔고 5만 명이 넘는 동의를 받아 국회 교육위원회에 회부되기도 했습니다. 청원자는 자녀의 과도한 스마트기기 사용으로 인한 가정불화, AI 디지털교과서 준비 미흡, 미지수인 효과를 이유로 전면 취소할 수 없다면 적어도 도입 유보를 요구하였습니다. 이에 대하여 교육부는 도입 유보는 어려우며, 우려하는 부분에 대해서는 디지털 시민 교육을 강화하는 등 노력을 기울이겠다고 답변하였습니다.

그렇다면 해외에서는 어떨까요? 스웨덴에서는 최근 지나치게 디지털화된 학습 방식 때문에 학생들의 기본 문해력과 쓰기 수준이 저하됐다는 비판에 따라 디지털 기기 대신에 종이책과 손글씨 교육을 되살리고 있습니다. 스웨덴 정부는 최근 종이책 수업과 독서시간, 필기연습 등을 강조하며, 스웨덴의 각 학교에 배치되는 도서 구입 비용으로 6억 8500만 크로나(약 820억 원)를 지원하고 이후에도 연간 5억 크로나(약 600억 원)를 추가로 배정할 계획이라고 밝혔습니다. 특히, 6세 미만 아동에 대한 디지털 학습도 완전히 중단하기도 하였습니다. 마찬가지로 캐나다에서도 필기체 쓰기 수업이 표현이나 비판적 사고에 도움을 준다는 학계 의견을 수용해 초등학교 3학년부터 필기체 쓰기 수업을 필수 교육과정으로 되살렸으며, 프랑스와 네덜란드, 핀란드, 이탈리아 등에서도 집중력과 문해력을 떨어뜨린다는 이유에서 휴대전화, 태블릿PC 등 교내 모바일 기기 사용 금지 정책을 추진 중에 있습니다.

우려를 가지고 다시 전통적인 방식으로 돌아가는 나라들도 있지만, 우리나라와 마찬가지로 교육에 디지털 기기를 확대하는 나라도 있습니다. 폴란드와 싱가포르는 우리나라의 '디벗'처럼 공공 자금으로 초등학교 학생들에게 노트북 컴퓨터를 지급하는 정책을 하여 국제교육성취도평가협회(IEA) 읽기 문해력 연구 평가에서 EU 국가 1위와 글로벌 1위를 각각 차지하고 있습니다. 이처럼 최근의 문해력 논란과 우리나라의 AI 디지털교과서 도입은 직·간접적인 영향력을 가지고 있습니다. 디지털화로 인한 문해력 저하에 관한 연구 결과도 결코 간과할 수 없습니다. 우려의 목소리에 공감하고 이에 대한 해결책이 마련되어야 하며, 문해력이 저하되는 것과 동시에 향상될 수 있는 다른 능력들도 함께 키워나가야 합니다.

AI 디지털교과서에 대한 해외 사례가 정답은 아닙니다. 각국의 교육환경, 문화적 배경, 기술 인프라가 다르기 때문입니다. 또한 인공지능도 계속 발전을 거듭하고 있습니다. 해외 사례에서 배울 점은 있지만, 이를 그대로 적용하는 것은 한계가 있기에 우리나라에 맞는 AI 디지털교과서의 발전 방안을 모색하고 함께 만들어 나아가야 합니다.

④ 예비교사가 마주하게 될 AI 디지털교과서

디지털 대전환으로 학교현장에는 다양한 변화가 이루어졌습니다. 전자칠판, '디벗' 등이 그 예입니다. 하지만 AI 디지털교과서는 이와는 다른 시사점을 갖습니다. 전자칠판, '디벗' 등은 학생들의 발달단계와 과목의 특성에 따라, 그리고 교사의 선호에 따라 사용하지 않을 수 있기 때문입니다. 반면에 AI 디지털교과서는 교육도구가 아닌 교과서이기에 도입되는 과목들에 대해서는 사용을 권장하고 있습니다. 그렇기에 교사의 디지털 리터러시의 중요성이 기존보다 더 대두되었습니다.

디지털 리터러시(digital literacy)란 디지털 문해력으로, 디지털을 잘 이해하고 다룰 줄 아는 디지털 활용 능력과 함께 디지털 플랫폼을 이용해 필요한 정보를 구하고, 이해하고, 판단하고, 평가하고, 활용할 수 있는 능력을 뜻합니다. 학생들은 어릴 때부터 스마트폰을 접하며 전반적인 디지털 리터러시가 높습니다. 반면에 교사의 디지털 리터러시는 낮은 축에 속합니다. 따라서 AI 디지털교과서를 교사와 학생이 모두 활용하기 위해서는 교사의 디지털 리터러시를 향상시켜 AI 디지털교과서 활용법을 이해하고 이를 수업에 적용하여 학생들을 가르쳐야 하는 점이 중요합니다. 더 나아가, 교사의 디지털 리터러시가 향상된 후에 AI 디지털교과서와 관련한 교육부의 다양한 지원책과 연수를 접한다면, 교사, 그리고 학생들까지도 AI 디지털교과서에 쉽고 빠르게 적응할 수 있을 것입니다.

AI 디지털교과서가 전통적인 종이 교과서 및 기존의 디지털교과서와 다른 점은 단어에서도 알 수 있듯이 인공지능이 교과서에 접목되었다는 점입니다. 인공지능의 발전은 어느덧 궤도에 올랐고, 우리나라의 공교육에도 도입될 수준이 되었습니다. 현재까지 발전한 인공지능 기술을 사용하여 AI 디지털교과서가 제작되고 있고, 디지털 인프라도 하나씩 구축되고 있습니다. 여기서 인공지능 혁신이 무서운 점은 아직도 발전할 여지가 충분하다는 것입니다. 이는 AI 디지털교과서가 계속해서 진화하고, 교육의 질을 지속적으로 향상시킬 수 있는 가능성을 의미합니다.

예를 들어, 현재 AI 디지털교과서는 학생들의 학습 패턴을 분석하여 맞춤형 학습 경로를 제공하고, 실시간으로 피드백을 제공하는 수준에 도달해 있습니다. 그러나 미래에는 더 정교한 예측 알고리즘과 자연어 처리 기술이 결합되어, 학생들이 직면하는 학습의 어려움을 사전에 예측하고 이에 대한 해결책을 제시할 수 있을 것입니다. 또한, 기존의 디지털교과서가 제공했던 텍스트, 이미지, 동영상, 음성에 더불어 미래에는 가상현실(VR)이나 증강현실(AR) 기술이 AI 디지털교과서와 결합되어 멀티미디어 자료는 더욱 정교해지고, 학생들에게 몰입감 있는 학습 경험을 제공할 수 있게 될 것입니다. 뿐만 아니라, 학생들의 정서적 상태도 파악하여 이에 맞춘 학습 환경을 제공할 가능성이 열려있습니다. 인공지능이 학생들의 감정 상태를 분석하여, 스트레스를 줄이고 학습 동기를 높일 수 있는 맞춤형 피드백과 학습 전략을 제안하는 것입니다. 이는 학생들의 전반적인 학습 경험을 개선하고, 학습의 질을 한층 더 높일 수 있는 가능성을 열어줍니다.

미래 기술의 발전 정도를 정확하게 예측할 수는 없지만, 이를 위해서는 적어도 교육과정 개편 시기에 맞춰서 AI 디지털교과서도 재정비가 반드시 필요합니다. 또는 교육과정의 내용적인 측면과 분리하여 AI 디지털교과서의 기술적인 부분은 꾸준히 개선되어야 AI 디지털교과서가 미래교육의 핵심 도구로 자리 잡을 수 있을 것입니다.

　학생들은 우리의 생각보다 훨씬 빠르게 변화되는 환경에 적응합니다. 불과 몇 개월 밖에 사용하지 않은 전자칠판도 학생들은 스마트폰을 사용하는 것처럼 금방 적응하여 학급회의에 안건과 의견을 적거나, 학급 자리배치도를 그려서 자리를 바꿀 때 활용하거나, 점심시간에 노래를 틀어 함께 듣는 등 다양한 용도로 활용합니다. 이는 AI 디지털교과서에서도 마찬가지입니다. 학생들은 AI 디지털교과서에 빠르게 적응할 것입니다. 그 과정에서 교사가 함께 노력한다면 우리는 AI 디지털교과서에 잘 적응할 수 있을 것입니다.

AI 디지털교과서가 도입된 후, 미래에 있을 다음 두 가지 시나리오에 대하여 생각해 봅시다.

사례 1

3년차 고등학교 수학 교사인 박○○ 교사는 이번 학기부터 AI 디지털교과서를 활용하여 수업을 진행하기로 했습니다. AI 디지털교과서가 학생별로 제공하는 맞춤형 콘텐츠를 확인하던 중, 박○○ 교사는 특정 학생에게 제시된 콘텐츠가 그 학생에게 적합하지 않다고 판단했습니다. AI가 생성한 맞춤형 콘텐츠가 모든 학생에게 최적의 결과를 보장하지 않을 수 있다는 점을 고려할 때, 박○○ 교사는 이러한 AI의 판단을 어떻게 보완할 수 있을까요?

사례 2

30년차 중학교 국어 교사인 김○○ 교사는 최근 깊은 고민에 빠졌습니다. AI 디지털교과서의 도입으로 맞춤형 학습 설계가 중요해졌지만, 그는 학생들과 직접 소통하며 교재를 설명하는 전통적인 교수법에 익숙하기 때문입니다. 이러한 교육 방식의 변화에 적응하는 것이 쉽지 않다고 느끼는 동시에, 인공지능이 교육의 핵심 요소로 자리 잡으면서 교사의 역할에 대한 회의감도 커져 퇴직까지 고민하고 있는 상황입니다. 이처럼 AI 디지털교과서 도입으로 인해 교사들이 느끼는 부담을 어떻게 완화할 수 있으며, 이 변화에 교사들이 효과적으로 적응할 수 있는 방법은 무엇일까요?

토론에 연장선으로 교육 대전환 시대에는 교사의 역할이 바뀔 것이라는 예측이 있습니다. 이처럼 AI 디지털교과서를 시작으로 교사는 전통적인 강의자에서 벗어나 학습 코디네이터로, 배움의 전문가로 변화를 맞이할 것입니다.

참고문헌

교육부. (2023). 디지털 기반 교육혁신 방안(2023.02.23.). 세종: 교육부.

교육부. (2023). AI 디지털교과서 추진방안(2023.06.08.). 세종: 교육부.

교육부. (2024). 디지털 기반 교육혁신 역량 강화 지원방안(2024.04.15.). 세종: 교육부.

김혜숙. (2014). 디지털교과서 활용을 위한 교수·학습 지원 방안 연구. 충북: 한국교육과정
평가원.

한국교육학술정보원. (2023). AI 디지털교과서 개발 가이드라인. 대구: 한국교육학술정보원.

한국교육신문. (2024.07.04.). 'AI 디지털교과서 유보' 국회 청원 5만 넘어. https://www.
hangyo.com/news/article.html?no=102100 (2024.08.24. 검색)

이투데이. (2023.10.01.). 韓 AI 디지털교과서 도입한다는데…스웨덴 등 종이책 '회귀', 왜?.
https://www.etoday.co.kr/news/view/2288888 (2024.07.08. 검색)

클라썸. (2023.06.22.). AI 디지털 교과서란?. https://medium.com/classum/27cf56b7c523
(2024.08.24. 검색)

OpenAI. (2024). ChatGPT(4o mini 버전)[Large language model]. https://chatgpt.com
(2024.07.29. 검색)

PART 3

예비교사와 주요 교육정책

CHAPTER 8

고교학점제 얼마나 알고 있나요?

최보승

미래학교, 대안학교, 혁신학교 등 획일화된 교육이 아닌 학생이 주체가 되고, 모든 아이를 위한 학교를 위해 다양한 학교들이 존재합니다.

국가는 이를 전국의 학생이 시행하기를 바랬고, 고교학점제를 통해 나에게 맞는 진로를 찾아가고 하고 싶은 수업을 들을 수 있도록 지원하고자 현장에 도입하고 있습니다. 이전과는 다른 체계, 예시가 아직 부족한 이 제도를 예비교사로서 어떻게 준비할 수 있을까요? 함께 고민해봅시다.

① 고교학점제가 뭐예요? – 고교학점제의 정의

고교학점제는 학생들이 기초 소양과 기본 학력을 바탕으로 진로 및 적성에 따라 과목을 선택하고, 이수 기준에 도달한 과목에 대해 학점을 취득 및 누적하여 졸업하는 제도입니다(교육부, 2021). 이를 통해 우리는 고교학점제에서 주목해야 할 두 가지 키워드를 알 수 있는데, 바로 과목 선택과 학점 취득입니다.

과목 선택의 경우 7차 교육과정에서부터 지속적으로 강조되고 있는 교육과정의 키워드입니다. 7차 교육과정에서는 '선택중심 교육과정'에 의해 고등학교 2, 3학년부터 선택과목 중 원하는 과목을 선택하여 심화 과목을 들을 수 있도록 하였습니다. 이전 과학탐구와 사회탐구 선택 과목으로 이해할 수 있습니다. 이번 고교학점제에서는 선택 요소를 확대하여 학생의 선택권을 보장하고 다양한 선택 과목을 제공하는 등의 요건을 강조하고 있습니다.

학점 취득의 경우 과목 선택과는 다르게 이전에는 볼 수 없었던 고교학점제만의 온전한 특징이라고 할 수 있습니다. 과목을 이수·미이수하여 최종적으로 과목별 설정된 학점을 취득해나가는 교육과정 운영 방식으로, 학교에서 정해진 커리큘럼에 따라 과목 시수를 채우는 이전 고등학교 교육과정과 달리 각 과목에서 제시하는 조건을 성취하여 학점을 취득해야 한다는 점에서 큰 차별점을 가지고 있습니다. 학점 취득 제도는 평가 부분에서 변화를 확인할 수 있습니다. 평가에는 출석과 학업성취율 총 두 가지의 기준이 포함되게 됩니다. 각 수업 횟수의 2/3 이상을 참여해야 하고, 학업성취율 40% 이상의 성취율을 달성하면 해당 과목의 학점을 취득할 수 있습니다. 만약, 위 요건을 미충족하게 되었을 때는 낙제점(I)을 받게 되고 보충학습을 통해 이수 학점을 보완하게 됩니다. 평가표기법은 고교학점제가 진행됨에 따라 〈표 8-1〉과 같이 기존 상대평가(9등급 제도)에서 절대평가(A~E 등급제) 및 상대평가(1~5등급 제도)로 변경되었습니다.

고교학점제에서 과목은 크게 세 가지로 나눌 수 있는데, 동일 학년이 필수로 이수하는 공통 과목, 선택 과목 중 자신의 진로와 적성에 따라 선택할 수 있는 일반 선택 과목, 학생들의 진로 및 진학에 연관되어 있는 심화 및 전문 교과인 진로 선택 과목이 있습니다. 공통 과목은 기존 상대평가와 절대평가(성취도 평가)가 혼용되어 시행될 예정이며, 선택 과목은 5단계 성취도 평가, 즉 절대평가가 전면 시행될 예정입니다.

이러한 세부적인 청취도에 대한 평가 방식은 이전 평가 방식이었던 학업성취와 상관없이 출석 일수의 2/3를 채우면 졸업요건이 충족되었던 것에서 큰 차이를 확인할 수 있습니다. 물론, 기존에도 학교 교육과정 이수가 필수요건이었으나, 대체로 전체 출석 일수가 채워지면 과목이수가 충족되어 졸업을 가능케 했기에 학교가 학생들이 학교 교육을 등한시하는 것에 적극적으로 대응하기 어려웠습니다.

표 8-1 | 고교학점제 평가표

구분	절대평가		상대평가
	원점수	성취도	석차등급
보통교과	표기	A~E	1~5등급
사회, 과학 융합선택	표기	A~E	–
체육, 예술 / 과학탐구 실험	–	A~C	–
교양	–	P	–
전문교과	표기	A~E	1~5등급

출처: 교육부(2023b).

② 고교학점제를 경험해보았나요? – 현장에서 느끼는 장점

2025년이 되면 고교학점제는 전국 고등학교에 본격적으로 시행되게 됩니다. 2020 년도부터 시작된 시범 · 연구학교 및 단계적 고교학점제 운영으로 대부분 고등학교는 최소 1년 이상 고교학점제를 경험하게 되었습니다. 그렇다면 학교에서 수업을 진행함에 따라 학생과 교사는 고교학점제에 대하여 어떻게 생각하고 있을까요?

1 교사 측면

교사는 고교학점제를 기준 삼아 수업을 설계하고 학생들에게 제공해야 하는 사람입니다. 수업에 대해 지휘봉을 잡았으나 이전 지필 평가 위주로 진행된 교육과는 다르게 다양한 참여 수업 및 수행평가 위주의 교육을 진행하게 되었습니다. 홍원표 교수의 연구를 살펴보면 고교학점제에 대해 교사들이 제시한 다양한 의견을 살펴볼 수 있습니다.

먼저, 고교학점제가 도입되면서 느꼈던 장점으로는 첫째, 교사들의 전문성 확장의 기회가 제공되었다고 이야기했습니다. 고교학점제의 특성상 다양한 분야의 심화 수업이 개설되고 있습니다. 폭넓은 범위를 제공하는 수업에서 하나의 전문성을 가지고 학생들에게 심화 수업을 제공할 수 있다는 것은 교사의 전문성이 중요해졌다는 것입니다. 이러한 전문성에 대한 문제가 대두되면서 교사의 과목 전문성을 위한 노력이 발생하고, 지속될 것으로 예상합니다.

둘째, 다양한 수업 설계(범교과적인 지식)입니다. 고교학점제가 시행되면서 학생들에게 수행평가 비율을 높이고, 학생 개개인의 학업성취율을 기준으로 절대평가를 시행하게 되면서 다양한 수업을 설계할 수 있어야 합니다. 이전에는 지필평가의 비율이 높으므로 암기 위주의 수업이 진행될 수밖에 없지만, 고교학점제가 진행됨에 따라 학업성취도 및 수행평가의 비율을 높여 학생의 수업참여를 높이고 있습니다. 이러한 활동을 위해 교사는 다양한 수업을 설계하게 되었습니다. 그뿐만 아니라 국가가 융합 교육을 지원하면서 하나의 수업에 하나의 교과뿐만 아니라 다교과적인 지식을 활용하는 것을 권장하고 있기에 범교과적인 지식을 나의 수업 설계에 활용하여야 합니다. 범교과적인 내용을 담기 위해서는 타 교과의 지식을 활용해야 하므로 교사의 노력이 필요합니다.

마지막으로는 학생들과의 라포(rapport) 형성입니다. 고교학점제는 학생 개개인의 맞춤형 교육을 키워드로 삼고 있습니다. 학생의 맞춤형 교육이 강조되면서 개인별 소통 또한 강조되고 있습니다. 학교가 아닌 학생들이 교과 선택을 진행하면서 학생들과 원활한 소통을 통해 진로 및 미래에 필요한 지원을 할 수 있도록 도울 수 있음을 이야기하고 있습니다. 즉, 학생과의 라포 형성을 통해 고교학점제가 올바른 방향으로 성장할 수 있도록 교사에게 요구하고 있습니다.

2 학생 측면

고교학점제를 긍정적으로 평가하는 학생들은 대체로 고교학점제가 잘 정착되어 있는 학교로 파악되었습니다. 학생들이 이야기한 장점으로는 첫째, 과목 다양성 확보를 통한 주도적 교과 선택입니다. 교사, 인터넷, 학부모 등을 통하여 다방면으로 교과에 대한 정보를 습득하고 본인의 흥미나 진로에 맞는 교과를 선택할 수 있었습니다. 주도적 선택 과정을 통한 흥미 있는 과목에 대한 심화학습은 자신의 성장과 진로 개척에 도움을 주었다고 인식하였습니다.

둘째, 탐구 · 과정 중심의 평가입니다. 지필평가 위주였던 이전 학습과는 다르게 학생참여 및 탐구 수업을 위주로 과정 중심의 수행평가가 활성화되었습니다. 이는 자연스럽게 학생들의 학업 성취도 및 참여도를 증가시켰고, 참여 과정을 통하여 학생들이 과목에 대한 흥미를 얻을 수 있었다는 결과가 나타나기도 하였습니다. 학생들은 전체적으로 수업 시간 중 참여 수업을 진행하는 것과 본인이 생각한 이상과 교과 수업의 진행이 비슷하게 흘러갈 때 선택 수업에 만족감을 느끼는 것으로 나타났습니다.

❸ 고교학점제를 경험해보았나요? – 현장에서 느끼는 단점

앞서 고교학점제의 진행에 따른 장점을 살펴보았지만, 고교학점제가 전체적으로 긍정적인 부분만 있는 것은 아닙니다. 환경을 조성하고 제도를 정착시킨 것이 아니라 제도를 만들고 환경을 조성하고 있으며, 짧은 시간 안에 시행되고 있기에 다양한 문제점이 발생하고 있습니다.

❶ 교사 측면

교사들은 고교학점제가 너무 급하게 시행되고 있다고 이야기합니다. 고교학점제는 이전 시스템과는 다른 변화를 불러일으키고 있는데 이 변화를 현장이 단번에 받아들이기에 버겁기 때문입니다.

첫째, 학교 업무의 증가입니다. 이전부터 교사들은 꾸준히 불필요한 행정업무가 교사들에게 부담이 되고 있다고 지적해 왔습니다. 교사의 업무 중에는 학생지도 · 수업 준비 및 평가 · 시험관리 등과 같은 교육과 직접적인 연관이 있는 업무, 예산 · 민원처리와 같은 기타 행정업무로 크게 나눌 수 있습니다. 그러나 앞서 이야기한 업무 외의 행정업무가 지속적으로 증가하여 학생들을 지도하기 위한 교육업무가 침해받고 있기 때문입니다. 이에 따라 교육부는 행정직을 추가로 채용하고, 디지털 기술을 기타 업무에 활용할 수 있도록 개발하는 등의 지원을 시도하였습니다. 그러나 가장 큰 문제는 다양한 제도가 시행되고 있지만 온전히 시행되고 있지 못하며, 제대로 된 매뉴얼이 없어 업무 증가를 유발하고 있다는 것입니다. 이번에 시행된 고교학점제도도 교과과목, 평가, 시험 등 시행에 대한 매뉴얼이 자세히 제시되지 않아 교사 업무의 증가에 하나의 원인이 되고 있습니다.

둘째, 교원 축소입니다. 교원 축소에 대한 이야기는 인구 감소가 진행됨에 따라 대두되었습니다. 결과적으로 2026년부터 교육대학원은 정 교사 2급 자격증을 발급하지 않고, 본 설립 목적인 현직교사의 재교육 및 전문성 고취를 위해 운영될 것을 밝혔습니다. 또한, 초등교원을 책임질 교육대학교는 2025학년도 정원을 12% 감축시키기로 하였습니다. 현직에 대해서는 교육부가 중장기 교원 수급계획을 통해 신규교원 축소를 아래 표와 같이 이야기했습니다.

📑 표 8-2 | 미래교육수요를 반영한 중장기 교원수급계획 발표

학교급	학년도	2023년	2024년	2025년	2026년
초등	신규채용 교원 수	3,561명	3,200~2,900명 내외		2,900~2,600명 내외
중등		4,898명	4,500~4,000명 내외		4,000~3,500명 내외

출처: 교육부(2023b).

고교학점제가 진행되면서 다양한 과목 개설을 지원하고 있는데, 현장에서는 교사 한 명이 맡아야 할 과목이 초과하거나 학생들의 요구를 이행하는 데에 어려움을 표하고 있습니다. 현재 학교현장에서는 기간제 교사가 담임을 맡고, 일부 학교에서는 부장교사 업무를 기간제 교사가 맡게 되는 상황이 발생하고 있다고 합니다. 기간제 교사는 특정 교과 한시적 담당을 목적으로 채용하고 있으나 그들이 정규교원의 업무를 맡게 된 것입니다. 이러한 비정규직 교원 수의 증가는 학생들에게 안정적인 학습환경을 마련하는 데에 영향을 미칠 것으로 생각되기에 안정적인 정규교원 정원 확대가 필요하다고 생각합니다.

마지막으로 책임의 발생입니다. 고교학점제에 따르면 과목을 듣더라도 규정에 맞

게 수업을 이수하지 못하여 최소성취수준을 맞추지 못하면 'I(미이수)'라는 평가가 나오고, 학점을 취득하지 못하게 됩니다. 'I(미이수)'가 있는 학생들은 이후 추가 수업을 통해 학점을 보충해야 합니다. 그러나 학기 외 학점을 이수할 수 없게 되어 있고, 보충수업 또한 학기 외에 진행되지 못하게 하고 있습니다. 그렇다면 교사는 학생들을 어떻게 도울 수 있을까요? 바로 학기 수업 내에 학생들을 최대한 참여시켜야 하는 것입니다. 이 부분은 교사 개인의 노력뿐만 아니라 당사자인 학생의 참여가 필수적입니다. 하지만, 학생의 참여를 위해 교사가 책임을 지고 학생을 지원해야 하므로 교사는 관련 업무를 꺼리기도 합니다. 그렇다면 이 부분에 대한 책임 소재를 담임과 같은 한 명의 교사에게 지우기보다는 상담, 보충 담당, 담임교사 등 전문성 및 책임 소재를 나누어 책임을 분산하는 것이 도움이 될 것으로 생각합니다.

 ## 학생 측면

「OECD 교육지표 2022(Education at a Glance 2022)」를 보면 우리나라의 대학 졸업자 비율이 69.3%로 OECD 회원 38개국 중 1위로 평균 46.9%보다 높은 것을 확인할 수 있습니다. 이를 통해 한국 학생들의 대학 입학은 보편적인 인식이라는 것을 확인할 수 있으며, 이를 위해 고등학교의 활동을 중요하다고 인식하고 있음을 알 수 있습니다.

앞의 내용을 바탕으로 고교학점제를 보았을 때 단점은 다음과 같습니다. 첫째, 무책임한 선택의 전이입니다. 학생들은 고등학교 2학년부터 수업을 선택하여 이수하게 됩니다. 그러나 선택을 할 수 있다는 말과는 다르게 수업은 제도 시행 이전과 비슷하게 개설되었습니다. 또한, 성적 산출 및 평가 방법을 고려하여 대학 진학을 위해 상대평가나 입시에 유리한 과목을 선택하는 경향이 두드러지게 나타났습니다. 즉, 지원 학생이 많거나 친구를 따라 과목을 선택한 것입니다.

둘째, 선택 과목의 제한입니다. 교과 선택에 대해 경험이 부족하다 보니 선택에 대한 혼란과 부담을 느끼는 학생이 지속적으로 나타났으며, 명확한 가이드가 제시되지 않고 수업을 선택하게 되는 경우도 발생하였습니다. 이렇게 되면 배움의 순서에 맞지 않게 선택하게 되고, 학생들이 듣고 싶었던 수업이 개설되지 않기도 했습니다. 이렇듯 과목 선택에 대한 정확한 가이드라인이 존재하지 않아 학생들이 수업을 선택하는 데에 확신을 갖기 어려웠고, 이전 수업과 비슷한 과목이 주로 개설되었기 때문에 학생들은 기존 수업과 다른 점을 인식하기 어렵다고 이야기했습니다.

마지막으로 소외 학생들의 졸업 여부입니다. 고교학점제를 통해 학교를 졸업하기 어려워진 학생들은 학교생활에 관심이 없거나 소외 학생들입니다. 학교에 등교만 하는 것으로 최대한의 졸업을 시켜줄 수 있었던 이전 수업방식과는 다르게 학생 본인이 시간표 제작에 참여하고, 수업 시간에 직접적으로 참여해야 하게 되었기 때문입니다. 이렇게 학생이 본인 학업에 책임을 지게 되어 졸업을 위해서는 교사뿐만 아니라 본인의 노력이 필요하게 되었습니다. 그렇다면 다양한 사정으로 인하여 수업에 참여하기 어려워진다면 학업을 포기하는 학생이 발생할 수도 있습니다. 이는 학교 차원에서의 지원이 필요하지만, 학생의 참여가 필수적이기에 이와 관련하여 소외 학생에 대한 현실적인 방안이 제도적으로 필요하다고 생각됩니다.

❹ 고교학점제가 가져온 변화

고교학점제로 인하여 고등학교에서의 변화를 불러일으키려 하고 있으나, 대부분 정책이 그러하듯 하나의 정책에는 다른 정책들이 연쇄적으로 엮여 있기 마련입니다. 이 때문에 고교학점제가 가져온 변화는 무엇이 있을까요?

① 2028 대학입시제도 개편안

고교학점제가 도입되면서 화두에 오르게 된 것은 바로 대학입시였습니다. 2024학년도 대학입시 비율은 수시 70%와 정시 30%로 이루어졌습니다. 그중 고등학교 생활기록부를 활용하는 학생부 위주 전형이 수시 모집의 80%가 넘어갔고, 정시 모집에서 수학능력시험(이하 수능) 위주 전형이 90%를 유지하고 있습니다. 이는 고등학교의 활동이 대학입시에 큰 영향을 미치기에 고교학점제의 시행으로 인한 평가의 방법이 학부모와 학생에게 큰 부담을 지웠다고 이야기할 수 있습니다. 이로 인하여 국가는 고교학점제가 진행되는 2025년도 학생들이 대입을 준비하는 2028학년도 대학입시제도 개편을 확정지었습니다. 2028 대입개편 시안에서의 핵심은 공정성과 미래에 필요한 역량 함양을 강조하였습니다. 이로 인해 수능의 경우 문·이과의 구분을 없애고 통합적으로 수능을 보게 될 것입니다. 언어를 제외한 모든 국어, 수학, 과학, 사회 과목이 기존과 달리 공통문제로 시험을 치르게 될 것입니다. 이에 따라 심화 수학이 수능에서 제외되고, 사회와 과학의 경우 통합과목에서 출제하게 되었습니다. 이후 내신에는 전 학년, 과목에 일관된 5등급 평가를 시행하고, 논·서술형 평가를 확대하고, 교사의 평가역량을 강화할 것을 강조하였습니다. [그림 8-1]과 같이 등급의 표기가 9등급에서 5등급으로 완화됨에 따라 성적에 대한 학생들의 강박이 낮아질 것으로 예상되고 있습니다.

그림 8-1   2028 대학입시제도 개편안, 고교 내신 등급의 변화

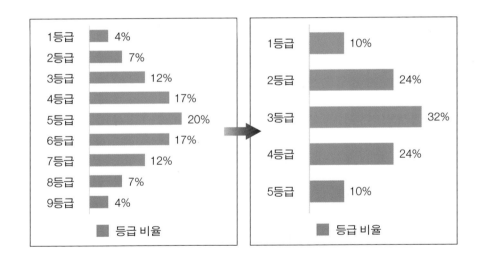

출처: 교육부(2023a).

수능의 변화로 인해 1학년 때 지도하는 공통 과목이 수능으로 출제된다는 것에 대해 학생들을 평가하는 수준이 하향되었다는 비판이 나타나기도 하였고, 2, 3학년들의 수업 분위기에 문제가 발생할 것이라는 의견이 나타나기도 하였습니다. 또한, 이과계열 학회에서는 학생들이 대학에 와서 기초 과학 및 수학을 공부하게 되어 대학교육의 기반 붕괴를 우려하기도 하였습니다. 이러한 문제로 인하여 서울대에서는 2028년도

대입부터 수시와 정시, 두 전형 모두에서 수능의 비중을 줄이고 서류 평가와 면접 과정을 통해 변별력을 강화할 것으로 나타났습니다.

표 8-3 │ 2028 대학입시제도 개편(안)과 수능 과목 변화

영역		현행(~2027 수능)	개편안(2028 수능~)
국어		공통 + 2과목 중 택 1 • 공통: 독서, 문학 • 선택 : 화법과 작문, 언어와 매체	공통 (화법과 언어, 독서와 작문, 문학)
수학		공통 + 3과목 중 택 1 • 공통 : 수학 I , 수학 II • 선택 : 확률과 통계, 미적분, 기하	공통 (대수학, 미적분 1, 확률과 통계)
탐구	사회 · 과학	17과목 중 최대 택 2 • 사회 : 9과목 • 과학 : 8과목	사회 : 통합사회 과학 : 통합과학
	진로	1과목 : 5과목 중 택 1 2과목 : 공통 + (1과목)	직업 : 공통 (성공적인 직업생활)
제2외국어 / 한문		9과목 중 택 1 • 제2외국어/한문 : 9과목 독일어, 프랑스어, 스페인어, 중국어, 일본어, 러시아어, 아랍어, 베트남어, 한문	9과목 중 택 1 *추가 검토안 10과목 중 택 1 • 제2외국어/한문 : 9과목 • 심화수학 :1과목(미적분2+기하)

출처: 교육부(2023a).

 ## 온라인학교

맞춤형 교육의 도입으로 인하여 학생들이 원하는 다양한 과목을 개설하는 데에 많은 학교가 한계를 느끼고 있습니다. 수도권 외 지역은 교사뿐만 아니라 학생 수도 부족한 경우가 많아 이미 학생들의 수업 지원에 큰 난항을 겪고 있습니다. 수업을 진행할 선생님이 부족하고, 모든 과목의 선생님이 교내에 상주하지 않고 2~3개 학교를 이동하면서 수업을 진행하는 경우도 많기에 다양한 수업이 이루어지는데 제약이 발생한 것입니다. 이러한 문제를 해결하기 위해 '온라인학교'를 국가에서는 지원하고 있습니다.

온라인학교는 교원 부족, 전문 인원 미확보, 학생 인원수 미달처럼 다양한 이유로 인해 미개설된 수업이 국가의 지원 아래 개설되고 이를 수강할 수 있도록 하는 것을 말합니다. 온라인학교에는 대학교수, 외부 전문가도 강사로 채용할 수 있어 전문성과 희소 과목 운영이 가능하다는 것이 장점입니다. 이 방법은 정규수업 외가 아닌 정규학점 취득 방법의 하나로 분류되고 있습니다. 위 수업을 이수하면 학점을 취득할 수 있게 됩니다. 물론, 외곽지역의 학생뿐만 아니라 수도권에 있는 학생들도 온라인 수업에 참여할 수 있습니다. 온라인학교는 교육 격차 해소와 다양한 선택 과목 제공의 기회가 될 것을 기대하고 있습니다. 그럼, 온라인학교는 어떻게 진행되는 것일까요? 바로 화상채팅을 활용한 실시간 수업입니다. 전자 기기를 활용하기 때문에 학생들이 한 곳에 있지 않아도 수업을 진행할 수 있고, 학생들의 참여를 독려하기 위해 기기 연결이나 학생 관리를 위한 다양한 행정인력을 학교에서 지원하고 있습니다.

하지만 앞서 코로나19로 인하여 비대면 원격수업을 이수해 본 경험을 통해 다양한 문제점이 발생했다는 것은 알고 있을 것입니다. 가장 큰 문제는 집중력 감소입니다.

그림 8-2   코로나19 비대면 원격수업 여파와 과제는?

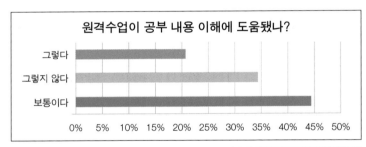

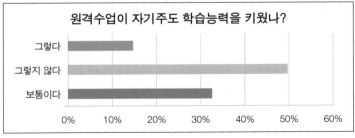

출처: KBS뉴스(https://news.kbs.co.kr/news/pc/view/view.do?ncd=5187723).

온라인학교에는 학생들을 도울 튜터가 배치되지만, 성인들에게서도 현장 강의가 아닌 비대면 강의에서 학생들의 집중력 감소가 크게 나타나는 것이 꾸준하게 문제점으로 지적되었기 때문입니다. 이를 통해 온라인학교는 학생의 자기주도능력을 향상할 수 있도록 노력하고, 교사의 다양한 수업 교구 활용 및 방식으로 학생들의 수업 참여를 독려할 수 있도록 해야 한다고 이야기하고 싶습니다. 그뿐만 아니라 수업에 대한 긍정적인 결과물을 제시할 수 있어야 할 것입니다.

그림 8-3 서울통합 온라인학교 과목 개설 신청 안내 화면

출처: 교육신문 에듀프레스(http://www.edupress.kr/news/articleView.html?idxno=11544).

1 교육에 대한 책임과 학교의 차이

고교학점제가 도입되면서 '책임교육'이라는 용어가 파생되어 나타났습니다. 이는 고교학점제의 '이수·미이수' 평가제도로 인하여 학생의 의지와 무관하게 수강한 과목에서 미이수가 발생했을 경우, 그 책임이 학생에게 있다고 보기 어렵다는 가정을 통해 이를 예방하고 후속 조치를 아우르기 위한 포괄적인 단어입니다. 학생들이 최소 성취 수준을 도달하지 못하게 된다면 학생들을 학교가 지원할 필요가 있다는 뜻입니다. 이에 교육부는 과목별 최소 성취기준을 설정하고 이에 미달하는 학생들을 위해서 별도의 학업 보충 기회를 제공할 것이라는 방침을 밝혔습니다(교육부, 2017). 그러나 대상 과목과 성취기준 미도달 여부에 대해서는 교사와 학교가 자체적으로 판단하도록 함으로써 여지를 남기고 있습니다. 이는 동일한 평가 계획을 따라 점수를 부여하지만, 이를 어떻게 부여할지는 학교의 재량에 달려 있음을 이야기하고 있습니다.

고교학점제가 다가옴에 따라 다양한 연구가 진행되고 있지만, 교사를 목표로 하는 예비교사들이 생각해야 할 부분은 학교의 차이가 있다는 것입니다. 책임교육에 관해 관심을 가졌던 두 학교에 대해 비교한 연구 보고서에 따르면 '책임교육'이라는 교육적 목적은 같았으나, 이에 대해 접근하는 방식에 큰 차이가 존재했다고 합니다. 이는 학교별 여건과 밀접한 연관이 있다고 나타났습니다. 우리가 교사가 된다면 동일한 상황은 아니겠지만, 주로 공립의 경우 5년에 한 번 근무지 변동이 나타나게 됩니다. 즉, 우리는 내가 처음 접한 학교가 전부는 아니라는 것을 이해하고 학교의 상황과 교내에서 진행되어 온 시스템에 맞춰, 나의 교육적 지식을 활용할 필요가 있다는 것입니다.

2 교사로서의 전문성

학생으로서 많은 선생님들의 수업을 듣다 보면 교수법에 대한 자기만의 판단능력이 생기게 됩니다. 특히 학생들은 동일한 내용을 가지고 공교육과 사교육을 넘나들면서 다양한 선생님을 만날 수 있습니다. 이러한 경험은 선생님들의 교수법에 대한 평가를 내리게 됩니다. 물론 공교육과 사교육이 가르치고자 하는 바는 다르기에 동일한 선상에서 비교할 수는 없으나 앞선 내용에서 밝혔듯 교사의 수업에 대한 질은 꾸준한 논의 대상이자 논란의 중심에 있었습니다. 고교학점제가 시행됨에 따라 교사의 전문성 또한 높아져야 한다는 목소리가 커지고 있습니다. 그렇다면 우리는 어떤 노력을 해야 할까요?

공교육에서 제시하는 수업능력은 단순합니다. 수업 설계 능력, 수업 실행 능력, 수업 소통 능력, 수업 성찰 능력입니다. 이를 '교육과정'을 이해하고 활용하는 이론과 '본 수업'인 실천으로 나누고 싶습니다. 공교육은 '교육과정'이라는 주어진 틀 안에서 이를 얼마나 이해하고 활용하여 학생들에게 본 내용을 전달할 수 있는지가 중요합니다. 교육과정을 어떻게 이해하고 나의 관점에서 해석했는지를 보면 수업의 질은 변화합니다. 이론적인 부분을 충분히 숙지했다면 이후 본 수업 내용으로 넘어오게 됩니다. 본 수업의 질을 높이기 위해 현장에서는 이미 수업 코칭, 나눔, 비평 등 다양한 형태가 개발되었습니다. 그러나 제도적으로 강제되지 않기 때문에 교사의 자발적 참여도가 높아야 하므로 활성화되기에 어려움을 가지고 있습니다. 또한, 교사가 된다면 다양한 업무로 인하여 전문성을 위하여 노력할 시간을 내는 것이 어려워집니다. 그렇다면 예비교사 시절 더 많은 교육과 실습으로 전문성을 향상해야 할 것으로 생각합니다. 하지만, 이 모든 것을 학교에서 지원해 주기 어려우므로 개인적인 활동을 추천하고 싶습니다.

첫째, 학교 커뮤니티를 활용하는 것입니다. 대학교나 대학원의 경우 비슷한 관심 분야로 묶여있는 경우가 많기 때문에 나와 비슷한 고민을 하는 사람을 빠르게 만나고 모을 수 있습니다. 또한, 교사의 전문성 향상에 대한 고민은 꾸준한 논의점으로 이에 대한 학교 내 동아리가 대체로 존재하여 이를 활용할 수 있습니다.

둘째, 토론과 대화를 통한 언어활용능력의 향상입니다. 우리가 타인에게 무언가를 지도할 때는 언어적 능력이 필요합니다. 특히 학생에게 전달할 때에는 전문용어보다는 나이대에 맞는 단어를 활용해야 하고, 설명을 통해 학생이 이해하고 예체능의 경우 실제로 행동할 수 있도록 지도해야 하기 때문에 전달 능력이 매우 중요합니다. 따라서 다양한 단어를 사용하여 올바르게 전달할 수 있는 연습을 하면 더욱 좋습니다. 토론과 대화를 통해 내 의견을 타인에게 효과적으로 전달할 수 있는 방법을 찾아가면 좋을 것 같습니다.

마지막으로 학교 외 교육현장입니다. 예를 들어 센터나 학원의 경우 타인을 지도하거나, 지도법을 배우는데 좋은 환경입니다. 본인의 수업을 영상으로 찍거나 시연 활동을 통해 다양한 의견을 얻을 수 있습니다. 또한, 내 수업에 다른 선생님이 아닌 학생의 태도를 통해 수업방식에 대한 대책을 마련할 수 있습니다. 모든 사람이 20명이 넘는 사람들 앞에서 바로 수업을 진행하는 것을 쉽다고 생각하진 않습니다. 그러므로 이러한 활동을 통해 현장에 익숙해지고 다양한 지도법을 배워야 할 필요가 있습니다. 지도법의 경우 사람마다 다양하고 환경에 따라 변하기 때문에 다양한 경험을 얻는 것이 가장 좋은 방법이라고 생각합니다. 이렇게 학교현장에 들어가기 전에 다양한 경험을 쌓는 것이 교사의 전문성을 향상시킬 수 있는 좋은 기회라고 생각됩니다.

6 새로운 미래, 학교

세계화가 되고, 네트워크로 모든 나라가 연결되는 사회가 되면서 현 세계는 더욱 빠르게 발전해 나갔습니다. 이러한 발전은 사회를 급격하게 변화하게 했습니다. 이러한 사회 속 다양한 세대가 탄생하고, 사회에 맞추어 그들에게 맞는 교육을 제공해 주기 위해 교육의 현장에는 많은 변화가 나타났습니다. 덕분에 현재 학교의 모습은 이전 우리가 경험했던 전통적인 학교의 모습은 아니게 되었습니다. 정보를 전달하고 단순하게 진행되던 수업과는 다르게 학생 개개인을 위한 교육을 진행하고, 학생의 진로를 함께 고민하며 무한한 경쟁에서 벗어나 함께 나아가는 길을 찾고 있습니다.

AI 디지털교과서 제작 및 디지털 교육의 시행, 고교학점제 시행처럼 다양한 방안을 활용하면서 학교의 나날은 정신없이 변화해 가고 있습니다. 하지만 예비교사로서, 교사가 목표인 사람으로서 우리가 잊지 말아야 할 것은 학교가 학생을 한 곳으로 불러 모아 교육하는 목표와 역할을 가진다는 점입니다. 예전부터 학교가 이야기하는 교육의 목표는 전인교육을 통해 학생들이 미래사회에서 필요로 하는 다양한 능력과 태도를 갖출 수 있도록 지원하는 것이고, 최종적으로 학교는 학생을 사회로 내보내는 역할을 맡고 있습니다.

현재, 고교학점제가 시행되고 2022 개정(안)과 같이 교육과정과 교육방식은 시간에 따라 변화하고 있습니다. 그러나 교육목표의 큰 틀은 변화하기 어려우며 그 과정에서 다양한 시행착오가 발생합니다. 이로 인해 외부적으로는 학교 교육의 변화를 인지하지 못하기도 합니다. 예를 들어 앞서 말한 온라인학교도 학생들이 모이는 장소가 변화하였을 뿐 동일한 장소에서 의사소통을 나누며 학습하기에 교육의 변화로 생각하기 어렵습니다. 그러니 다가온 변화에 멈춰서지 말고, 유연한 사고방식을 통해 학생들을 지원하여 사회의 건강한 일원으로 내보낼 수 있도록 내가 생각하는 교사로서의 노력을 멈추지 않아야 합니다.

'나'를 믿고, 학생에게는 스승이자 동료로 교사의 책임을 다할 수 있도록 성장하시기를 바랍니다.

7 토론: 진학과 고교학점제

고교학점제가 시행되면서 공통교육뿐만 아니라 학생들이 원하는 수업을 선택해서 이수할 수 있게 되었습니다. 이후 진학을 위해 고민하고 있는 다음 시나리오에 대하여 생각해 봅시다.

사례

고등학교 3학년 A양은 대학 수시전형을 지원하기 위해서 관련 서류를 찾아보고 있습니다. 그러나 1, 2학년 때까지 진로에 대해 고민하고 있지만, 진로에 대해서는 좋은 대학을 가기만 하면 된다는 막연한 생각뿐이어서 진로보다는 친구들이 있거나 인원이 많은 수업을 따라 들어서 입시 기준에 맞게 수업을 다 듣지 못한 상황이 되었습니다. 지원은 가능하지만 학교가 권장하는 수업을 듣지 못하여 불안감이 마음속에서 치솟아 납니다.

이렇듯 고등학생이 되었지만, 진로에 대한 명확한 답을 내리지 못한 상황에서도 학생들은 교육과정에 맞게 수업을 선택하여 시간표를 설계하여야 합니다. 하지만 이 내용을 추후 대학입시에 활용할 수도 있기 때문에 가볍게 판단을 내리기 어려운 상황입니다. 학생은 학생의 나름대로 성적을 맞추었지만, 3학년이 되어서 찾은 진로와 달랐던 것이죠. 이 상황은 변화하고 있는 대학입시와 학생들의 선택과목 선택 시 나타날 수 있는 쏠림 현상을 보여줍니다. 이를 잘 해결하기 위해 교사로서 어떠한 노력을 기울일 수 있는지 논의해 보세요.

- 학교에서 제시할 수 있는 진로 확인의 방법이 있을까요?
- 교사로서 학생들에게 어떤 조언을 제시할 수 있을까요?

이 논의를 통해 앞으로 진행될 이 제도가 안착함에 따라 교사가 가져야 할 능력과 어떤 노력으로 학생에게 공정한 교육을 제공할 수 있을지 다양한 방법을 모색해 볼 수 있습니다. 이러한 논의를 통해 실제 교육현장에서 좋은 선생님이 될 수 있는 작은 양분이 되기를 바랍니다.

참고문헌

교육부. (2021). 포용과 성장의 고교교육 구현을 위한 고교학점제 종합추진계획 세종: 교육부.

교육부. (2023a). 2028 대학입시제도 개편 확정(안). 세종: 교육부.

교육부. (2023b). 미래교육 수요를 반영한 중장기(2024~2027년) 교원수급계획 발표 (2023.04.24.) 세종: 교육부.

김영은·허예지·백경선. (2023). 고교학점제 연구·선도학교의 교육과정 편성·운영 현황과 경향 분석. 중등교육연구, 71(2), 179-207.

강희진. (2023) 고등학교의 학교 교육과정, 수업, 평가의 현재와 미래 - 대정고등학교의 고교학점제 운영 사례를 중심으로-. 백록어문교육. 31(0), 117-136.

안영은·권연하·박세진. (2023). 고교학점제 운영 관련 요인이 서울 고등학생의 학교교육 평가, 진로성숙도에 미치는 영향 분석, 진로교육연구, 36(1), 119-141.

홍원표. (2023). 고교학점제 도입에 따른 책임교육 : 교사들이 경험하는 모순과 가능성. 교육과정 연구. 41(1), 211-236.

기호일보. (2024.07.22). 경기교사노조, "고교학점제 시행 앞서 제도보완해야" 성명발표. https://www.kihoilbo.co.kr/news/articleView.html?idxno=1100881 (2024.09.11. 검색)

KBS뉴스. (2021.05.17.). 코로나19 비대면 원격수업 여파와 과제는? https://news.kbs.co.kr/news/pc/view/view.do?ncd=5187723 (2024.09.11. 검색)

에듀프레스. (2024.03.28.) 서울, 온라인학교 내년 3월 개교.. 4월 과목개설 신청 접수 http://www.edupress.kr/news/articleView.html?idxno=11544 (2024.09.10. 검색)

서울신문. (2024.04.12). 교대 정원 13년 만에 감축... 임용 대란 불씨는 여전. https://m.seoul.co.kr/news/society/education-news/2024/04/12/20240412011009 (2024.09.11. 검색)

인천일보. (2024.09.10.). 고교학점제 시행 후 초과업무량에 허덕 https://www.incheonilbo.com/news/articleView.html?idxno=1265618 (2024.09.11. 검색)

CHAPTER 9

학교폭력 예방 및 대응, 관련 교사들만의 과제일까요?

정미래

　'기피 업무', '폭탄 돌리기 업무'라고 하면, 어떤 업무가 가장 먼저 떠오르나요? 학교폭력 업무는 복잡한 사안 처리 과정, 학부모의 민원 등을 이유로 교사들이 기피하는 대표적인 업무 중 하나입니다. 서로 업무를 떠넘기다 보니 학교폭력 업무를 처음 맡게 되는 교사들이 많습니다. 그러나 학교폭력은 과연 관련 교사만이 신경 써야 할 문제일까요? 듣기만 해도 머리가 아픈 '학교폭력', 무엇인지 알아보고 어떻게 예방하고 대처해야 할지 고민해 봅시다.

① 요즘 학교폭력 어때요? – 최근 학교폭력의 특징

　학교폭력은 예전이나 지금이나 꾸준하게 일어나고 있습니다. 그러나 최근 발생하는 학교폭력은, 이전의 학교폭력과 그 모습이 상당히 달라졌다고 생각합니다. 그렇다면 현재의 학교폭력은 어떤 특징을 보일까요?

　첫째, 피해자와 가해자의 구분이 모호해졌습니다. 과거에는 가해자-피해자의 관계가 분명하게 드러났습니다. 주로 힘을 가진 이가 약한 학생을 일방적으로 괴롭히는 형태였습니다. 하지만 최근에는 가해자와 피해자를 규정하기가 어렵습니다. 가해와 피해를 동시에 경험하는 학생들이 늘고 있기 때문입니다. 그 예로, 드라마 〈펜트하우스〉의 '유제니'는 처음에는 가해자 중 한 명이었으나 어느 날부터 피해자가 되었습니다. '맞신고'도 많아지는 추세에, 사안 처리는 이로 인해 더욱 어려워졌습니다.

둘째, 저연령화 경향을 보입니다. 학교폭력 실태조사의 결과, 학교폭력 피해 응답률은 [그림 9-1]에서처럼 유독 초등학교에서 많이 증가하였습니다(교육부, 2023c). 또한 경찰청이 발표한 초등학생의 '학교폭력 검거 비율'은 2021년에 7.2%였으나 2023년에 11%까지 올라갔습니다(유스폴넷, 연도미상). 초등학생들은 중·고등학생들에 비해 올바른 사고 판단을 하지 못합니다. 따라서 폭력 양상이 잔혹성을 띨 우려가 있어, 학교폭력의 가해자와 피해자 연령이 낮아지는 현상은 주목할 필요가 있습니다.

🏷 그림 9-1 2013~2023년 학교폭력 피해 응답률 추이

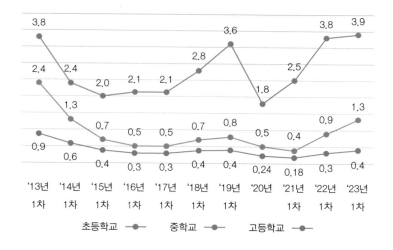

출처: 교육부(2023c).

셋째, 학교폭력이 둔감화 경향을 보입니다. 이전의 학교폭력은 주로 소위 '일진'이라고 불리는 학생들이나 남학생들에 국한되어 나타났습니다. 그러나 최근에는 일반 학생들에게서, 또 여학생들 사이에서도 학교폭력이 일어나고 있습니다. 즉 이제는 주위에 학교폭력이 너무도 흔하게 일어납니다. 학교폭력이 만연해지자, 학생들은 학교

폭력에 무뎌져서 가해학생의 폭력 행위를 보고도 폭력으로 인식하지 못합니다. 이런 경향은 결국 가해학생이 죄의식을 느끼지 못하게끔 하고, 폭력을 정당화하게끔 한다는 점에서 문제가 됩니다.

　　최근 학교폭력의 경향을 과거와 비교하여 세 가지로 알아보았습니다. 이 외에도 학교폭력의 집단화·범죄화 경향, 정서적 폭력·사이버 폭력의 증가 등의 특징도 꼽을 수 있습니다. 학교폭력이 새로운 양상을 보이면서, 새로운 방식의 예방과 대안을 모색해야 할 때입니다. 그 방식의 예로, 가해자-피해자 구조의 이분법적인 시각 버리기 등이 있습니다.

② 학교폭력은 "학교에서 일어난 폭력"인가요? – 학교폭력의 정의 및 유형, 실태

　　학원에서 친구로부터 괴롭힘을 당한 우리 반 학생, 학교에서 일어난 폭력이 아니니 학교폭력 피해자가 아닐까요? 학교폭력은 '학교'와 '폭력'이 결합한 합성어지만, 단순하게 학교에서 일어난 폭력을 말하지는 않습니다. 우리나라에서 '학교폭력'이라는 용어는, 1995년에 학교폭력예방시민모임에서 처음 쓰였습니다. 당시 학교폭력은 학교에서 학생들에 의해 이뤄진 폭력 사태를 일컫는 말이었습니다. 점차 학생들의 폭력 사태가 심해지고 피해학생의 자살 사건들이 잇따라 발생하면서, 1997년부터 정부 기관과 매체에서도 공식적으로 '학교폭력'이라는 용어를 쓰기 시작합니다.

　　학교폭력의 법률적 정의는 「학교폭력예방 및 대책에 관한 법률」의 제2조 제1항에서 볼 수 있습니다. 법률에서는 학교폭력을 다음과 같이 정의하고 있습니다.

> "㉠ 학교 내외에서 ㉡ 학생을 대상으로 발생한
> ㉢ 상해, 폭행, 감금, 협박, 약취·유인, 명예훼손·모욕, 공갈,
> 강요·강제적인 심부름 및 성폭력, 따돌림, 사이버폭력 등에 의하여
> 신체·정신 또는 재산상의 피해를 수반하는 행위"

위 정의에서는 학교폭력이 일어나는 장소를 '㉠ 학교 내외'라고 밝혀, 학교 이외의 장소에서 일어나는 폭력도 학교폭력으로 보고 있습니다. 또한 '㉡ 학생을 대상으로'라고 명시해, 학교폭력의 가해자는 학생에서 교사 등의 성인으로 확대하였습니다. 이때 '학생'은 휴학생을 포함합니다. 자퇴생과 퇴학생은 여기에 해당하지 않습니다. 마지막으로 위 정의는 ㉢에서 볼 수 있듯이 '상해, 폭행' 등 신체적 폭력뿐만 아니라 '협박'과 '따돌림' 등의 언어적·관계적 폭력도 학교폭력에 포함하고 있습니다.

㉢에서 나열된 폭력 행위들은 〈표 9-1〉에서와 같이 일곱 가지 유형으로 구분됩니다. 유형별 구체적인 예시 상황은, 매년 교육부에서 발행하는 「학교폭력 사안처리 가이드북」에 상세하게 제시되어 있습니다. 그중 언어 폭력에 해당하는 '명예훼손'은 그 내용이 허위라면 형법상 가중 처벌의 대상이 되는데, 내용이 진실이더라도 범죄라고 설명합니다.

표 9-1 | 법률상 학교폭력 유형 구분

폭력 유형	폭력 행위
신체 폭력	상해, 폭행, 감금, 약취·유인
언어 폭력	명예훼손·모욕, 협박
금품갈취	공갈
강요	강요·강제적인 심부름
따돌림	따돌림
성폭력	성폭력
사이버 폭력	사이버 폭력

※ 저자가 교육부(2024a)의 학교폭력 유형 구분 일부를 발췌 및 정리.
출처: 교육부(2024a).

2023년 1차 학교폭력 실태조사의 결과, 학교폭력 피해 응답률은 1.9%였습니다. 즉 전년도(1.7%)에 비해 0.2%P 증가하였습니다. 학교폭력 피해 유형은 〈표 9-2〉에서 볼 수 있듯이 '언어 폭력'이 가장 많이 나타났습니다. '사이버 폭력'의 경우 코로나 시기에 4위였으나, 이후 5위로 밀려났습니다. 응답률은 학교급이 높아질수록 '집단 따돌림'

과 '사이버 폭력'에서 높게, '스토킹'과 '신체 폭력'에서 낮게 나타났습니다.

표 9-2 | 2023년 1차 '학교폭력 피해 유형' 실태조사 결과

언어 폭력	신체 폭력	집단 따돌림	강요	사이버 폭력	스토킹	성폭력	금품 갈취
37.1%	17.3%	15.1%	7.8%	6.9%	5.5%	5.2%	5.1%

※ 저자가 교육부(2023c)의 학교폭력 피해 유형 실태조사 결과 일부를 발췌 및 정리.
출처: 교육부(2023c).

또 조사 결과, 가해자 유형은 '같은 학교 같은 반'(48.3%)인 경우가 가장 많았고, 피해 장소는 주로 '학교 안'(68.8%; 교실 안, 복도, 계단 등)이었습니다. 한편, 4.6%의 학생들이 학교폭력을 목격한 경험이 있으며, '목격 후 행동'으로 대부분 '피해를 받은 친구를 위로하고, 도와주었다.'(33.9%)와 '아무것도 하지 못했다.'(30.7%)라고 응답하였습니다.

❸ 학교폭력에 맞서는 정책

학교폭력의 법률 및 정책은 계속해서 바뀝니다. 「학교폭력예방 및 대책에 관한 법률」(약칭: 학교폭력예방법)만 해도 2004년에 제정된 이후 31차례나 개정되었습니다. 그렇기에 인터넷에 올라온 자료를 통해 현행 학교폭력 제도를 알아보면, 이미 그 제도가 바뀐 경우들이 꽤 있습니다. 이로써 예비교사들은 학교폭력 관련 정책을 이해하기가 어렵고, 학교폭력 업무에 대한 두려움만 커집니다. 그러나 한번 반대로 생각해 볼까요? 오히려 학교폭력 관련 법과 정책 덕에 교사들은 학교폭력 업무의 막막함을 줄일 수 있습니다. 먼저 3절에서는 정책을, 그리고 4절에서는 법률을 통해 학교폭력 대응책을 알아보겠습니다.

현재의 학교폭력 사안 처리에 영향을 주고 있는 대표적인 정책들로는 「제4차 학교폭력 예방 및 대책 5개년 기본계획(2020~2024)」, '학교폭력 근절 종합대책' 그리고 '학교폭력 사안처리 제도 개선 및 학교폭력전담경찰관(SPO) 역할 강화 방안'이 있습니다.

1 제4차 학교폭력 예방 및 대책 5개년 기본계획(2020. 1.)

「학교폭력예방법」으로 '학교폭력 예방 및 대책에 관한 기본계획'이 2005년부터 5년마다 수립되기 시작합니다. 현재 시행 중인 「제4차 학교폭력 예방 및 대책 5개년 기본계획(2020~2024)」에는, [그림 9-2]에서 보이듯이 14개의 추진 과제와 과제별 세부 내용이 정리돼 있습니다.

그중 흥미로운 몇 가지만 살펴봅시다. 학교폭력 '예방'을 강화하기 위해서 학교폭력 예방 교육은 교과수업 시간에 실시하거나 교육과정과 연계해 진행하도록 하였습니다. 또 학생 주도, 체험 중심으로 예방 교육이 이뤄지도록 하였습니다.

그림 9-2 제4차 학교폭력 예방 및 대책 기본계획 정책 방향

	비전	모두가 함께 만드는 행복한 학교
	목표	• 존중과 배려가 가득한 학교문화 • 적극적 보호와 교육으로 신뢰받는 학교 • 민주시민의 성장을 돕는 가정과 사회

	5대 정책영역		14개 추진과제
1	학교공동체 역량 제고를 통한 학교폭력 예방 강화	①	학교·학급 단위의 학교폭력 예방교육 내실화
		②	학생 참여·체험 중심의 학교폭력 예방활동 확대
		③	학교폭력 유형·추세 대응 예방활동 강화
		④	전사회적 협력을 통한 학교폭력 예방문화 조성
2	학교폭력에 대한 공정하고 교육적인 대응 강화	⑤	학교폭력 조기 감지 및 대응체계 강화
		⑥	학교의 교육적 해결역량 제고
		⑦	사안처리의 공정성·전문성 확보
3	피해학생 보호 및 치유 시스템 강화	⑧	피해학생 맞춤형 보호·지원체계 강화
		⑨	사후지원 강화 및 학교 안팎 협력체계 구축
4	가해학생 교육 및 선도 강화	⑩	가해학생 교육·선도 내실화
		⑪	중대한 학교폭력 가해학생에 대한 엄정 대처
5	전사회적 학교폭력 예방 및 대응 생태계 구축	⑫	가정의 교육적 역할 강화
		⑬	지역사회의 역할 및 책무성 강화
		⑭	전사회적 대응체계 강화 및 대국민 인식제고

출처: 교육부(2020).

한편 학교폭력 '대응'을 강화하기 위해서는 지능 정보 기술을 활용한 학교폭력 감지 시스템을 설치하고, 교원에게 학생 상담 역량을 배양하게 하며, 학교폭력 업무 담당 교원에게 지원을 강화하였습니다.

학교폭력 근절 종합대책(2023. 4.)

'학교폭력 근절 종합대책'이 2012년에 처음 발표되고, 가해학생의 학교폭력 조치 사항이 학교생활기록부(이하 '학생부')에 기록되기 시작합니다. 그리고 10년이 지난 2023년에, 종합대책이 새로 발표됩니다. 종합대책에는 [그림 9-4]에 나와 있듯이 14개의 추진 과제가 있고, 각 과제 안에 세부 내용이 정리되어 있습니다. 이때 일부 세부 내용은 「제4차 학교폭력 예방 및 대책 5개년 기본계획」의 내용과 겹칩니다.

이전에는 가해학생의 조치 사항이 학생부의 '행동특성 및 종합의견', '출결상황', '인적·학적사항'의 3개 항목에 분산되어 기재되었습니다. 그러나 이제는 새로 만들어진 '학교폭력 조치상황 관리'란에 조치의 기재를 일원화하였습니다. 학생부 안에 학교폭력 관련 칸이 따로 만들어진 만큼 학생들에게 학교폭력을 일으킬 시 얻게 될 부담이 커지기에, 폭력을 예방하는 효과를 가져오리라 기대합니다.

학교폭력 근절 종합대책은 '중대한 학교폭력 엄정 대처'를 제시하였습니다. 이전에는 '무관용 원칙' 완화로 학생부 기록의 보존 기간이 단축되었습니다.[14] '졸업 후 2년 보존'은 기간이 너무 짧지 않나요? 이에 2023년에는 학교폭력의 경각심을 높이고자, 가해학생 조치 기록의 보존 기간을 [그림 9-3]처럼 연장하여 기록 삭제의 요건을 강화했습니다.

---

14 2012년에 학교폭력 조치 사항 기록의 보존 기간은 초·중학교에서 졸업 후 5년, 고등학교에서 졸업 후 10년이었습니다. 그러나 2014년에는 초·중·고등학교에서 모두 졸업 후 2년 보존으로 기간이 줄어들었고, '졸업 직전 심의 후 삭제'까지 도입되었습니다.

그림 9-3 학교폭력 조치 사항 기록 보존 원칙

	현행	개선
1·2·3호	• 졸업과 동시에 삭제	
4·5호	• 원칙: 졸업 후 2년 보존 • 예외: 졸업 직전 심의를 통해 졸업시 삭제 가능	
6·7호	• 원칙: 졸업 후 2년 보존 • 예외: 졸업 직전 심의를 통해 졸업시 삭제 가능	• 원칙: 졸업 후 4년 보존 • 예외: 졸업 직전 심의를 통해 졸업시 삭제 가능
8호	• 졸업 후 예외없이 2년 보존	• 졸업 후 예외없이 4년 보존
9호	• 영구보존(삭제불가)	

※1호(서면사과), 2호(접촉·협박·보복금지), 3호(학교봉사), 4호(사회봉사), 5호(특별교육 또는 심리치료),
6호(출석정지), 7호(학급교체), 8호(전학), 9호(퇴학)

출처: 교육부(2023a).

또한, 이번 종합대책에 따라 학교폭력 조치 사항을 학생부교과·종합, 수능, 논술, 실기/실적 위주 전형에서 필수로 반영하게 되었습니다. 2025학년에는 대학이 학교폭력 조치 사항을 자율적으로 반영하지만, 2026학년에는 전체 대학이 필수적으로 반영합니다. 고려대학교는 2025학년도 입시부터 학교폭력의 징계 이력(제8호 강제전학, 제9호 퇴학)이 있는 지원자는 최대 20점을 감점하겠다고 밝혔습니다(나남뉴스, 2024.3.21.).[15] 이제 학교폭력은 대입 제도와 매우 밀접하게 연관되므로, 교사들은 학생들에게 학교폭력에 의한 불이익을 강력히 인식시켜야 합니다.

---

15 고려대학교 김동원 총장은 "현재 0.1점으로도 당락이 갈리고 있기 때문에 20점이 감점된다면 사실상 입학은 불가능할 것"이라고 덧붙였습니다(나남뉴스, 2024.3.21.).

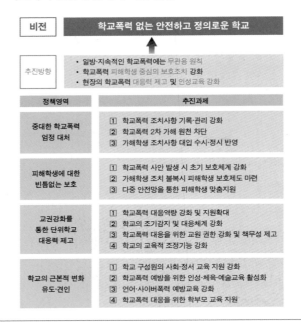

출처: 교육부(2023a).

③ 학교폭력 사안처리 제도 개선 및 학교폭력전담경찰관(SPO) 역할 강화 방안(2023. 12.)

2023년 12월 7일에 교육부는 '학교폭력 사안처리 제도 개선 및 학교폭력전담경찰관(School Police Officer, SPO) 역할 강화 방안'을 발표합니다. 이때 '학교폭력 사안처리 제도 개선'으로 크게 달라진 점 중 하나가 바로 '학교폭력 전담 조사관' 신설입니다. 원래 교사가 맡던 학교폭력 사안 조사는, 이제 학교폭력 업무 경력이 있는 퇴직 경찰이나 퇴직 교사들로 구성된 '학교폭력 전담 조사관'이 맡습니다. 조사관 제도는 교사들의 학교폭력 업무 부담을 덜어 주고, 이로써 교사가 교육에 집중하게 하는 취지로 도입되었습니다. 하지만 교사가 사안 조사 시 동석해야 하거나, 직접 학생과 조사관 간에 일정을 조정해야 하면서 업무는 더 늘어났습니다. 여기에 조사관들의 부족한 전문성까지 더해지면서, 전담 조사관 제도가 효과적인지는 의문이 듭니다.

학교폭력전담경찰관(SPO)은 학교폭력 예방 활동, 가해학생 선도 및 피해학생 보호

등의 업무를 맡아 왔습니다. 그러나 이제는 조사관 지원, 학교폭력대책심의위원회 위촉 의무화 등으로 업무가 늘어났습니다. 이로써 이들의 역할을 강화하고자 현 정원의 10%(105명)를 증원하였습니다.

지금까지 총 3개의 정책을 알아보았습니다. 정책들은 모두 학교가 학교폭력의 부담을 덜고, 학교 본연의 기능인 교육적 역할에 집중하도록 마련되었습니다.

❹ 법률로 보는 학교폭력 사안 처리 과정

본래 「학교폭력예방법」 또한 학교폭력을 교육적 방향으로 해결하려는 취지로 제정되었습니다. 「학교폭력예방법」에는 크게 학교폭력의 정의, 관련 조직, 의무, 처리 절차 등의 내용이 담겨 있습니다. 여기서는 '처리 절차'와 관련된 조항을 바탕으로 사안 처리 절차를 확인하고자 합니다.[16] 먼저 [그림 9-5]를 통해 사안 처리의 흐름을 눈으로 살펴보세요.

💡 그림 9-5   2024년 학교폭력 사안 처리 흐름도

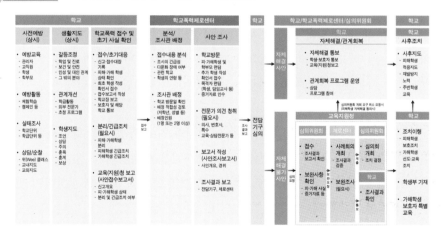

출처: 교육부(2024a).

---

16 '학교폭력예방 및 대책에 관한 법률(법률 제19942호, 2024. 1. 9.).'의 내용을 이해하기 쉽게 일부 변형하여 정리하였습니다.

1 학교폭력 접수 및 초기 사실 확인 - 학교

학교폭력은 다양한 경로(구두, 신고함, 설문조사 등)로 사안이 접수됩니다. 만약 학교장이 학교폭력을 인지하면, 바로 가해학생과 피해학생을 분리해야 합니다. 이때 분리는 온라인 수업에서도 마찬가지입니다. 한편 사안 접수 시 사실 관계를 파악하기 위해서 관련 학생들, 가해 행위의 유형, 발생 시간 및 장소, 목격자 등을 확인해야 합니다.

> • 학교폭력을 알게 된 자는 학교 등 관계 기관에 즉시 신고하며, 신고받은 기관은 피·가해학생의 보호자 및 소속 학교의 장에게 통보해야 한다. 그리고 학교의 장은 이를 심의위원회에 지체 없이 통보해야 한다.(제20조)
> • 학교의 장은 사건을 인지한 경우, 지체 없이 가해자와 피해학생을 분리해야 한다.(제16조의 제1항)

2 학교폭력 전담 조사관의 사안 조사 - 학교폭력제로센터

학교폭력 전담 조사관 신설로, 2024년 3월 1일부터 사안 조사는 학교폭력 전담 조사관이 맡습니다. 학교폭력 전담 조사관은 '학교폭력제로센터'에서 배정합니다. 학교폭력제로센터는 '학교폭력 피·가해학생 간의 관계회복, 피해학생의 치유, 피해 학생에 대한 법률 자문 등 통합지원 업무를 수행하는 교육(지원)청 내 전담부서'입니다(교육부, 2024a).

① 학교에서 교육지원청으로 사안 접수 보고서와 최초 학생 작성 확인서 등을 보내 사안을 보고하면, ② 교육지원청에서 학교로 조사관을 배정합니다. ③ 조사관은 학교에서 피해학생과 가해학생 순으로 조사하고, ④ 사안 조사 보고서를 작성하여 전담기구와 제로센터에 보고합니다.

교육 대전환 시대, 우리 잘 적응할 수 있겠죠?

학교폭력 전담기구의 심의 - 학교

전담기구에서는 조사관의 사안 조사 보고서를 바탕으로, 해당 사안이 학교장 자체 해결 사안인지 심의합니다. 학교장 자체 해결 가능 사안이 되려면, 제13조의 2에 제시된 학교장 자체 해결 요건 네 가지를 충족해야 하고, 피해학생 측에서 학교폭력심의위원회의 미개최에 동의해야 합니다.

- 학교의 장은 교감, 전문상담교사, 보건교사 및 책임교사, 학부모 등으로 전담기구를 구성한다.(제14조 제3항)
- 학교의 장은 피해학생과 그 보호자가 심의위원회의 개최를 원하지 않으면, 다음 각 호에 모두 해당하는 경미한 학교폭력을 자체적으로 해결할 수 있다.(제13조의 2 제1항)
1. 2주 이상의 신체적 · 정신적 치료가 필요한 진단서를 발급받지 않은 경우
2. 재산상 피해가 없는 경우 또는 재산상 피해가 즉각 복구되거나 복구 약속이 있는 경우
3. 학교폭력이 지속적이지 않은 경우
4. 학교폭력에 대한 신고, 진술, 자료제공 등에 대한 보복행위(정보통신망을 이용한 행위를 포함한다)가 아닌 경우

 학교장 자체 해결 사안 vs 심의위원회 개최 사안

학교장 자체 해결 사안인 경우, 학교는 이를 학생과 보호자에게 통보하고 교육(지원)청에 보고하며, 관계 회복 프로그램을 운영합니다. 만약 학교장 자체 해결이 불가한 사안이라면, 학교폭력대책심의위원회(이하 '심의위원회')가 열리게 됩니다. ① 먼저 심의위원회는 조사 결과 보고서와 보완할 사항을 확인하고, 제로센터에 보완을 요청합니다. ② 이후 제로센터에서는 사안 조사의 완결성을 검토하는 '사례회의'를 개최합니다. 사례회의에서는 조사관의 사안 조사 결과를 검토하여 보완 조사가 필요한지를 확인합니다. 만약 보완 조사가 필요하다고 판단되면, 다시 조사관을 학교로 보내 학생들을 조사

하게 합니다.

③ 심의위원회가 열리면, 학교폭력 관련 학생의 조치를 심의하고 의결합니다. 피·가해학생의 조치는 동시에 여러 개가 부과될 수 있습니다. 다섯 가지 기본 판단 요소(심각성, 지속성, 고의성, 반성 정도, 화해 정도)를 고려하여 가해학생에게 조치를 내립니다. 다만 가해학생의 조치 중에서 '제9호 퇴학' 처분은 의무교육 과정의 학생들에게는 내려지지 않습니다.

- 학교폭력의 예방 및 대책에 관련된 사항을 심의하기 위해 교육지원청에 학교폭력대책심의위원회를 둔다.(제12조 제1항)
- 심의위원회는 피·가해학생 조치를 교육장에게 요청할 수 있고, 조치는 여러 개를 부과할 수 있다.(제16조 제1항, 제17조 제1항)

피해학생의 조치는 학생부에 입력되지 않지만, 가해학생에 대한 조치는 학생부에 기재됩니다. 앞서 살핀 [그림 9-3]을 잠시 볼까요? 제1호(서면사과)~제3호(교내봉사)의 경우 다른 조치와는 다르게 최초 1회에 한해 학생부 기재를 유보합니다. 다만 가해학생이 해당 조치를 이행하지 않으면, 즉시 학생부에 내용을 기재합니다. 한편 가해학생과 그 보호자가 조치를 따르지 않거나 특별교육을 받지 않으면 아래 법률에 제시된 대로 불이익을 받게 됩니다.

- 심의위원회의 조치 요청 시 교육장은 피해학생에게 7일 이내에, 그리고 가해학생에게 14일 이내에 해당 조치를 해야 한다.(제16조의 제3항, 제17조의 제9항)
- 가해학생이 조치를 거부할 경우, 심의위원회는 추가로 다른 조치를 할 것을 교육장에게 요청한다.(제17조 제15항)
- 가해학생과 함께 그 보호자도 특별교육을 이수해야 한다. 만약 보호자가 교육 이수 조치를 따르지 않으면, 300만 원 이하의 과태료를 부과한다.(제17조 제13항, 제23조)

5 사후 조치 - 학교

사안이 다 마무리되면, 학교는 사후 지도를 해야 합니다. 피해학생이 잘 적응하도록 지도해야 하며, 학교폭력이 다시 일어나지 않게 노력해야 합니다. 이렇게 사안 처리는 끝나지만, 만약 조치에 이의가 있는 학생은 행정심판을 청구하고 행정소송을 제기할 수 있습니다.

> • 조치에 이의가 있는 피 · 가해학생은 행정심판을 청구하거나 행정소송을 제기할 수 있다.(제17조 2, 3)

분명 법과 정책들이 학교폭력을 교육적으로 해결하고자 만들어졌다고 하지만, 막상 살펴보니 오히려 학교폭력 관련 법과 정책들이 학교폭력 사안을 사법적으로 처리하게 한 것 같지 않나요? 이로써 교육기관이었던 학교는 사법기관의 모습을 띠게 되었습니다. 가해학생에게 징계를 내리는 데 집중하여, 가해학생을 선도하고자 하는 본래의 목적은 뒤로 밀려나게 될까 우려스럽습니다.

우리는 학교의 본 목적이 '교육'임을 잊어서는 안 됩니다. 사법적 처리만이 학교폭력 문제를 해결할 수 있는 유일한 방안은 아닙니다. 학교의 교육적 기능을 회복하여 학생들 간의 관계 개선에 목적을 두어야 합니다.

5 교사는 학교폭력에 어떻게 대처하나요?

교사들은 학교폭력 사안에 현명하게 대처하고 싶지만, 대처 방법을 잘 알지 못해서 학교폭력 사안 처리에 어려움을 겪습니다. 그 과정에서 교사를 탓하는 목소리도 여기저기서 들려오면서 교사들의 무기력함은 더해집니다. 그렇다면 교사는 어떻게 학교폭력에 대처해야 할까요? 예방 차원과 대응 차원으로 나눠서 교사의 역할과 태도를 알아봅시다. 여기서는 학교폭력과 관련된 선생님들, 즉 담임 선생님과 학교폭력 업무 담당 선생님의 역할을 중심으로 보겠습니다.

 예방 차원: 학교폭력이 일어나기 전

학교폭력에서 무엇보다 중요한 것은 '예방'입니다. 예방만으로도 어느 정도 학교폭력의 발생 가능성을 낮출 수 있습니다.

① 교사의 강한 개입 의지

평소 교사가 학생들에게 학교폭력에 단호하게 대응할 의지가 있음을 보여 줘야 합니다. 교사가 학교폭력에 무관심한 태도를 보이면, 학생들은 방관적인 태도를 취하며 학교폭력에 둔감해질 수 있고, 면죄부를 받은 것처럼 행동할 수 있습니다. 담임을 맡은 교사라면, 학기 초에 학급 규칙을 만듦으로써 학교폭력을 향한 개입 의지를 보일 수 있습니다. 이때 교사는 학급 학생들과 함께 폭력의 범위를 고민해 보고, 이를 토대로 학생들과 협의하여 학급 규칙을 정합니다. 그리고 교사는 규칙에 일관된 태도를 보여서 규칙이 엄격하게 적용되도록 해야 합니다(김경욱 외, 2014).

② 교과 연계 혹은 체험 위주의 예방 활동

각 교과 교사는 자신의 교과와 연계한 학교폭력 예방 프로그램을 실시할 수 있습니다. 가령 국어과의 경우 학교폭력 관련 주제로 토론하기나 글쓰기를 할 수 있고, 혹은 학교폭력 문제를 다룬 소설을 읽고 소설 속 인물이 되어 감정 이입하는 체험을 할 수도 있습니다. 또한 교과 교사는 모둠 활동 및 협력 학습을 통해 학생들 간의 단합력을 높일 수 있습니다.

예방 교육은 강의식 교육보다는 '소집단', '활동'이 더 효과적입니다(김천기, 2021). 따라서 학교 단위로 진행하기보다는 학급 단위로 진행하는 것이 더 좋습니다. 학급에서는 학교폭력 관련 역할극을 하거나 왕따 체험 수업[17] 등을 진행할 수 있습니다. 이런 교육은 학생들에게 추상적인 이론 습득을 넘어서 실질적인 깨달음을 줍니다.

---

17 왕따 역할을 맡은 친구에게 그 누구도 어떠한 반응을 보이지 않는 체험 수업입니다. 체험을 원하지 않는 학생은 체험에 참여하지 않아도 괜찮다고 말해주어야 합니다.

예방 프로그램은 아니지만, 담임 교사는 '학급 단합의 날'을 정하여 학급 단체 체육 활동을 하거나 함께 음식을 만들어 먹기 등의 활동을 할 수 있습니다. 몸을 움직이는 활동은 학생들 간에 어색한 분위기를 쉽게 풀어줄 수 있습니다. 이렇게 만들어진 학급 분위기는 학교폭력의 발생 가능성을 낮춰 줍니다.

③ 교사의 깨어 있는 관심

교사는 칭찬과 공감으로 학생들과 우호적인 관계를 맺어야 합니다. 즉 학생들에게 지속적인 관심을 보이고, 학생들을 신뢰하고 있음을 드러내야 합니다. 또 학교폭력에서는 교사의 초기 감지가 중요한데, 따라서 학교폭력이 일어날 만한 장소를 수시로 관리한다든지, 담임 교사라면 설문지를 통해 학급의 권력 구조를 파악한다든지 등 사전 예방을 해야 합니다. 그리고 학교폭력 피해가 예측되는 학생은 없는지를 확인해 학교폭력이 일어날 상황을 미리 차단합니다.

 표 9-3 | 학교에서의 피해학생의 징후

학교에서
• 친구들이 자신을 험담해도 반발하지 않는다.
• 모둠 활동이나 학급 내 다양한 활동 시 소외되거나 배제된다.
• 쉬는 시간, 점심시간에 친구들을 피해 종종 자신만의 공간(화장실 등)에 머문다.
• 옷이 망가지거나 준비물, 소지품을 잃어버리는 일이 잦다.
• 학교행사나 단체 활동에 참여하지 않으려고 한다.
• 특별한 사유 없이 지각, 조퇴, 결석하는 횟수가 많아진다.

출처: 교육부(2024a).

대응 차원: 학교폭력이 일어난 후

예방이 중요하지만, 예방만으로 학교폭력을 100% 막을 수 없습니다. 학교폭력이 발생하면, 사안 처리의 과정을 따를 수밖에 없습니다. 하지만 학교폭력 사안을 처리할 때는, 절차 따르기에 몰두하기보다 학생들 간의 관계 개선을 목표로 해야 합니다. 그러므로 교사는 학생들에게 지지와 격려를 지속적으로 해 줘야 하며, 공정한 태도를 갖추고 있어야 합니다.

처음 학교폭력을 인지하면, 교사는 학교폭력 문제를 해당 학생들의 부모에게 알리고, 가급적 피해학생이 가해학생을 대면하지 않도록 해야 합니다. 또 교사는 학생과 학부모에게 향후 사안 처리의 절차를 명확히 안내해야 합니다. 혹여나 절차가 지연되는 경우에는, 그 사실과 함께 이유를 설명해야 합니다. 또한 상담 기관, 의료 기관 등 학생들이 도움받을 수 있는 기관을 소개해 주는 것이 좋습니다.

① 피해학생을 향한 교사의 태도

피해학생에게는 경청과 공감의 태도가 가장 중요합니다. 그리고 피해학생에게 조언이라면서 특정한 행동을 바꾸라는 요구는, 피해학생에게 학교폭력의 원인을 돌리는 행위가 될 수 있기에 조심해야 합니다(이보람, 2014). 또한 소극적인 피해학생을 배려하여, 교사가 먼저 다가가 피해학생에게 추가 폭력은 없었는지를 확인합니다. 한편 피해학생을 집중적으로 관찰하거나 주변 학생들에게 피해학생과 함께 지내기를 부탁하는 것은 오히려 피해학생에게 불편함을 줍니다. 피해학생을 드러내지 않고 피해학생이 자연스럽게 학교생활에 적응하도록 도와주어야 합니다(김천기, 2021).

② 가해학생을 향한 교사의 태도

교사들은 흔히 가해학생에게 방어적인 태도를 보입니다. 그러나 학생을 '가해학생'이라고 속단하지 말고, 가해학생의 말도 경청하며 사태의 원인을 파악해 학생을 교육할 방안을 고민해야 합니다.

어떤 학생이든 교사가 가르쳐야 하는 학생입니다. 가해학생도 마찬가지입니다. 따라서 가해학생의 처벌 및 징계에 집중하기보다는 교육적 측면에서 반성에 시선을 두어야 합니다. 그러므로 가해학생에게 진술을 강요해서는 안 되며, 가해학생에게 조치를 내릴 때는 학생이 납득할 수 있게 법령 등을 근거로 이유를 분명하게 설명해 주어야 합니다. 그리고 그런 조치가 결국 처벌이 아닌 교육에 목적이 있음을 알려주어야 합니다. 가해학생을 차별하지 않고 다른 학생들과 동등하게 교육하는 것, 그것이 학생을 가르치는 교사가 해야 하는 일입니다.

③ 주변 학생들을 향한 교사의 태도

보통 학교폭력이 발생하면 가해학생과 피해학생에게만 집중합니다. 그러나 주변 학생들에게도 관심을 보여야 합니다. 특히 학교폭력 문제에 연루된 학생은 진술을 요구받는데, 이때 피해학생을 돕는 일이라면서 그 학생에게 진술을 강제해서는 안 됩니다. 조사받는 것만으로도 학생들은 큰 부담을 느낄 수 있습니다. 그러므로 교사는 주변 학생들에게는 신뢰한다는 말을 건네며 진술할 용기를 북돋아 주어야 합니다.

④ 학부모를 향한 교사의 태도

학교폭력이 일어나면 학부모들로부터 여러 민원이 들어옵니다. 이는 가해 측이든 피해 측이든, 학부모들이 불안감을 느끼기 때문입니다. 따라서 학부모를 대할 때 교사들은 부모들의 불안을 잠재워 줄 수 있도록, 부모들이 궁금한 사항에 대해 최대한 객관적인 정보들로 답해 줍니다. 또 교사는 부모들에게 현재 학교폭력 업무에 최선을 다하고 있으며, 해당 학생을 충분히 생각하고 있음을 명확하게 짚어주어야 합니다. 부모들은 학교폭력 사안 처리 과정에 대해 잘 알지 못합니다. 알지 못한다는 데서 불안감은 불어납니다. 따라서 미리 교사는 부모들에게 사안 처리의 과정을 안내해야 합니다. 한편 과도하게 시간을 빼앗는 부모에게 교사는 한계선을 표현해 주어야 하며, 교사들 간 분담된 역할을 부모에게 알려서 교사 한 명에게만 쏠리는 연락과 민원을 분산해야 합니다(이보람, 2014).

사안 처리가 완료되면, 교사는 학교폭력이 재발하지 않도록 사후 관리를 해야 합니다. 그리고 무엇보다 본인의 상태를 돌아봐야 하겠지요? 교사는 그동안 고생했던 자신의 상태도 점검해 보아야 합니다.

지금까지 학교폭력 문제에 대처하는 교사의 역할을 살펴보았습니다. 교사가 학교폭력 문제의 해결에 중대한 임무를 맡는 것은 사실이지만, 교사에게 지나치게 책임을 요구해서는 안 됩니다. 우리도 학교에 폭력 사안이 발생하면, 나 몰라라 하지 말고 해당 사안과 관련된 교사들이 과한 부담감에서 벗어날 수 있도록 함께 사안을 고민하는 교사가 됩시다.

6 선생님, 학교폭력 혼자 걱정하지 마세요! – 교사 지원 및 보호 체계, 관련 기술 활용 등

학교폭력은 개인, 가정, 학교 및 또래 요인 등이 복합적으로 작용해 나타나는 문제입니다. 따라서 교사 혼자서 문제를 책임지기 어렵습니다. 그렇다면 과연 교사는 사안 처리의 과정에서 어디에서 어떻게 도움받을 수 있을까요?

1 학교폭력 업무 담당 교사의 지원 및 보호

「학교폭력예방법」제11조의 4에서는 학교폭력 업무 담당자에 대한 지원과 면책을 명시하고 있습니다.[18]

① 학교장은 책임교사의 활동을 지원하기 위해 수업시간을 조정하는 등 필요한 조치를 해야 한다.
② 교육부장관 및 교육감은 학교폭력 예방 및 대응 업무를 수행하는 교원의 활동을 지원하기 위하여, 법률지원단을 통하여 학교폭력과 관련된 민사소송이나 형사 고소·고발 등을 당한 경우 이에 대한 상담 등 필요한 법률서비스를 제공할 수 있다.
③ 정당한 학교폭력사건 처리 또는 학생생활지도에 해당하는 때에는 학교장과 교원은 그로 인한 민사상·형사상 책임을 지지 아니한다.

가장 먼저 볼 수 있는 학교폭력 업무 담당 교사(책임교사)의 지원으로는 수업 경감[19] 이 있습니다. 일부 교육청이나 학교에서 책임교사의 수업 시수 경감으로 줄어든 시수

---

18 '학교폭력예방 및 대책에 관한 법률(법률 제19942호, 2024. 1. 9.)'의 내용을 이해하기 쉽게 일부 변형하여 정리하였습니다.
19 '학교폭력 근절 종합대책(안)'에 의하면, 전년도 학교폭력 발생 건수와 사안 처리의 난이도를 기준으로 일반 수업 시수의 30~50%를 감면합니다.

를 대체하고자 시간강사를 채용하고 있습니다. 한편 학교폭력 사안 처리의 과정에서 교사가 큰 잘못을 하지 않았다면, 민·형사상 책임을 면제하도록 하였습니다. 그리고 교원치유지원센터에서는 교사에게 법률 상담과 자문 등의 법률 서비스를 제공하도록 하였습니다.

법령에는 제시되지 않았지만, 학교폭력 업무 담당 교사에게 인센티브(승진 가산점)를 제공하는 제도, 담당 교원 대상의 치유 프로그램 확대, 복수 책임교사 제도 등 학교폭력 책임교사의 업무 부담을 덜어 주려는 방안들이 제안되고 있습니다(교육부, 2020).

2 교권 보호 정책

한 초등학교에서 '혐의없음'의 결과가 나온 학교폭력 사안과 관련해, 학부모가 교사에게 '선생 자격이 없다.'라는 폭언을 지속적으로 일삼았습니다(광주일보, 2024.7.17.). 이처럼 학교폭력 문제가 교권 침해 문제로 이어지는 경우가 많습니다. 따라서 교사는 교권을 보호하기 위한 제도를 잘 활용해야 합니다.

먼저 교권 보호를 위한 5법, 즉 「교원지위법」, 「초중등교육법」, 「유아교육법」, 「교육기본법」, 「아동학대처벌법」이 있습니다. 그리고 교사는 '교권 침해' 긴급 직통 전화번호인 '1395'로 전화하여, 교권 침해 사항을 즉각 신고할 수 있습니다. '1395'에서는 교사를 위한 심리 상담과 법률 지원도 일괄적으로 제공하고 있습니다.

학교에서는 교사가 개인이 아닌 기관 차원에서 악성 민원에 대응할 수 있도록 학교별 '민원대응팀'을 운영하고, '녹음 전화기' 설치를 지원합니다. 만약 학교에서 처리하기 힘든 민원이라면, 교육지원청 소속의 '통합민원팀'에서 민원을 해결할 수 있습니다(교육부, 2024b).

3 피해학생 통합지원 체계

'학생맞춤통합지원'은 학생의 어려움(기초학력 미달, 경제적 어려움, 심리적·정서적 어려움, 학교폭력, 아동학대 등)을 조기에 발견하고, 해당 학생에게 필요한 지원을 통합적으로 하는 학생 맞춤형 지원 정책입니다. 해당 누리집에서 학교 인근의 지원 기관과 서비스를 찾을 수 있습니다.

　이 체계는 교사에게도 도움을 줍니다. 학생맞춤통합지원 체계는 교사 혼자서 모든 학생을 감당하다가 지치지 않도록 구축되었습니다. 교사는 담당하는 학생들이 많아, 피해학생만을 위한 맞춤형 지원이 어렵습니다. 그러나 통합지원 체계 덕분에, 교사는 피해학생에게 학교 밖에서 할 수 있는 '경제, 돌봄·안전, 학업, 건강, 심리·정서' 등 학생 개인 맞춤형 서비스를 쉽게 소개해 줄 수 있습니다.

　한편 교육지원청에서도 통합지원 체계를 운영합니다. 교육지원청 소속 '학교폭력 제로센터'는 학교폭력 전담 조사관을 배정해 사안 조사를 담당할 뿐만 아니라, 피해회복 및 관계개선 지원, 법률 지원도 담당합니다. [그림 9-6]에 나와 있듯이 학교폭력제로센터에서 피해학생은 한 번의 신청으로, 피해학생 전담 조력인과 관계개선 지원단, 그리고 변호사와 법률기관을 매칭 받을 수 있습니다. 교사가 직접 학생들에게 이러한 도움 시스템을 제공해 주지 않아도, 통합지원 체계가 이를 대신하므로 교사는 업무를 일부 덜 수 있습니다. 즉 통합지원 체계는 학생과 교사 모두에게 도움을 줍니다.

 그림 9-6　　교육지원청(학교폭력 제로센터) 통합지원 체계

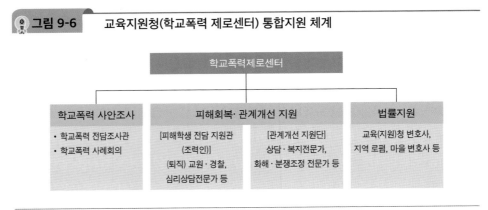

출처: 교육부(2024a).

④ 주변 전문가와의 협업

　학교폭력으로 어려움을 겪고 있는 교사가 가장 쉽게 도움을 받는 방법은, 바로 주변 전문가들에게 자문하는 것입니다. 오랫동안 학교폭력 업무를 맡아 온 선배 선생님이나 상담 선생님께 조언을 듣거나, 교육지원청 변호사에게 법률적인 내용을 물어봄

으로써 답답함을 일부 해소할 수 있습니다. 최근에는 학부모 대상의 학교폭력 예방 교육도 이루어지고 있어, 교사는 학부모와 협업하여 문제를 해결할 수 있습니다. 또 교사는 학교폭력 전담 경찰관과 사안 정보를 공유하며 서로 도움을 주고받을 수 있습니다.

5 교육부 및 학교폭력 관련 누리집의 자료 활용

디지털 세계에서는 언제든지 검색을 통해 원하는 정보를 얻을 수 있습니다. 따라서 교사는 인터넷에 올라온 자료들로 학교폭력 문제 해결에 도움을 받을 수 있습니다. 가장 대표적인 학교폭력 관련 자료로 교육부 자료가 있습니다. 교육부에서는 수시로 학교폭력 관련 정책들을 담은 보도자료를 발표합니다. 때때로 바뀌는 정책들로 혼란스럽다면, 교육부 누리집에서 가장 최신의 정책을 확인하면 됩니다.

교육(지원)청의 자료들도 믿을 만한 자료이면서, 교육부의 자료보다 상세하게 내용을 설명한 자료도 있어 참고하기 좋습니다. 한편 학교폭력 관련 누리집으로는 '도란도란 학교폭력예방교육', '학교폭력예방교육지원센터', '위(Wee) 프로젝트, 우리가 희망이다.', '푸른나무재단(청소년폭력예방재단)', '청소년1388', '안전Dream' 등이 있습니다. 이러한 누리집에서 학교폭력과 관련된 여러 정보와 자료를 수집할 수 있습니다. '도란도란' 누리집에서는 학교폭력 예방 교육의 우수사례도 볼 수 있습니다.

6 디지털 기술(AI, 메타버스 등)의 활용

'학교폭력'은 학생들의 미묘한 심리 문제로 발생하다 보니, 'AI'와는 거리가 멀다고 생각합니다. 하지만 이제는 기술이 상상을 초월할 정도로 발전한 사회이기에, 기술이 학교폭력 문제를 해결하는 데에도 영향을 미치고 있습니다. 그렇다면 학교폭력 업무 처리에 있어서 교사에게 도움을 주는 기술의 예로 무엇이 있을까요?

첫째는 메타버스를 활용한 학교폭력 신고함입니다. 중·고등학생 185명을 대상으로 한 온라인 설문조사 결과, 현실 세계에서는 학교폭력 신고를 하지 않겠다고 응답한 학생 중 64.3%가, 메타버스 경찰서에서는 신고할 의사가 있다고 응답했습니다(윤진영 외, 2023). 학생들은 메타버스라는 가상 세계에서 가상 인물로 등장하기 때문에, 현실 세계에서보다 편안하게 학교폭력의 피해 사항을 털어놓을 수 있습니다.

둘째는 교내 사각지대의 학교폭력을 신속하게 감지하는 지능형 CCTV로, AI나 클라우드 등 지능 정보 기술을 활용하여 폭력 상황을 인지하고 알리는 CCTV입니다(교육부, 2023a). 에스원에서 제공하는 지능형 CCTV는 동작을 인식하는 영상 분석 알고리즘이 탑재돼 있어, 자동으로 학교폭력 상황을 인지하고 즉시 학교 관리자에게 알립니다. 또 카메라를 가리는 행위를 알아차리고 출입 금지 구역을 설정할 수 있어서 교내 사각지대에서 일어날 만한 폭력을 방지합니다(전자신문, 2024.2.21.).

셋째는 사이버 학교폭력 조기 감지 서비스입니다. 사이버 폭력을 발견하는 앱을 통해 학교폭력의 피해가 의심되는 학생을 감지하는 서비스입니다. 교사는 이러한 서비스 덕분에 학생 한 명 한 명에게 온종일 관심을 두지 않아도 학교폭력의 피해를 인지할 수 있습니다. 해당 서비스로는 '사이버 아웃리치'(여성가족부), '스마트 안심드림'(방송통신위원회) 등이 있습니다. '스마트 안심드림'으로 예를 들자면, 학생이 사이버 언어폭력이 의심되는 문자를 받거나 자살 등의 단어를 검색했을 때 이를 감지하여 부모에게 알리는 서비스입니다(교육부, 2023a).

네 번째로 '청소년1388'에서 운영하는 학생 상담 서비스 '솔로봇'이 있습니다. '청소년1388' 누리집에 로그인을 하면, 온라인 청소년 상담자와 실시간으로 1:1 채팅 상담을 할 수 있습니다. 가상의 상담자가 각본을 기반으로 하여 상담을 실시합니다. 이러한 기술들, 정말 놀랍지 않나요? 이렇게 교사들은 학교폭력의 문제 해결에도 기술을 활용할 수 있습니다.

결국 예비교사는 학교폭력 문제에 잘 대처하기 위해서, 현행 학교폭력 제도들을 잘 알고 있어야 합니다. 또 학교폭력 사안 처리의 흐름도 머릿속에 정리해 둬야 합니다. 최근에는 학교폭력 해결에도 기술을 활용하면서, 인공지능 및 기술 조작 능력 또한 요구되고 있습니다.

그러나 무엇보다 예비교사가 교직에 입문하기 전에 갖춰야 할 것은 학생들을 향한 애정과 공감 능력이 아닐까요? 문제 발생 전부터 교사와 학생들 사이에 형성된 유대관계는, 학교폭력 문제가 발생한 이후에도 유지되어 학생들의 소통을 원활하게 끌어낼 수 있습니다. 완벽하게 학교폭력을 막을 수는 없지만, 여러분들이 훗날 학교에서 큰 고민 없이 학생들과 평온하게 지내고 있기를 기대합니다.

7 토론

2023년 1차 학교폭력 실태조사 결과, '가해 이유'에 대한 응답으로 '장난이나 특별한 이유 없이(34.8%)'가 가장 많이 나왔습니다. 실제로 여러 학교폭력 사례를 접하다 보면, 학생의 행위를 단순 장난으로 봐야 하는지, 학교폭력으로 봐야 하는지 판단하기가 애매한 사안이 많습니다. 그렇다면 장난이 어떤 경우에 폭력이 아니며, 어떤 경우에 폭력일까요?

아래 상황에서 여러분이 이○○ 교사라면, A학생의 행동을 어떻게 바라볼지 고민해 보고, 본인의 생각을 말해 봅시다.

사례

이○○ 교사는 7년 차 교사이지만, 여전히 학생들의 장난을 단순 놀이로 봐야 하는지 폭력으로 봐야 하는지 판단이 잘 서지 않습니다. 며칠 전 이○○ 교사의 반에서 A학생과 B학생이, 상대를 순간적으로 기절시키는 '기절놀이'를 했습니다. 그러나 이 놀이로 인해 B학생이 쓰러지면서 크게 다쳤습니다.

A학생은 평소처럼 B학생과 놀이를 즐겨 했을 뿐이라고 말합니다. 그러나 주변 학생들에게 이야기를 들어보니, 이날은 B학생이 놀이를 원하지 않았으나, A학생의 계속된 부탁으로 제안을 받아들인 것이었다고 합니다. 이러한 상황이라면, 이○○ 교사는 A학생의 행동을 학교폭력으로 봐야 할까요?

여러분들은 어떻게 생각했나요? 아마도 여러분들의 의견이 나뉘었을 것 같습니다. A학생의 행위가 학교폭력에 해당하는지 판단하려면, 학생들의 평소 관계, 전후 상황 등 여러 상황 변인을 종합적으로 고려해야 합니다. 이처럼 장난이 폭력이 되는 절대적 기준을 마련하기가 어렵습니다. 그렇기에 '별명 부르기와 명예훼손', '스킨십과 성폭력'의 경계도 철저하게 나눌 수 없습니다. 따라서 교사는 학생들에게, 무심코 한 말이나 행동이 상대에게 신체적·정신적으로 피해를 주게 되어 학교폭력이 될 수 있음을 가르쳐야 합니다.

참고문헌

교육부. (2020). 제4차 학교폭력 예방 및 대책 기본계획(안). 세종: 교육부.

교육부. (2023a). 학교폭력 근절 종합대책(안)(2023.04.). 세종: 교육부.

교육부. (2023b). 학교폭력 전담 조사관 신설하고 학교전담경찰관 105명 증원, 학교·교사, 악성 민원서 벗어나 '교육'에 역량 집중 보도자료(2023.12.07.). 세종: 교육부.

교육부. (2023c). 2023년 1차 학교폭력 실태조사 결과 발표 보도자료(2023.12.14.). 세종: 교육부.

교육부. (2024a). 2024년 학교폭력 사안처리 가이드북. 서울: 교육부·이화여자대학교 학교폭력예방연구소.

교육부. (2024b). 새롭게 도입된 초·중등교육 주요 정책, 제대로 알고 활용하자! 보도자료(2024.05.23.). 세종: 교육부.

김경욱, 백서윤, 임정근, 곽은주, 이경재, 이혜미. (2014). 이 선생의 학교폭력 상담실. 서울: 양철북.

김천기. (2021). 학교폭력, 그 새로운 이야기. 서울: 학지사.

윤진영, 강상욱. (2023). 메타버스를 활용한 학교폭력 피해자 경찰조사 방안 논의. 경찰학연구, 23(1), 257-280.

이보람. (2014). 교사와 학부모를 위한 학교폭력 대처법. 서울: 시대의 창.

학교폭력예방 및 대책에 관한 법률(법률 제19942호, 2024. 1. 9.).

광주일보. (2024.07.17.). 달라진 게 없는 교육현장…여전히 교권 침해 시달린다. http://www.kwangju.co.kr/article.php?aid=1712134007710089006 (2024.07.29. 검색)

나남뉴스. (2024.03.21.). "학교폭력 가해자 -20점 감점" 고려대, '사실상 입학불가'. https://www.nanamcom.co.kr/news/articleView.html?idxno=7844 (2024.07.05. 검색)

유스폴넷. (연도미상). 주요통계. https://theyouthacademy.police.go.kr/main/PLink.do?link=/main/etc/chart (2024.09.11. 검색)

전자신문. (2024.02.21.). "학교폭력도 AI로 막는다"…에스원 '학교 전용 AI 솔루션' 주목. https://www.etnews.com/20240221000191 (2024.05.25. 검색)

CHAPTER 10

미래를 위한 생태전환교육, 어떻게 해야 할까요?

배현순

'생태전환교육'은 점차 심각해지는 기후 위기에 대응해 생각과 관점을 바꾸는 교육을 말합니다. 자연을 마주 보며 운영되는 생태전환교육의 다양한 이슈를 알아보고, 참다운 생태전환교육 운영을 위한 방안을 모색해 봅니다.

1 생태전환의 이해

 생태(ecology)

평범했던 일상을 멈추게 했던 코로나19 팬데믹 상황과 기후 위기로 힘겨워하는 지구촌 곳곳의 기상이변을 목도하면서 우리는 오늘날의 생태 문제를 다시 돌아보기 시작했습니다. 현재의 총체적인 환경 위기가 이제는 기존의 관습적 대응만으로는 해소될 수 없다는 공감대가 형성되면서 사회 전체 변화의 필요성에 목소리를 높이고 있습니다. 그중에 요즘 우리가 많이 듣는 용어가 바로 '생태전환'입니다.

'생태전환'을 설명하기 위해서는 우선 '생태'와 '전환'이라는 용어를 유심히 살펴봐야 합니다. '생태'라는 용어가 대중화되기 전에는 '환경'이라는 단어가 익숙했습니다. '환경(environment)'은 사람, 동물과 식물 등 생명체가 활동하는 주변 환경이나 조건을 일컫는 말로, '인간'이 자연의 중심에 자리 잡고 있음을 내포합니다. 이러한 환경의 의미를 기반으로 '환경보호'를 바라보면, 인간의 이익을 위해 자연을 보호해야 한다고 해석할 수 있습니다. 그러나 '생태'는 인간중심적 담론의 주류였던 환경관을 뒤집는 전혀 다른 속뜻을 가지고 있답니다.

'생태(ecology)'라는 말의 어원은 '집, 거처'라는 뜻을 가진 그리스어 '오이코스(oikos)'에서 유래했습니다. 'ecology'와 'economy'의 접두사가 눈에 들어오시나요? 특이하게도 생태의 'eco'와 '경제'의 'eco'는 'oikos'에 뿌리를 두고 있습니다. 저자는 학생들에게 텀블러에 음료를 담으면 음료값을 할인해 주는 제도를 예시로 들면서 '생태와 경제는 껌딱지'라고 얘기합니다.

본격적으로 '생태'는 1866년 독일의 생물학자인 에른스트 헤켈(Ernst Haeckel)이 '유기체와 이를 둘러싼 환경 사이의 관계를 연구하는 학문'으로 발전됩니다. 에른스트 헤켈이 주장한 '생태'의 개념에는 '중심'이라는 것이 존재하지 않습니다. 세상의 모든 종(species)이 각자 동등한 위치에서 살아가기 때문이죠. 따라서 그는 만물의 영장인 인간도 하찮은 벌레와 같은 하나의 종에 지나지 않기에, 인간은 자연을 훼손할 자격이 없다고 주장했습니다. 생태학자 베리 커머너(Barry Commoner)가 말했듯이 숨을 쉬고 있는 모든 것은 모든 것에 연결되어 있기 때문입니다. 이렇듯 '환경'과 '생태'의 용어는 비슷하면서도 다르기에, 학교현장에서는 정확하게 '환경'과 '생태'의 차이를 이해하면 좋겠습니다.

다음으로는 학교현장에서 생태전환교육을 준비할 시 제일 먼저 귀에 닿을 단어를 소개하도록 하겠습니다. 소개될 단어들은 기후 위기, 기후 변화, 지구 온도 1.5℃ 상승 제한, 탄소중립, RE 100, 기후 불평등 등을 포용하는 단어이자, 지속가능한 미래와 사회 변혁의 역량을 키우는 마중물입니다.

① 생태문해(ecological literacy)

'생태문해'는 1986년 미국생태학회에서 폴 리저(Paul Risser)가 처음으로 일반 대중에게 언급하였습니다. 생태학자들이 중심이 되어 미국 대중의 과학 소양이 부족한 것을 해결하기 위해 시작된 '생태문해'는 학생과 일반인들에게 생태학에 기반한 소양의 증진을 강조하였습니다. 1992년 데이비드 오어(David W. Orr)가 「구성주의적 포스터모던 사고(Constructive Postmodern Thought)」의 시리즈로 집필한 「생태문해: 포스트 모던 세계를 위한 교육과 전환(Ecological Literacy: Education and the Transition to a Postmodern word)」을 발간한 이후, 여러 학자들과 생태교육 전문가들에 의해 개념, 구성 체계 등을 꾸준히 논의하였습니다. 이후 '생태문해'는 '생태'의 영역이 결코 환경의 문제만이 아니라는 것을 환기하면서 사회와 경제 등 사회의 전반적인 영역에서 지속가능한 삶을 추구하기 위한 사고와 행동에 우선순위를 매기는 기본 원리가 되었습니다.

표 10-1 | 학자별 생태문해 정의

학자명	정의
Risser(1986)	- 물질의 다양한 이동 측면 - 모든 것은 서로 연결되어 있다는 개념의 명확성 - 생태-문화 상호작용 - 특정한 지역 장소에 기반한 생태조사자료 이해
Roth(1992)	- 환경 시스템의 상대적인 건강성 인지 및 해석 능력 - 환경 시스템의 건강성 유지, 복원 및 증진을 위한 적절한 행동 능력
Orr(1992)	- 지구상의 생물을 가능하게 하는 자연 시스템 이해 능력 - 지식, 배려, 실제적인 능력에 기반하여 연결성을 아는 마음의 질
Capra(1995)	- 생태계의 조직 원리를 이해하고, 유지 가능한 인간 공동체를 세워 교육, 경영, 정치의 기본 원리가 생태학의 원리에 발현되는 것
Cutter-Mackenzie & Smith(2003)	- 환경에 대한 풍부한 지식 및 다면적인 신뢰와 철학을 발전시켜 생태적인 지속 가능성으로 나아감
Berkowitz, Ford & Brewer(2005)	- 환경에 대해 학습하고 즐기며, 환경에서 살아가는데 필요한 생태학적 이해와 사고, 심성을 사용할 수 있는 능력 - 건전한 생태적 사고를 이용하여 주요 생태계에 대한 이해 - 생태학 본성 및 생태학과 사회의 관계를 이해하면서 적절한 생태적 사고로 주요 생태체계 이해

② 생태 감수성

생태전환교육의 핵심인 생태 감수성은 자연을 추구하고, 자연으로부터 생명을 발견하고 느끼는 감성적 능력으로, 자연과 나의 삶을 연결지어 생각하는 자세를 말합니다. 생태 감수성의 정의에서 많이 출현하는 단어는 '자연', '삶', '사랑', '공감', '연결', '민감한 반응' 등이 있습니다. 이러한 단어들을 연결하여 나만의 생태 감수성을 적어보면 '자연과 나의 삶의 연결 이해를 기반으로 자연과 뭇 생명을 사랑하고 존중할 수 있는 마음'으로 정리할 수 있습니다. 생태 감수성은 크게 네 가지의 하위 영역으로 구분되어 있고, 내용은 다음과 같습니다.

첫째, 자연에 대한 관심입니다. 자연에 대한 관심은 생태 감수성의 시작으로, 자연의 변화에 대한 관심, 동·식물에 대한 호기심과 생명에 대한 사랑이 포함됩니다. 등굣길에 우연히 마주친 길고양이를 눈여겨보고, 비오는 날 줄지어 기어가는 개미를 살펴보거나 어둑해진 밤하늘의 별을 세어보는 것 등이 자연에게 관심을 보이는 첫 시그널입니다.

둘째, 자연에 대한 공감입니다. 2022년 6월, 저자가 사는 동네 하천 산책로에서 두 명의 학생이 청둥오리 가족 여섯 마리를 돌팔매질해 죽인 사건이 발생했습니다. 저자도 출퇴근길에 오가며 보았던 청둥오리들이었는데, 막상 뉴스에서 그 소식을 접하니 묘한 기분이 들었습니다. 사건 다음날 찾아간 장소에서 발견한 '강력 경고합니다!'로 시작하는 경찰의 경고문은 '정의의 이름으로 널 꼭 잡겠다!'라는 굳은 의지까지 느껴졌습니다. 그 후로 저자는 하천 산책로를 걷다가 청둥오리 등이 몰려있는 장소를 보면 사진을 찍고 숫자를 셉니다. 누가 시키지 않았지만, 동네 주민으로서 해야 할 의무처럼 느껴졌거든요. 이처럼 자연이 파괴되거나 동·식물의 피해를 접하면 슬프고 화가 나는 등의 자연에 대한 감정이입이 자연에 대한 공감입니다.

셋째, 자연에서의 심미적 체험입니다. 자연과의 유대감과 친밀감을 통해 얻을 수 있는 것으로, 자연에 대한 아름다움을 발견하고 그 안에서 즐거움과 행복감을 느끼는 경험입니다. 학교 텃밭에서 흙을 뚫고 올라온 새싹의 파란 머리를 보고 환호성을 지르지 않을 학생은 없을 것이라 생각합니다. 학생의 눈에 보이는 작은 새싹은 자신이 손수 씨앗을 심고 흙을 덮어 물을 주는 일련의 과정으로 얻은 결실이자 행복감의 산물이니까요.

넷째, 생태적 상상력입니다. 생태적 상상력은 인간이 자연의 일부로 자연에 있는 다른 존재들과 동등하다는 것을 전제로 합니다. 나이가 어릴수록 생태적 상상력은 가히 폭발적입니다. 나비옷을 입고 나비가 움직이는 모습을 표현하는 자체가 상태적 상상력이거든요. 그러나 안타깝게도 고학년이 될수록 학생들의 생태적 상상력은 고갈됩니다. 생물다양성에서 다루는 깃대종(특정 지역의 생태계를 대표하는 주요 동·식물) 수업에서 학생이 '깃대종'이 되어 자신이 왜 멸종되지 말아야 하는지 핏대 높여 주장하거나, 전

지적 깃대종 시점에서 말하기 등의 토론 수업, 시나 글쓰기, 예술이나 동작 활동 등은 그나마 말라버린 고학년 학생들의 생태적 상상력 온도를 높일 방안이 될 겁니다.

❷ 전환(transformation)

우리말로 '전환'이라 해석되는 영어 단어들 중에 교육 분야에서는 두 가지의 단어가 혼용되어 사용됩니다. 교육학적 의미로 사용하는 '전환(transition)'은 한 가지 조건이나 장소로부터 다른 조건이나 장소로 변화해 가는 과정을 말하며, 이를 기반한 '전환교육(transition education)'은 개인이 학교에서 사회로 나가는 과정으로서 전환의 다양한 형태를 경험하고 발전해 나가는 성과지향적 활동을 일컫습니다. 이러한 전환교육은 장애학생 및 현장중심의 직업·전환교육과정에서 많이 볼 수 있습니다. 그러나 '생태전환'에서 사용되는 '전환(transformation)'은 무언가의 본질이나 성격을 바꾸는 심오하고 지속적인 변화로, 단호하고 구조적인 선택을 통해 지금까지의 삶의 방식을 바꾸어나가는 것을 말합니다.

사실 이 '전환(transformation)'은 성인학습에서 많이 다루는 주제입니다. 성인교육 영역에서는 '전환학습(transformative learning)'으로 다양한 사례를 연구하지요. 성인은 삶의 결정적 사건이나 경험을 계기로 비판적 반성을 통해 이전보다 더 포괄적이고 개방적이며 통합적인 관점을 갖게 됩니다. 가령, 한국에 온 외국인이 우리나라의 '빨리빨리' 문화로 혼란을 겪다가 이것을 재해석하고 관념을 변화시켜 어느 날 택시 안에서 '기사님! 빨리 가주세요!'라는 자신의 모습을 보게 된다면, 이 외국인은 '전환학습'이 이루어진 것이라 볼 수 있습니다.

'생태'와 접목해 보면 '생태전환'은 그동안 당연시했던 삶의 방법을 성찰하면서 인간과 자연의 공존, 그리고 지속가능한 삶을 위해 관련된 모든 것들을 통합하는 변화의 추구로 이해할 수 있습니다. 미국의 시인이자 환경운동가인 게리 스나이더(Gary Snyder)는 '인간-자연 관계의 근본적인 재설정'을 제시하고 계량적인 환경보호주의를 지양하면서 우리 스스로 바꾸는 '진짜 과업(real work)'을 얘기합니다. 심지어 최재천 교수님은 다른 생명과 공생하겠다는 호모 심비우스(Homo symbious)로 거듭나야 한다고 주장합니다. 이분들이 외치는 그것은 하나입니다. 바로 '전환(transition)'이 아닌, '전환

(transformation)'이지요.

"생태전환교육에서 '전환'이 저렇게 엄청난 단어였어?"라고 흠칫 놀라는 예비교사들이 있을 것이라 생각합니다. 아직 학교현장에서는 '전환'에 대한 충분한 숙고가 없기에 단편적인 환경교육이나 생태교육이 '생태전환교육'으로 포장되는 기적이 일어나곤 합니다. 이제 이 장에서 정확하게 '전환(transformation)'을 이해하셨으니, 행사 성격이 강한 생태전환교육 활동은 앞으로 지양되리라 믿습니다. 그리고 학교현장에서 '생태전환교육'을 준비할 예비교사들에게 이렇게 말씀드리고 싶습니다. '당신에게 다가온 한 세상을 품고 인간과 자연의 공존과 지속가능한 생태문명을 빚어낼 위대한 사람'이라고요.

지속가능성(sustainability)

몇 해 전만 하더라도 '지속가능한(sustainable)'이라는 단어가 생소했지만, 요즘은 명사 앞에 '지속가능한'이라는 단어를 붙이는 것이 유행되었습니다. '지속가능한 미래', '지속가능한 에너지', '지속가능한 주택담보', 심지어 '지속가능한 다이어트'라는 광고도 접하게 됩니다. 최근 들어 생태전환교육에서 자주 언급되고 있는, 발음하기에도 생소한 지속가능성에 대해 알아보도록 하겠습니다.

보통 지속가능성을 '시간의 연속성'으로 이해하는 경우가 많은데, 본래 지속가능성은 정한 비율이나 수준을 계속해서 유지할 수 있는 능력을 말합니다. '금어기'라는 말을 들어보셨나요? '금어기'는 수산자원의 번식과 보호를 위해 알을 품고 있는 어미와 어린 물고기의 포획과 채취가 금지되는 기간입니다. 만약 맛난 꽃게를 우리 식탁에서 1년 내내 볼 수 있으려면 꽃게의 지속가능한 최대수확량을 관리해야 합니다. 수산자원도 이런데, 수산자원보다 훨씬 큰 개념인 생태계의 지속가능성을 우리는 어떻게 받아들이고 이해해야 할까요?

1962년 환경 분야의 바이블(Bible)로 일컫는 미국 해양 생물학자 레이첼 카슨(Rachel Carson)의 「침묵의 봄(Silent Spring)」이 출판된 이후, '필요'와 '환경 용량의 한계'를 기반으로 발전을 생각한다는 통합의 의미로 '지속가능발전(Sustainable Development, SD)'을 주목하게 됩니다. 지속가능발전은 경제의 성장, 사회의 안정과 통합, 환경의 보전이 조화를 이루며 지속가능성을 지향하는 발전을 의미합니다.

1987년 세계환경개발위원회(WCED)에서 제시된 브룬트란트(Brundtland) 보고서인 「우리 공동의 미래(Our Common Future)」에는 인류가 자연과 공존하면서도 인구증가와 경제성장 속에서 발생하는 전 지구적인 문제를 해결하고 풍요로운 삶을 누리고자 하는 의지가 담겨 있습니다. 이 보고서에서는 '지속가능발전'을 '미래 세대가 그들의 필요를 충족시킬 능력을 저해하지 않으면서 현재 세대의 필요를 충족시키는 발전(development that meets the needs of the present without compromising the ability of generations to meet their own needs)'으로 정의하고 있습니다. 이러한 의지는 2015년 UN에 의해 17개의 지속가능발전목표(Sustainable Development Goals, SDGs)로 귀결되었으며, 2030년까지 전 세계는 이 목표를 달성해야 합니다.

그림 10-1   UN의 17개 지속가능발전목표

출처: UN 홈페이지(https://sdgs.un.org/goals).

그동안 생태학 영역에서 '지속가능성'에 대한 연구가 드물고 적었던 것은 사실입니다. 그러나 최근에 기후 위기에 따른 기후 불평등 극복, 생물다양성 보전과 에너지 전환 등으로 생태계의 위기를 해결하려는 응용 분야가 발달하면서 지속가능성에 대한 개념이 주목받고 있습니다. 「2022년 개정 교육과정」에 스며있는 지속가능발전교육(Education for Sustainable Development, ESD) 또한 생태전환교육과 발맞추어 나가는 파트

너로서 역할을 공고히 하고 있습니다.

❷ 학교현장에서 만나는 생태전환교육

전 세계는 정치적·경제적 측면에서 초국가적(trnasnational) 성격을 가지는 동시에 비가시적(invisible)인 상황에 놓여있어 더 고도화된 인류의 축적된 지식과 경험을 요구하고 있습니다. 코로나 팬데믹을 지나 우리는 '포스트 코로나 시대(Post-COVID 19 Era)'라 명명하며 우리가 상상하지 못할 세상을 준비하자고 했으나, 예상보다 빨리 돌아오지 않는 회복력에 정말로 '변화하지 않으면 죽는다'는 말을 웃으면서 넘기면 안되는 시간에 살게 되었습니다.

코로나 팬데믹으로 인해 가장 직격타를 맞은 곳은 교육현장이었습니다. 전통적인 교육 시스템의 파열음으로 인한 새로운 교육방식(원격수업 등)이 재촉되면서 학교 교사뿐만 아니라 교육기관에 종사하는 모든 사람들이 새로운 역할에 적응해야 했으니까요. 그런데 아이러니한 것은 그 시기에 우리는 '인간을 격리했더니 가려졌던 지구가 다시 돌아왔다'는 소식을 심심찮게 듣게 되었다는 겁니다. 전 세계 35억 인구가 멈춰버리자 탄소 배출량과 전기 소비량이 감소하면서 공기는 깨끗해지고 거리는 한산해졌습니다. 국제에너지기구(International Energy Agency, IEA)의 파티 비롤(Fatith Birol) 사무총장이 이를 두고 '에너지 세상에 일어난 역사적 충격'이라고 말했다고 하죠.

미국 샌프란시스코에 있는 금문교의 교통소음이 70%까지 줄어들어 흰정수리북미멧새의 울음소리가 들렸다는 것이나, 인도 북부 펀자브주 주민들이 수십년만에 160km 이상 떨어진 히말라야 산맥을 선명하게 보게 되었다는 소식 등이 이 시기에 접했던 소식이었습니다. 사람들이 집안에 격리되는 동안 지구가 숨을 쉬는 장면을 메스컴과 동영상으로 접하면서 모두들 그렇게 생각했을 겁니다. '정말 인간들은 정신 차려야겠구나'라고요.

그런 이유인지는 모르겠지만, 전 세계는 '미래사회의 지속가능한 삶'의 중요성에 눈을 돌리고 '교육'이 그 역할을 해주기를 바라고 있습니다. 유네스코(UNESCO)에서는 국제교육학계의 미래교육 보고서인 '포르 보고서(1972)', '들로르 보고서(1996)'에 이어 세

번째로 2021년 11월 「함께 그려보는 우리의 미래: 교육을 위한 새로운 사회계약 (Reimaging our Futures Together: A New Social Contract for Education)」을 발간했습니다. 이 '유네스코 교육의 미래 보고서'는 오늘날의 기후 위기, 사회불평등 심화 등에 맞추어 현 교육체계(학교 모델, 교과과정, 교수법 등)를 변혁하여 인류와 지연의 지속가능한 미래를 선택하도록 촉구하는 내용을 담고 있습니다. 아울러, 유네스코(UNESCO)는 최근 「유네스코 1974년 국제이해교육 권고(이하, 1974 권고)」[20]을 개정하였습니다. 이는 '교육적 가치'가 우리가 당면한 사회문제를 평화적이고 인권 친화적인 방법으로 해결하는데 핵심요소로서 중요하다는 것을 천명한 것이라 볼 수 있습니다.

이러한 전환적 시기를 맞이하여 학교현장에서도 「2022년 개정 교육과정」에 대한 관심이 높았습니다. 전 세계의 모든 시그널이 '지속가능한 삶'을 향해 있으니, 「지구온난화 1.5℃ 특별보고서(Special Report on Global Warming of 1.5℃」[21]의 온실가스 감축 시나리오를 주장하지 않아도 단편적인 환경교육에 맞추어져 있는 지금의 시스템에서 벗어나 기후 위기 시대의 요구를 담아줄 것이라 믿었거든요. 그러나 결과는 그러하지 못했습니다. 그럼에도 불구하고, 학교현장에서는 묵묵히 학교의 담장을 넘어 지역사회와 함께 연대하는 생태전환교육의 상상력을 펼치고 있습니다.

생태전환교육은 점차 심각해지는 기후 위기에 대응해 인간과 자연의 공존과 지속가능한 생태문명을 위해 생각과 행동의 총체적 변화를 추구하는 교육을 말합니다. 생태전환교육은 말 그대로 '생태교육'과 '전환교육'이 합쳐진 단어이기에 현장에서 담아내는 '생태전환교육'은 무척이나 광범위합니다. '이게 생태전환교육과 연결되어 있다고?' 할 만큼 전혀 연관성이 없을 것 같은 분야도 연계되어 있습니다.

---

[20] 유네스코(UNESCO)는 전 인류적 관점에서 교육의 필요성을 인식하여 1974년 제18차 유네스코 총회에서 「국제이해, 협력, 평화를 위한 교육과 인권, 기본 자유에 관한 교육 권고」(이하 1974년 권고)를 채택하였습니다.

[21] 2018년 10월 인천 송도에서 열린 제48차 IPCC 총회에서 「지구온난화 1.5℃ 특별보고서(Special Report on Global Warming of 1.5℃」를 전원 합의로 최종 승인하고 발간하였습니다. 40개국 91명의 집필진들이 학술 논문 등 전 세계 연구자료 6천 건 이상을 평가하여 2년에 걸쳐 작성되었고, 작성 단계부터 전 세계 정부 및 과학자들로부터 4만 2천 건의 검토의견을 받아 수정된 보고서로, 산업화 이전(1850년~1900년) 수준 대비 전 지구 평균 기온이 1.5℃ 상승했을 때의 영향과 2100년까지 지구 평균온도 상승 폭을 1.5℃ 이내로 제한하기 위한 다양한 온실가스 감축 시나리오를 다루고 있습니다.

그림 10-2 생태전환교육과 관계된 영역

출처: 안종복 외(2021).

생태전환교육은 새로운 교육 방법을 제시하는 것이 아닌, 편리함과 간편함을 위해 간과했던 삶의 방법을 성찰하면서 인간과 자연이 함께 살아가는 행동과 실천을 목표로 합니다. 단순히 에너지 절약을 위해 에어컨 가동 멈춤이나 물을 아끼기 위해 양치컵 사용 등을 강조하는 교육이 아니라는 것이지요. 이를 위해 17개 시·도 교육청은 교육 환경과 지역사회의 특성에 고려하여 생태전환교육을 실시하고 있습니다. 참고로 서울시 지자체에서 지속가능발전교육(ESD)을 담당하는 저자는 지역 학교와의 지속가능발전교육(ESD) 협업을 위해 「서울특별시교육청 생태전환교육 중장기(2000-2024) 발전 계획」을 참고하여 학교와 다양한 지속가능발전교육(ESD) 사업을 수행하고 있습니다.

그림 10-3 서울특별시교육청 생태전환교육 추진 전략

지구를 위한 생태행동
실천으로 습관 만들기

기후위기,
환경문제에 대한
민감성 갖기

가치 행동 같이,
생태행동 실천 경험
공유하고 확산하기

느끼고

행하고

나누고

기후변화 결과,
환경문제 원인등을
SDGs와 연계하여 배우기

배우고

지구를 구하는
생태전환교육
5

말하고

사회적 연대로
녹색정책, 녹색기업
촉구하기

출처: 서울특별시교육청(2021).

생태전환교육은 기존 교육 패러다임 자체의 전환을 전제로 합니다. 즉 교과, 교육과정, 교육방식, 교육행정과 교육 주체들의 익숙함을 유지하면서도 교육 자체를 바꾸어야 한다는 것이죠. 또한 교사도 기존의 교과, 교육과정과 교육방식에 대해 새롭고 창의적인 접근을 해야 합니다. 학교현장의 주체인 학생과 교사의 진정한 '생태전환'이 이루어지기 위해 보다 튼튼한 씨실과 날실로 촘촘히 엮어 얼개를 만들 수 있도록 지역사회도 함께 해야 합니다. 그러나 아직 학교현장에서는 생태전환교육 운영을 어려워합니다. '생태전환교육'이 혼합되어 외부 강의에 의지하는 지금의 상황에서 패러다임을 바꾸는 것은 쉽지 않을 것입니다.

그러나 우리는 나아가야 합니다. 예비교사 앞에 '한 사람의 인생'이 들어왔으니까요. 사실 앞에서 거창하게 '생태전환교육'에 대한 이야기를 했지만, 생태전환교육이 가야 할 길은 명확합니다. '우리 아이들의 지속가능한 삶을 위해 불편한 세상을 감수하고 살아가게 하는 힘을 길러주는 것'이죠. '한 인생'의 '생태적 사고' 스위치가 예비교사에 의해 켜질 수도 있기에 교실 안에서 작은 것부터 시작해야 합니다. 저자가 경험해 보건데, 그렇다고 너무 더운 여름날에 에너지를 아끼자고 에어컨을 끄는 것은 추천하지 않겠습니다. 우리의 건강이 우선이니까요.

3 생태전환교육의 고도화: AI의 만남

1 생태전환교육과 AI의 만남

생태전환교육을 '외부 활동이나 만들기 시간'에 국한하다 보니 AI는 전혀 어울리지 않는 교육으로 생각하는 경우가 많습니다. 실제로 생태전환교육이 이루어지는 학교현장을 살짝 엿보면서 공통점을 찾아보겠습니다. 학교 텃밭 일구기, 커피 찌꺼기로 만들어진 화분에 식물 심기, EM(유용한 미생물)으로 탈취제 만들기, 종이 분리수거 상자 만들기, 빗물 저금통 만들기, 양말목으로 작품 만들기, 태양열 집 만들기, 버섯 키우기, 토종 씨앗 찾아보기, 벼 베기 체험 등이 보입니다. 때로는 학교 텃밭에서 수확한 작물로 학급별 비빔밥 파티를 열고, 근처 시장에 나가 팔기도 합니다. 숲속에서 힐링의 시간을 갖기도 하고, 생물다양성 학습을 위해 전시관 견학도 다녀옵니다. 이 밖에도 훌륭한 프로그램들이 많지만 여기까지만 적겠습니다. 공통점을 찾으셨나요? 맞습니다. 생태전환교육은 이론 수업도 중요하지만 아이들의 오감을 충분히 느끼고 성찰하는 과정을 중요시하기에 현장 체험과 활동을 중심으로 생태전환교육이 이루어지는 경우가 많습니다. 그러나 이러한 수업이 연계성 없이 지속되면 흥미만 이끌 뿐, '전환'까지 이끌어내기에는 부족한 반쪽짜리 생태전환교육이 될 확률이 높습니다.

예비교사는 이미 알고 있습니다. 진정한 생태전환교육을 위해서는 융합수업, 문제중심수업(Problem Based Learning, PBL), 프로젝트 수업과 도전기반학습(Challenge Based Learning, CBL) 등을 통해 과감하게 우리 아이들이 지속가능한 삶을 위해 불편을 감수할 수 있도록 '현재'의 틀을 깨게 도와주어야 한다는 것을요. 그러나 다람쥐 쳇바퀴 돌듯이 돌아가는 학교현장을 직시하면 이런 것들이 절대 쉽지 않다는 것을 알게 될 겁니다.

최근 학교현장에서 AI의 이슈가 뜨겁고, 그 열기가 '생태전환교육'에도 이어지고 있습니다. 반대의 목소리도 있지만 '생태전환교육'에서 활용되는 AI는 생각보다 유용한 도구로 학생들을 자극할 수 있습니다. 물론 AI가 있기 전에는 '환경과 디지털 융합교육'이라는 이름하에 다양한 게임화 프로그램 등으로 운영이 되었습니다. 자칫 활동 위주로만 운영될 환경교육이 이론과 활동을 겸비한 짜임새 있는 교육 프로그램으로 변화된 좋은 예이지요.

디지털을 넘어 AI가 찾아왔습니다만, 크게 걱정할 필요는 없습니다. 이미 운영되고 있는 디지털 교육에 AI를 얹으면 되니까요. AI는 이미 교육 분야에서 상당한 진전을 이루어 전통적인 교육과 학습 방법을 변화시켰기에, 생태전환교육에서도 그 잠재력이 분명해지고 있습니다. 그러면 AI는 생태전환교육에서 어떤 역할을 하는지 알아보겠습니다.

① AI를 통한 학습 경험 향상

가상현실(VR), 증강현실(AR) 및 몰입형 시뮬레이션과 같은 AI 기반 기술은 학생들을 다양한 생태계로 안내하여 매우 흥미롭고 상호 작용하는 방식의 '생태전환' 개념을 탐색하고 이해할 수 있도록 합니다. AI를 통해 인간 활동이 환경에 미치는 영향을 살펴보고 이를 위한 보전 노력에 더 깊은 공감과 책임감을 키울 수 있습니다.

② AI를 통한 환경 인식 제고

AI는 방대한 양의 환경 데이터를 분석하여 시각적으로 이해할 수 있는 방식으로 제시할 수 있습니다. AI에서 생성된 인사이트를 활용하여 교사는 복잡한 환경문제를 학생들에게 효과적으로 전달할 수 있습니다. 대화형 시각화, 데이터 기반 인포그래픽 및 대화형 지도를 통해 학생들은 AI를 통해 삼림 벌채, 오염 및 기후 변화와 같은 환경문제의 규모를 파악할 수 있습니다. AI는 또한 최신 정보 및 연구결과 등을 공유하여 학생들이 환경문제에 대한 정보를 얻고 참여할 수 있도록 합니다.

③ 환경문제를 위한 AI 기반 해결안 제시

AI는 혁신적인 해결안을 제공하여 문제를 해결하는 데 기여할 수 있습니다. 예를 들어 AI 알고리즘은 위성 이미지를 분석하여 삼림 벌채를 감지하고, 야생 동물 개체수를 모니터링하며, 토지 이용의 변화를 추적할 수 있습니다. 또한 AI는 자원 할당, 에너지 사용 및 폐기물 관리 관행을 최적화하여 지속가능한 해결방안 개발을 지원할 수 있습니다.

② 생태전환교육 고도화 현장 사례

다음은 AI 등을 활용한 생태전환교육의 고도화 사례를 살펴보겠습니다. 교실 안에서 쉽게 접근할 수 있는 방법이니 꼭 활용해 보시면 좋겠습니다.

① 에코봇(EcoBots)

에코봇은 학생들을 환경 대화에 참여시키고 지속가능한 삶에 대한 정보를 제공하는 AI 기반 챗봇입니다. 자연어 처리를 사용하며, 학생들의 질문을 이해하고 친환경 행동을 위한 맞춤형 권장 사항으로 응답합니다. 또한 학생들의 참여를 장려하기 위해 환경 퀴즈와 대회를 제공합니다.

🔎 그림 10-4　　EcoBots 소개 화면

출처: 에코봇 홈페이지(https://www.ecobots.ai/).

② 가상현실(VR), 증강현실(AR) 및 몰입형 시뮬레이션

전 세계적으로 '환경 탐험가(Eco-Explorer)' 또는 '지구 가상현실(EarthVR)'과 같은 가상 현실 플랫폼을 통해 열대 우림, 산호초 및 극지방을 포함한 가상 생태계를 탐험할수 있습니다. 몰입형 경험을 통해 학생들은 인간 활동이 생태계에 미치는 영향을 관찰하고 보존 노력에 대해 학습할 수 있습니다. 환경 및 생태와 관계된 유관기관들은 지역별 생태 및 환경을 기반한 가상현실(VR) 프로그램을 개발·보급하고 있습니다.

광주도시관리공사에서는 물 처리 공정에 대한 기존의 강의식 교육을 증강현실(AR) 활동과 함께 운영하면서 교육생들에게 높은 만족도를 얻었습니다. 부산 을숙도 생태탐험 앱을 구동하면 을숙도와 낙동강 하구를 가상현실(VR)에서 만나볼 수 있는데요. 일찌감치 이 앱의 소문을 들은 학교와 지역사회는 자신이 직접 만든 가상현실(VR) 카드보드로 철새로 빙의되어 을숙도와 낙동강 하구를 탐방했다고 합니다. 예비교사들도 지금 핸드폰 앱에서 '을숙도 생태탐험 환경교육 가상현실(VR) 콘텐츠'를 다운로드해 보세요.

그림 10-5 을숙도 생태탐험 가상현실(VR) 시작 화면

출처: 을숙도 생태탐험 앱에서 집필자가 화면 캡처.

③ AI for OCEANS

AI for OCEANS은 해양 생태계과 연계하여 기계학습(machine learning)과 AI 윤리에 대해 학습할 수 있는 프로그램입니다. 등장하는 물고기 그림의 진실 여부에 따라 AI를 구동하면, AI가 높은 정확도로 물고기와 쓰레기를 분류하게 됩니다. 물고기가 아닌 다른 것들을 학습시키면 AI가 정교하게 물체를 구분하고 분류하게 됩니다. 사용자는 데이터 입력 과정 중에 등장하는 환경문제와 웹페이지 표시 방법인 팝업(pop-up)을 통해 환경문제에 관해 학습할 수 있으며, 동시에 AI 윤리도 고찰할 수 있습니다.

그림 10-6   AI for OCEANS 소개 화면

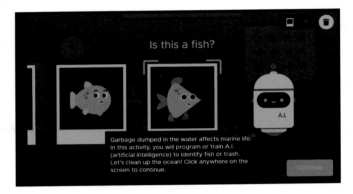

출처: AI for OCEANS 홈페이지(https://studio.code.org/s/oceans/lessons/1/levels/2).

④ 시각 엔진 AI 프로그램

식물식별을 위한 앱을 사용하여 핸드폰 카메라로 식물을 찍으면 식물의 이름이 화면 하단에 나타납니다. 이를 활용하여 학생에게 모르는 식물이 있는 경우 앱을 사용하여 곧바로 식물을 식별하게 하고 기록하도록 지도할 수 있습니다.

그림 10-7   식물식별 앱을 활용한 식물이름 알아보기

출처: 식물식별 앱에서 집필자가 화면 캡처.

교육 대전환 시대, 우리 잘 적응할 수 있겠죠?

⑤ AI 언어 모델

ChatGPT와 같은 AI 언어 모델은 많은 양의 데이터를 처리하고 분석할 수 있어, 학생들은 위성 이미지, 현장 측정 및 시뮬레이션과 같은 다양한 양의 데이터를 수집하고 생성할 수 있습니다. 이를 통해 학생들의 능동적 참여를 독려하고, 피드백을 제공하며 개별학습에 적응시켜 환경문제에 대한 효율적인 해결방안을 찾게 합니다.

④ 참다운 생태전환교육을 위하여

참다운 생태전환교육을 위해서 우리는 무엇을 준비해야 할까요? 여러 분야에서 생태전환교육을 위한 연구와 프로젝트가 이루어지고 있지만, 아직 학교현장에 도달하기에는 부족한 면이 있습니다. 진정한 생태전환교육을 위한 다양한 고민들이 필요한데, 이 장에서는 AI를 중심으로 생태전환교육이 나아가야 할 방향을 살펴보도록 하겠습니다.

본격적인 '위드 AI(with AI)' 시대가 되면, 우리는 '환경 지킴이 AI'와 '환경 파괴자 AI'로, AI의 두 얼굴을 마주하게 될 겁니다. 먼저 '환경 지킴이 AI'의 사례를 살펴보도록 하죠.

'환경 지킴이 AI'의 대표적인 예로 순환자원 회수 로봇과 AI의 심층학습(deep learning)을 통한 에너지 감소를 들 수 있습니다. 순환자원 회수 로봇은 재활용 여부를 AI가 판단하여 캔·페트병을 넣으면 현금으로 돌려주는 기능을 합니다. 사람이 일일이 지켜보며 분리하는 것보다 신속성과 정확도가 높다고 하네요. 이와 함께, 에너지 감소에서는 AI가 냉난방 설비구조와 실내공간 현황, 기존 에너지 소비패턴을 학습하여 적정 온도를 조절하면 사람이 리모컨으로 온도를 조절하는 것보다 에너지 소비량을 효율적으로 감소시킨다고 합니다. 그렇다면 '환경 파괴자 AI'는 어떤 모습일까요?

2021년 UC 버클리 대학교와 구글 연구팀은 AI가 심층학습 기술개발 과정에서 막대한 전력을 소모하고 이산화탄소를 배출하는데, 구글의 GPT-3의 경우 AI 탄소발자국[22]이 연간 552톤의 이산화탄소를 배출한다고 발표했습니다. 아울러, 스웨덴 우메아 대의 버지니아 디그넘 (Virginia Dignum) 교수는 AI를 이용할수록 더 많은 탄소가 배출된 다고 지적하였습니다.

AI의 물 발자국[23]도 언급하지 않을 수 없습니다. OpenAI의 ChatGPT에 10~50개 의 질문을 하면 500ml 생수 한 병을 마시는 정도의 물 소비가 발생한다고 합니다. 심 각한 물 부족 위기와 가뭄 확산, 공공 식수 공급 시설의 노후화가 두드러지는 도시나 나라에서는 생존을 위해 글로벌 기업이 운영하는 AI의 물 발자국 공개를 강력하게 요 구하기도 합니다. 2021년 구글이 우루과이 남부 카넬로네스에 초대형 데이터센터를 설립하려다 기후 위기에 불안을 느낀 주민들이 반발해서 계획을 축소한 사건은 AI의 어두운 면을 잘 보여주는 사례라 볼 수 있겠습니다.

이렇게 두 얼굴을 가진 AI를 우리는 학교현장에서 생태전환교육과 융합되도록 현 명하게 전략적으로 접근해서 사용해야 합니다. 코로나 팬데믹으로 학교가 문을 닫았 을 때 우리는 디지털의 대전환과 지식 스트리밍 시대를 외치며 그것들이 텅 빈 교실을 대신해 줄 것이라 생각했습니다. 그러나 결과는 아니였죠. 자, 그러면 우리는 자신이 있습니다. 풍부한 AI 알고리즘을 통해 학생들에게 더 나은 교육환경을 제공할 수는 있 겠지만, AI는 도구에 불과하니까요. 그러니 스트레스를 잠시 내려놓고, 우리가 알던 것부터 차근차근 생태전환교육을 학교현장에서 그려보시기 바랍니다. 생태전환교육 은 바로 내 주변의 '관심'에서 시작되니까요.

---

22 탄소발자국은 인간의 활동이나 상품 소비·생산 과정에서 발생하는 이산화탄소의 계산된 값 또는 지수를 의미합 니다.

23 물 발자국은 단위 제품 및 단위 서비스 생산 전 과정 동안 직·간접적으로 사용되는 물의 총량을 의미합니다.

⑤ 토론

김○○교사의 AI를 활용한 생태전환교육 체험담을 읽고, 나의 생각을 이야기해 봅시다.

사례

나는 5년차 고등학교 국어 교사로 평소 생태전환교육에 관심이 많다. 교사연수와 나름의 독서로 생태전환교육에 대한 학습을 하였고, 학습동아리를 통해 충실하게 생태전환교육을 운영한다는 자부심이 있었다. 최근 AI를 활용한 생태전환교육을 시도하고 있는데, 교실의 반응이 썩 좋지 않다. 시간이 날 때마다 유튜브와 교육기관의 웹사이트를 뒤지면서 AI를 활용한 생태전환교육을 검색하고 있지만, 정보도 제한적이다. AI를 활용하여 좀 더 나은 생태전환교육이 되기 위해 나는 무엇을 준비해야 할까?

앞으로 학교현장에서 생태전환교육을 운영할 예비교사에게 AI는 다양한 모습으로 다가올 것입니다. 나에게 약이 될 수도 있고 독이 될 수도 있는 AI를 나만의 방식으로 충분히 숙지하고 활용한다면, AI는 신나는 놀이의 재료이자 창작 도구가 되어줄 것입니다.

참고문헌

김형주, 명수정, 윤진호, 소넘석. (2018). IPCC 1.5℃ 보고서의 함의 및 시사점 분석. 녹색기술 이슈 분석 리포트(2018-03호). 서울: 녹색기술센터.

서울특별시교육청. (2020). 생태전환교육 중장기(2000-2024) 발전 계획. 서울: 서울특별시교육청.

안종복, 배영직, 임재일, 정진아, 정나미⋯이수종. (2021). 생태전환교육 목표 체계 구축및 성과관리 방안 연구. 서울: 서울특별시교육청교육연구정보원.

최현정. (2021). 기후변화와 COVID-19 팬데믹 위기의 연계성에 대한 이해와 시사점(이슈 브리프 2021-10). 서울: 아산정책연구원.

Berkowitz, A. R., Ford, M. E., & Brewer, C.A. (2005). A framework for integrating ecological literacy, civics literacy, and environmental citizenship in environmental education. In E. A. Johnson & M. J. Mappin (Eds.), Environmental education or advocacy: Perspectives of ecology and education in environmental education (pp. 227-265). Cambridge, UK: Cambridge University Press.

Brundtland, G.H. (1987) Our Common Future Report of the World Commission on Environment and Development. Geneva, UN-document A/42/427. Retrieved from https://digitallibrary.un.org/record/139811?v=pdf

Capra, F. (1996). The Web of life: A new scientific understanding of living systems. New York, NY: Anchor Books.

Commoner, B. (1971). The closing circle: Nature, man, and technology. New York, NY: Knopf Press.

Cutter-Mackenzie, A., & Smith, R. (2003). Ecological literacy: The 'missing paradigm' in environmental education (part one). Environmental Education Research, 9(4), 497-524.

Del Felice, C. (2023). UNESCO's decision to revise 1974 Recommendation: Signs of hope for peace education. Retrieved from https://www.peaceagency.org

Dignum, V. (2019). Responsible artificial intelligence: How to develop and use AI in a responsible way (Vol. 2156). Cham, Switzerland: Springer.

Orr, D. W. (1992). Ecological literacy: Education and the transition to a postmodern world. New York, NY: State University of New York Press.

Patterson, D., Gonzalez, J., Le, Q., Liang, C., Munguia, L. M., Rothchild, D., ... & Dean, J. (2021). Carbon emissions and large neural network training. Retrieved from https://doi.org/10.48550/arXiv.2104.10350

Risser, P. G. (1986). Address of the past president: Syracuse, New York; August 1986: ecological literacy. Bulletin of the Ecological Society of America, 67(4), 264-270.

Roth, C. E. (1992). Environmental literacy: Its roots, evolution, and directions in the 1990s. Columbus, OH: ERIC/CSMEE.

UNESCO. (2021). Reimagining our futures together: A new social contract for education. Paris, France: UNESCO.

UNESCO. (2023). Revision of the 1974 Recommendation concerning education for international understanding, co-operation and peace and education relating to human rights and fundamental freedoms. Paris, France: UNESCO.

WCED. (1987). Our Common Future. Oxford, UK: Oxford University Press.

광주신문. (2023.06.17.). 광주도시관리공사, AR로 체험하는 환경교육프로그램 운영. http://m.gjilbo.com/news/articleView.html?idxno=22811 (2024.07.01. 검색)

냉동공조저널. (2023.02.02.). 에어컨 3사, 인공지능(AI)·성능 개선 통해 에너지효율 극대화한 2023년 신제품 출시. https://www.hvacrj.co.kr/news/articleView.html?idxno=21718 (2024.08.05. 검색)

문화일보. (2023.07.25.). "구글·테슬라, 우리 지역에 오지마" … 최악 가뭄에 홀대받는 글로벌 기업. https://munhwa.com/news/view.html?no=2023072501031509294001 (2024.08.07. 검색)

산업일보. (2023.08.31.) 쓰레기 인색해 분리수거 돕는 AI. https://kidd.co.kr/news/233914 (2024.08.05. 검색)

에코봇 홈페이지 https://www.ecobots.ai

연합뉴스. (2020.04.10.) 코로나가 걷어낸 스모그 … 30년 만에 160km 떨어진 히말라야 보여. https://www.yna.co.kr/view/AKR20200410157500077 (2024.08.05. 검색)

연합뉴스. (2020.09.25.) 코로나19로 인간이 멈춘 동안 새는 옛 노랫소리 회복. https://www.yna.co.kr/view/AKR20200925055700009 (2024.08.05. 검색)

AI타임스. (2021.03.15.). AI기술발전이 지구에 재앙…저전력반도체 개발 등 탄소 배출 감소 방안 절실. https://www.aitimes.com/news/articleView.html?idxno=137323 (2024.08.07. 검색)

AI타임스. (2021.04.23.) AI의 탄소발자국을 최소화하는 방법, 구글연구소가 밝혀냈다. https://www.aitimes.com/news/articleView.html?idxno=138082 (2024.08.05. 검색)

UN 홈페이지 https://sdgs.un.org/goals

색인

공저자 소개

1. 이인수: 대표 저자(서론, 1장)

저자는 고려대학교 일반대학원 교육학 박사로 교육행정학 및 고등교육학을 전공했다. 현재 서울 용화여자고등학교 교사이면서 고려대학교 겸임교수로 교육과 연구를 병행하고 있는 제3지대 교사 연구자이다. 고려대학교 교육대학원에서 '교육행정 및 교육경영' 과목을 가르치고 있으며, 주요 관심사는 교육 변화와 혁신, 교육 리더십, 교육정책, 교육행정, 조직문화 등이다. 이번 책 집필을 기획하고, 총괄했으며, 최근 AI·디지털 대전환 등 급변하는 교육환경의 변화와 학교현장에 대한 이해를 바탕으로 본서를 집필했다.

2. 배현순: 부대표 저자(10장)

저자는 중앙대학교 일반대학원 교육학 박사로 평생교육을 전공했다. 현재 도봉구청에서 UN대학 지속가능발전교육 거점도시(RCE) 업무를 총괄하고 있으며, 한국외국어대학교 겸임교수로 'ESD 공동인증 학점제' 과목을 담당하고 있다. 도봉구에서 국내·외로 생애주기별 ESD 운영과 확산을 위해 실험적인 프로젝트를 진행하고 있다. 실천 연구자(practitioner-researcher)로서 생태전환과 지속가능발전교육(ESD)에 대한 현장의 이해를 기반으로 본서를 집필했다.

3. 정종덕: 팀장(7장)

저자는 고려대학교 교육대학원 컴퓨터교육전공 석사과정에 재학 중이며, 정보교육과 정보 기술의 발전으로 변화하는 학교에 대해 공부하고 있다. 공저자 모임의 팀장으로서 협의회를 진행하고 의견을 조율하여 집필을 이끌었다.

4. 곽내영: 부팀장(6장)

저자는 고려대학교 교육대학원 컴퓨터교육전공 석사과정에 재학 중이며, 2025년 2월 학위 수여 예정이다. 모든 학생이 차별 없이 양질의 교육을 받을 수 있도록 돕고, 보다 나은 학습 환경을 제공하고자 하는 마음으로 집필에 참여하였다. 부팀장으로서 팀장을 지원하여 책의 전반적인 형식 작업을 진행했으며, 디지털 시대의 교육혁신에 대한 깊이 있는 이해를 바탕으로 본서에 기여하였다.

5. 정미래: 9장

저자는 고려대학교 교육대학원 국어교육 석사과정에 재학 중이다. 교사를 희망하는 사람으로서 최근 이슈화되고 있는 학교폭력에 관심이 많다. 예비교사들은 학교폭력과 관련하여 이론은 잘 알고 있으나, 실제적인 업무 과정은 접하지 못하여 막연한 두려움을 가지고 있는 것으로 알고 있다. 이에 학교폭력 업무와 관련한 의문을 덜어 주고자 최대한 예비교사들이 알고 싶어 하는 정보를 담아내는 데 집중하여 본서를 집필하였다.

6. 성도광: 2장

저자는 고려대학교 교육대학원 상담심리교육전공 석사과정에 재학 중이며 전국 학생들이 조금 더 지혜로운 삶을 살 수 있게 돕는 것을 목표로 하고 있다. 이를 위해 스스로 질문하는 능력을 강조하는 2장을 작성하게 되었고, 스스로 꾸준히 질문하며 변화하는 삶을 구성하고자 노력하고 있다. 집필에 참여하며 평소 학생들에게 전하고자 하였던 생각을 예비교사 혹은 동료 교사에게도 알리고자 한다.

7. 이태경: 2장

저자는 고려대학교 교육대학원 영어교육전공 석사과정으로 재학 중이며, 교사와 학생이 모두 무기력하지 않은 학교를 꿈꾸며 다양한 학생들을 만나고 공부하고 있다. 끊임없이 질문하고 탐구하는 태도가 활력 있는 교육현장을 만든다고 믿으며, 학생과 교사 모두가 변화하는 세상의 주체로 살아갈 수 있기를 바라는 마음을 담아 2장의 집필에 참여하게 되었다.

8. 장예서: 3장

저자는 고려대학교 교육대학원 국어교육전공 석사과정에 재학 중이며 문해력과 독서교육에 관심을 두고 공부하고 있다. 이에 본서에서 문해력의 중요성 및 필요성 부분을 맡아 다루게 되었다. 저자 또한 예비교사로서 학생들의 더 나은 삶을 위해서는 어떤 수업과 교육이 필요한가에 대해 지속적으로 고민하고 있으며 이러한 고민을 지니고 집필에 적극적으로 참여했다.

9. 최하늘: 3장

저자는 서울 경인중학교에서 국어 교사로 재직 중이며, 국어교육을 전공하여 문해력과 독서교육에 관심을 갖고있다. 학교현장에서 문해력 향상을 위한 다양한 논의에 참여하며, 효과적인 교육을 제공하기 위해 노력하고 있다. 이번 책의 집필에는 공저자로 참여하여 교육 현장에서의 경험을 바탕으로 문해력 교육의 중요성을 널리 알리고자 한다.

10. 차정은: 4장

저자는 고려대학교 교육대학원 컴퓨터교육전공 석사과정에 재학 중이며, 인공지능과 에듀테크, 학생역량에 관심을 갖고 있다. 교육 현장에서 활용되는 AI 에듀테크 사례를 관찰하며 학습 효과를 향상하는 방법에 대한 관심과 연구를 바탕으로 본서를 집필했다.

11. 이혜진: 4장

저자는 수학교육과 컴퓨터과학 학사 졸업 후 고려대학교 교육대학원에서 컴퓨터교육전공 석사과정에 재학 중이다. 2022년부터 블로그를 통해 사랑, 결점 등 특정 단어에 대한 개인적인 경험을 이야기하며, 저자만의 언어로 재정의하는 연재 작업을 진행하고 있다. 본서에서는 컴퓨팅 사고력 향상을 위한 수학-정보 연계 교육 및 에듀테크 개발과 활용에 대한 관심과 연구를 바탕으로 AI 활용 교육 내용을 집필했다.

12. 이지아: 5장

저자는 고려대학교 교육대학원 영어교육전공 석사과정으로 재학 중이다. 본서의 공저자로 집필 과정에 있어서 열의를 가지고 협조적인 자세로 임했다. 한때 화제가 됐던 메타버스는 현재 필요성에 의문이 제기되면서, 존폐의 위기에 처하게 됐다. 이에 저자는 예비교사의 관점으로 교육현장 속 메타버스의 존재 의의와 전망을 본서에서 다루고자 했다.

13. 최보승: 8장

저자는 고려대학교 교육대학원 체육교육전공 석사과정에 재학 중이며 학교 정책 및 환경에 대해 관심을 가지고 있다. 학교의 현장과 변화하는 교육과정의 흐름에 대한 이해가 교사에게 지도의 방향점을 제시해주고, 학생에게 효과적인 수업을 전달할 수 있다고 믿기에 예비교사들에게 변화하는 학교의 모습을 조금이나마 전달해주고자 8장을 집필하게 되었다.

교육 대전환 시대, 우리 잘 적응할 수 있겠죠?

초판발행	2025년 1월 1일
지은이	이인수·배현순·정종덕·곽내영·정미래·성도광·이태경· 장예서·최하늘·차정은·이혜진·이지아·최보승
펴낸이	노 현
편 집	배근하
기획/마케팅	조정빈
표지디자인	BEN STORY
제 작	고철민·김원표
펴낸곳	㈜피와이메이트 서울특별시 금천구 가산디지털2로 53, 210호(가산동, 한라시그마밸리) 등록 2014.2.12. 제2018-000080호
전 화	02)733-6771
f a x	02)736-4818
e-mail	pys@pybook.co.kr
homepage	www.pybook.co.kr
ISBN	979-11-7279-053-0 93370

copyright©이인수 외 12인, 2025, Printed in Korea

정 가   20,000원

박영스토리는 박영사와 함께하는 브랜드입니다.